高校思想政治教育治理研究丛书

高校思想政治教育治理评价研究

严帅 张智 等著

团结出版社

图书在版编目（CIP）数据

高校思想政治教育治理评价研究 / 严帅，张智著
. -- 北京：团结出版社，2022.9
　ISBN 978-7-5126-9614-3

Ⅰ.①高… Ⅱ.①严… ②张… Ⅲ.①高等学校 - 思想政治教育 - 研究 - 中国 Ⅳ.① G641

中国版本图书馆 CIP 数据核字（2022）第 164015 号

出　　版：	团结出版社
	（北京市东城区东皇城根南街 84 号　邮编：100006）
电　　话：	（010）65228880　65244790（出版社）
	（010）65238766　85113874　65133603（发行部）
	（010）65133603（邮购）
网　　址：	http://www.tjpress.com
E-mail：	zb65244790@vip.163.com
	tjcbsfxb@163.com（发行部邮购）
经　　销：	全国新华书店
印　　装：	三河市东方印刷有限公司
开　　本：	170mm×240mm　16 开
印　　张：	16.25
字　　数：	234 千字
版　　次：	2022 年 9 月　第 1 版
印　　次：	2022 年 9 月　第 1 次印刷
书　　号：	978-7-5126-9614-3
定　　价：	58.00 元

（版权所属，盗版必究）

丛书编委会

主　编：冯　刚

副主编：吴满意　吴增礼　张小飞　吴成国

编　委（以姓氏笔画为序）：
王习胜　王　振　邓卓明　代玉启　白永生　冯　刚　成黎明　严　帅
李　明　李　琳　吴满意　吴增礼　张小飞　吴成国　张　智　罗仲尤
赵　君　胡玉宁　钟一彪　秦在东　徐先艳　谈传生　龚　超　鲁　力
谢成宇　谢守成

北京师范大学思想政治工作研究院
湖南大学马克思主义学院
电子科技大学马克思主义学院　　　　　　组编
西南石油大学马克思主义学院
重庆交通大学思想政治教育质量评价中心

《高校思想政治教育治理研究》丛书
前　言

新时代高校思想政治教育治理研究从初步兴起到不断发展，逐渐成为高校思想政治教育研究的重要内容构成，是思想政治教育研究因事而化、因时而进、因势而新的发展结果，也是思想政治教育研究聚焦教育规律、思想政治工作规律、学生成长规律的发展结果。总的来说，遵循国家治理体系和治理能力现代化建设的战略部署，适应新时代思想政治教育治理理念政策的创新发展，回应思想政治教育实践的现实需求，是新时代高校思想政治教育治理研究兴起的三大重要因素。①

首先，开展高校思想政治教育治理研究是遵循国家治理体系和治理能力现代化建设战略部署的必然要求。

习近平总书记在中央全面深化改革领导小组第十二次会议上指出："要高度重视思想政治工作，改革推进到哪一步，思想政治工作就要跟进到哪一步。"②今天，我们处在全面深化改革的历史阶段。2013年11月，十八届三中全会通过的《中共中央关于全面深化改革若干重大问题的决定》指出，全面深化改革的总目标是完善和发展中国特色社会主义制度，推进国家治理体系和治理能力现代化。2017年10月，党的十九大报告提出："必须坚持和完善中国特色社会主义制度，不断推进国家治理体系和治理能力现代化，坚决破除一切不合时宜的思想观念和体制机制弊端，突破利益固化的

---

① 冯刚等：《新时代高校思想政治教育治理理论》，中国社会科学出版社2021年版，第41页。
② 《习近平主持召开中央全面深化改革领导小组第十二次会议强调：把握改革大局　自觉服从改革大局　共同把全面深化改革这篇大文章做好》，《人民日报》2015年5月6日。

藩篱，吸收人类文明有益成果，构建系统完备、科学规范、运行有效的制度体系，充分发挥我国社会主义制度优越性。"①可见，中国特色社会主义进入新时代，治理的意义和价值也愈加显现，特别是党的十八届三中全会将"完善和发展中国特色社会主义制度，推进国家治理体系和治理能力现代化"作为全面深化改革的总目标后，有关国家治理现代化的论题更是成为学界关注的焦点。对思想政治教育治理现代化，乃至高校思想政治教育治理现代化的理论诉求蕴含其中。②

2019年10月，党的十九届四中全会通过了《中共中央关于坚持和完善中国特色社会主义制度、推进国家治理体系和治理能力现代化若干重大问题的决定》，总结了国家制度和国家治理体系的优势，强调要加强制度理论研究和宣传教育，提出"加强和改进学校思想政治教育，建立全员、全程、全方位育人体制机制"。《决定》拓展了高校思想政治教育治理研究的视域，也使高校思想政治教育治理现代化研究有了直接的理论遵循。③2021年7月，中共中央、国务院印发《新时代加强和改进思想政治工作的意见》提出，要"加强学校思想政治工作，加快构建学校思想政治工作体系，实施时代新人培育工程，完善青少年理想信念教育齐抓共管机制，培养德智体美劳全面发展的社会主义建设者和接班人"。这些都对构建新时代高校思想政治教育治理体系提出了新要求，也对加强新时代高校思想政治教育治理的研究提出了新任务。

其次，开展高校思想政治教育治理研究是适应新时代思想政治教育治理理念政策的创新发展，推动高校思想政治教育高质量发展的客观需要。

党的十八大以来，以习近平同志为核心的党中央高度重视思想政治工作，把高校思想政治工作摆在突出位置，作出一系列重大决策部署，出台了一系列新时代高校思想政治教育政策制度，它们是开展高校思想政治教

---

① 《习近平谈治国理政（第三卷）》，外文出版社2020年版，第17页。
② 冯刚等：《新时代高校思想政治教育治理论》，中国社会科学出版社2021年版，第40页。
③ 冯刚等：《新时代高校思想政治教育治理论》，中国社会科学出版社2021年版，第40页。

育治理的重要依据。比如中共中央、国务院通过《关于加强和改进新形势下高校思想政治工作的意见》，对"构建教书育人、科研育人、实践育人、管理育人、服务育人、文化育人、组织育人长效机制"提出了明确要求；教育部印发《高校思想政治工作质量提升工程实施纲要》着力推动"十大育人体系"质量提升；教育部等八部门印发和实施《关于加快构建高校思想政治工作体系的意见》，对构建高校思想政治教育治理体系做出了明确的工作部署。文本上的政策规范必须要转化为现实中的工作行为，即高校思想政治教育治理实践是实现政策制度从文字要求转化为行动规范的基本方式，而"只有进行系统的高校思想政治教育治理研究，为实践提供科学的理论指导，才能用最适宜的治理手段、最合理的治理方式，通过最便捷的治理途径，达致最满意的治理效果，让新时代思想政治教育政策制度释放出最大的治理效能。所以，开展高校思想政治教育治理研究是贯彻落实新时代高校思想政治教育政策制度，实现其创新发展的内在要求"[①]。所以，在"十四五"规划和实现二〇三五年远景目标的大背景下，进一步关注和研究新时代高校思想政治教育治理的基础理论、重点内容、动力系统、评价方式、政策环境等不仅是推进国家治理现代化的题中应有之义，也是高校思想政治教育高质量发展的现实需要，对加强和改进高校思想政治教育、丰富思想政治教育学科内涵具有十分重要的理论和现实意义。

最后，开展高校思想政治教育治理研究是回应新时代高校思想政治教育实践发展的现实需求。

习近平总书记指出："一种理论的产生，源泉只能是丰富生动的现实生活，动力只能是解决社会矛盾和问题的现实要求。"[②] 新时代思想政治教育环境、条件的变化，推动着高校思想政治教育工作的调整优化、守正创新。当前，世界百年未有之大变局加速演进，我国经济社会发展模式面临深刻调整，现代信息技术深刻改变着我们的生产生活方式、思维方式，这些增加了高

---

① 冯刚等：《新时代高校思想政治教育治理论》，中国社会科学出版社2021年版，第45页。
② 《习近平谈治国理政（第三卷）》，外文出版社2020年版，第63页。

校思想政治教育治理实践的复杂性,要求高校思想政治教育治理实践更加具有系统性、整体性和协同性。高校思想政治教育治理实践的复杂性和系统性,要求它的现代化进程需要以理论研究为基础,探究重要的基本问题,厘清重要的基本概念,并且以具体实践为导向,聚焦实践前沿,把握实践需求。开展新时代高校思想政治教育治理研究正是回应思想政治教育实践发展的现实需要。

"如何实现高校思想政治教育的有效治理不仅仅是实践课题,也是理论课题,具体涉及治理什么、为什么需要治理、如何治理、治理效果怎么样等一系列问题。"① 高校思想政治教育治理作为一个理论课题,涉及的重点问题包括:高校思想政治教育治理为什么要实现现代化,高校思想政治教育治理现代化的理论支撑和实践基础是什么,高校思想政治教育治理需要实现什么样的现代化,新时代高校思想政治教育治理体系治理能力的基本特征是什么等。② 其中,高校思想政治教育治理的基本内涵、基本特征、价值要义等是研究重点。高校思想政治教育治理作为一个实践命题,需要有丰厚的科学理论作指引。思想政治教育治理实践的复杂性和系统性,要求它的现代化进程必须以思想政治教育实践为导向,聚焦实践前沿,把握实践需求,并寻求与之相对应的科学理论作支撑。③ 高校思想政治教育治理实践的运行研究是高校思想政治教育治理研究的重要组成部分。其中,高校思想政治教育治理的载体运用、方法创新、危机应对、队伍建设、质量评价、外部环境等应该是研究的重点内容。

综上所述,立足新时代,开展高校思想政治教育治理研究具有重要的理论价值和现实意义,是思想政治教育学科发展的新增长点。本丛书旨在从不同侧面对上述问题做出探索性研究,为构建高校思想政治教育治理体系和治理能力在学理和实践体系方面提供参考。丛书包括《高校思想政治教育治理引论》《高校思想政治教育治理能力研究》《高校思想政治教育数据治理研究》《高校思想政治教育治理生态研究》《高校思想政治教育治理

---

① 冯刚等:《新时代高校思想政治教育治理论》,中国社会科学出版社2021年版,第43页。
② 冯刚:《推进新时代思想政治教育治理体系现代化》,《中国教育报》2020年3月19日。
③ 冯刚:《推进新时代思想政治教育治理体系现代化》,《中国教育报》2020年3月19日。

评价研究》5本分册，分别从基本理论、治理能力、数据治理、环境治理和治理评价等方面开展深入研究。《高校思想政治教育治理研究》系列丛书的编写，邀请了思想政治教育学界理论与实践方面的相关专家学者共同参与，其中既有马克思主义学院长期从事思想政治教育研究的资深专家，也有在大学生思想政治教育一线工作的中青年骨干，还有来自高校思想政治工作不同战线的相关负责同志。因此，丛书的编写工作不仅注重对理论问题的深入探讨，也注意在理论与实践的良性互动下，不断总结与提升高校思想政治教育相关实践经验，坚持理论与实践相统一，坚持思想政治教育学科与多学科协同研究相促进，不断推动高校思想政治教育治理研究的持续深入发展，从而为培养理论研究的学术团队和实践领域的行家里手，推动高校思想政治教育治理的高质量发展做出贡献。

丛书主要对高校思想政治教育治理的理论基础、治理能力、数据治理、治理生态、治理评价等基本问题做了初步研究和探索，并没有涵盖高校思想政治教育治理涉及的所有问题，期待学界对高校思想政治教育治理问题给予更多的关注，有更多学界同仁参与到这一问题的研究中，共同推动思想政治教育学科内涵式发展，实现思想政治教育研究的理论创新，推动高校思想政治教育治理的实践创新，为提高高校思想政治教育的育人治理和效能，建设中国特色世界一流大学，推动国家治理现代化贡献力量。

冯刚

目 录

导 论 ··· 001
    一、评价是高校思想政治教育治理高质量发展的必由之路 ········· 001
    二、评价是破解高校思想政治教育治理难题的现实需要 ············ 003
    三、高校思想政治教育治理评价的实施 ································ 006

第一章　高校思想政治教育治理评价价值论 ························· 015
    一、高校思想政治教育治理评价的价值内涵 ························· 015
    二、高校思想政治教育治理评价的价值形态 ························· 025
    三、高校思想政治教育治理评价的价值实现 ························· 033

第二章　高校思想政治教育治理评价主体论 ························· 041
    一、高校思想政治教育治理评价主体界定 ···························· 042
    二、高校思想政治教育治理评价主体素质 ···························· 050
    三、高校思想政治教育治理评价主体培养 ···························· 057

第三章　高校思想政治教育治理评价本体论 ························· 066
    一、高校思想政治教育治理主体评价 ································· 067
    二、高校思想政治教育治理制度机制评价 ···························· 077
    三、高校思想政治教育治理方式方法评价 ···························· 082

四、高校思想政治教育治理过程评价 ………………………………… 085

第四章　高校思想政治教育治理评价方法论 …………………… 091
一、高校思想政治教育治理评价方法的基本内涵 …………………… 091
二、高校思想政治教育治理评价方法的主要构成 …………………… 102
三、高校思想政治教育治理评价方法的选择使用 …………………… 108
四、高校思想政治教育治理评价方法的创新发展 …………………… 114

第五章　高校思想政治教育治理评价实践论 …………………… 118
一、高校思想政治理论课教学治理的评价实践 ……………………… 119
二、高校日常思想政治教育治理的评价实践 ………………………… 128
三、高校网络思想政治教育治理的评价实践 ………………………… 134

第六章　高校思想政治教育治理评价的过程管理 ……………… 142
一、高校思想政治教育治理评价的基本伦理 ………………………… 142
二、高校思想政治教育治理评价的主要原则 ………………………… 152
三、高校思想政治教育治理评价的一般过程 ………………………… 155

第七章　高校思想政治教育治理评价的学科借鉴 ……………… 165
一、教育学视角下的高校思想政治教育治理评价 …………………… 165
二、管理学视角下的高校思想政治教育治理评价 …………………… 174
三、传播学视角下的高校思想政治教育治理评价 …………………… 178
四、生态学视角下的高校思想政治教育治理评价 …………………… 182

第八章　高校思想政治教育治理评价的成果使用 ……………… 185
一、高校思想政治教育治理评价成果使用的原则导向 ……………… 185
二、高校思想政治教育治理评价成果使用的途径方式 ……………… 191

三、高校思想政治教育治理评价成果使用的机制保障 …………………… 201

第九章　高校思想政治教育治理评价发展展望 …………………… 209
　一、高校思想政治教育治理评价未来发展的基本方向与样态 ………… 209
　二、未来高校思想政治教育治理评价对既有评价的继承与超越 ……… 213
　三、推进高校思想政治教育治理评价现代化的着力点 ………………… 222

参考文献 ………………………………………………………………… 237

后　记 …………………………………………………………………… 242

导　论

　　高校思想政治教育治理是根据现代化的发展目标，针对思想政治教育体系和思想政治教育能力做出的有组织、有目的、有计划的变革。高校思想政治教育治理内蕴于国家治理现代化的系统方案中，是整体安排与局部推进的统一，又服务于新时代加强和改进思想政治工作的整体需要，是内在自觉和外部要求的统一。评价要直面和破解当前思想政治教育治理面临的研究困境、实践误区和评价错位等一系列问题，根据现代化发展的理念和方式，形成多主体参与、多渠道呈现、多维诊断的评价体系，为实现思想政治教育治理目标提供动力和保障。

一、评价是高校思想政治教育治理高质量发展的必由之路

　　高校思想政治教育治理评价立足新时代的历史方位，在国家治理现代化整体设计中，旨在深化新时代思想政治工作"生命线"的蕴涵，不断提升高校思想政治教育的实际效果。

（一）新使命：实现国家治理现代化的题中之意

　　治理在中国传统政治和西方政治学中有着双重源流。古代的"治理"可以理解为处理政务。《荀子·君道》指出，"明分职，序事业，材技官能，莫不治理"。《大学》中也提到"修身、齐家、治国、平天下"的政治理想，这些内容体现了对善治良序这一社会理想状态的期待。在政治学领域，治理（Governance）有着航向、指引和控制等内涵。这一概念引入中国后，治理研究逐渐具化为诸如社会治理、政府治理、城市治理、社区治理等多

个领域、多个层面的内涵。

党的十八届三中全会以来，党中央作出全面深化改革的战略部署，明确了完善和发展中国特色社会主义制度、推进国家治理体系和治理能力现代化的总目标。"国家治理体系与治理能力现代化"成为新时代党和国家治国理政的新任务，高校思想政治教育治理必然蕴含于其中。"推进国家治理体系和治理能力现代化，必须解决好价值体系问题"①，思想政治教育在整合社会意识、凝聚社会共识方面有着突出的优势，因而，高校思想政治教育治理对国家治理也有着深远的意义。

（二）新挑战：思想政治教育需要建立高质量发展的战略规划

《中国教育现代化2035》明确提出"教育治理体系和治理能力现代化"这一远景目标。教育部在《高校思想政治工作质量提升工程实施纲要》中提出要构建"十大育人体系"，如其中"管理育人"强调"加强教育立法，遵守大学章程，完善校规校纪，健全自律公约，加强法治教育"，这些内容有效契合了教育治理现代化的具体要求。高校思想政治教育治理成为思想政治教育体系高质量发展的明确目标和鲜明特征。

2021年，中央印发《关于新时代加强和改进思想政治工作的意见》，指出要把"要把思想政治工作作为治党治国的重要方式"②。评价高校思想政治教育发展质量，不仅聚焦于高校自身的思想政治教育工作有序开展并取得有效成果，还要考虑到高校是思想政治教育理论研究、实践积累和人才培养的重要阵地，必须制订新时代高校思想政治教育高质量发展的战略规划，为思想政治工作守正创新发展作出更大贡献。

（三）新动力：评价推动高校思想政治教育治理实现良性循环

2017年，中央《关于加强和改进新形势下高校思想政治工作的意见》出台，要求高校构建目标明确、内容完善、标准健全、运行科学、保障有力、成效显著的高校思想政治工作体系，并且"健全高校思想政治工作评价体系，

---

① 中共中央宣传部：《习近平总书记系列重要讲话读本（2016年版）》，人民出版社2016年版，第76页。

② 中共中央国务院印发《关于新时代加强和改进思想政治工作的意见》，《人民日报》2021年7月13日。

推动工作的制度化"①。2020年，中央发布《深化新时代教育评价改革总体方案》，提出"充分发挥教育评价的指挥棒作用，引导确立科学的育人目标，确保教育正确发展方向"，进而要求"完善德育评价"②。高校思想政治教育治理评价，是在总结高校思想政治教育评价经验的基础上，将评价作为动力机制，面向思想政治教育治理体系和治理能力构建的评价体系。

高校思想政治教育治理评价，是以评价的一体化视角统筹高校思想政治教育治理各要素，以评价的系统性观念完善高校思想政治教育治理体系，以评价的主动性思维破解高校思想政治教育治理难题，以评价的反思性状态保障高校思想政治教育治理实效，以评价的开放性精神调配高校思想政治教育治理资源。

二、评价是破解高校思想政治教育治理难题的现实需要

治理现代化既是目标，也是过程。随着这一工程的不断推进，治理现代化必然提出新的要求，需要持续注入新的蕴涵。高校现有的思想政治教育体系面对研究、实践和评价三方面的现实问题，难以内生出完整的答卷。评价能够发挥机动性、诊断式的优势，做出理性的、实证的分析，提供响应式、建构式的方案，在开放的、动态的协商中破解难题，提升质量。

（一）思想政治教育研究缺少需求分析

教育部统计公报显示，21世纪以来中国高等教育毛入学率从不足15%增长到超过50%，2020年达到了54.4%。在校大学生的快速增加，客观上推动了高校思想政治教育的飞跃式发展。这一时期，中央先后两次针对高校思想政治教育出台专门文件，推动了高校思想政治教育组织机构的健全、专职队伍的配备和教育体系的完善，一定程度上缓解了规模增长引发的资源紧张。

然而，规模增长带来的问题还没有得到完全回应。2018年，习近平总书记在北京大学师生座谈会上指出，"当前，我国高等教育办学规模和年毕

---

① 《十八大以来重要文献选编（下）》，中央文献出版社2018年版，第490页。
② 《深化新时代教育评价改革总体方案》，《人民日报》2020年10月14日。

业人数已居世界首位,但规模扩张并不意味着质量和效益增长,走内涵式发展道路是我国高等教育发展的必由之路"①。面对思想政治教育对象发生的巨大变化,思想政治教育研究领域理论研究多,需求分析少,对教育对象特征、教育新型形态、校园关系结构、师生心理状态诸多方面研究相对不足,对思想政治教育实践的持续研究和长期积累不够。大量研究成果被"束之高阁",或处于"悬浮"状态,没有真正反映、指导和改进实践工作,难以形成日常形势的研判机制,遇有突发状况便呈现应急、临时的被动特征。

教育的供给侧改革要以严谨的需求分析和准确的需求把握为前提。新时代,我国社会的主要矛盾已经转化为人民对美好生活的向往与发展不平衡、不充分之间的矛盾。对思想政治教育治理开展评价,必须针对问题、源头、关键领域及时开展评价分析,建立调查研究、信息汇总的常态化制度,收集真实需求,找准供给难点,厘清需求得不到满足、供给不充分不均衡的准确原因,对思想政治教育对象及其需要进行全面研究,从而"超越原有相对具象和零碎的项目式政策安排"②,有针对性地建构和完善思想政治教育供给体系。

(二)思想政治教育实践存在管理泛化现象

按照治理的范畴特征,一般可以将治理分为国家治理、政府治理和社会治理。③ 高校思想政治教育治理兼具政府治理和社会治理的特征。一方面,高校受教育行政部门委托,执行党和国家的教育路线方针政策,沿袭了政府工作的组织逻辑和方式方法;高校纵向分层、横向明确、条块清晰的管理结构,奠定了高校开展思想政治教育的组织逻辑,使高校在集中教育、快速动员、防范化解各类风险时具有优势。另一方面,高校作为社会民生的重要领域,又有着社会治理的蕴涵,高校是社会文化重要的策源地和集散地,师生根据自然的或文化的偏好自由链接,形成了庞大复杂的社会文

---

① 《在北京大学师生座谈会上的讲话》,《人民日报》2018 年 5 月 3 日。
② 庞丽娟、杨小敏:《关于教育供给侧结构性改革的思考和建议》,《国家教育行政学院学报》,2016 年第 10 期。
③ 王浦劬:《国家治理、政府治理和社会治理的含义及其相互关系》,《国家行政学院学报》,2014 年第 6 期。

化圈层，网络社会则从现实虚拟双重维度进一步丰富和拓展了圈层组合的可能性。思想政治教育工作要根据不同需要，采用不同的教育策略，不能一种药方包打天下、医治百病。

高校思想政治教育具备政府治理和社会治理双重特征，对应科层治理和圈层治理双重任务。不同特征和任务背后，有其独特的运行逻辑。高校思想政治教育实践中，以辅导员为主的教育工作者因其科层化的组织传统，习惯上传下达、层层管理的方法，一定程度上确保了思想政治教育的秩序和效率，但容易泛化误用，陷入动辄"集中统一"的管理主义误区，忽视教育对象的个体差异和教育情境中的实际情况。管理主义的泛化误用还会迫使教育工作者疏离教育对象，从"本本"、经验、教条出发开展教育、管理、服务。《关于加强和改进新形势下高校思想政治工作的意见》指出，"坚持遵循教育规律、思想政治工作规律、学生成长规律"[1]，就是要尊重不同逻辑背后的专业性和规律性，在评价的过程中，克服科层式管理行政逻辑泛用和误用的情况，将遵循教育规律作为推进教育改革与政策制定的指导原则和理念要求。[2]

（三）思想政治教育评价偏重工具理性

科学主义理念进入评价领域后，推动了量化测试、科学实验、数据建模等定量评价的发展，为社会科学研究提供了有力的支撑。高校思想政治教育是一项系统性实践，定量方法为其提供了便于操作的评价工具，把系统拆解为若干要素，赋予事实判断和数据信息，有助于化繁为简，化整为零。近年来，教育测量、大数据分析、脑认知实验等工具不断推陈出新，揭示了思想政治教育过程内在要素的相关性。

然而科学工具都有一定的适用范围，针对具体的评价目的和问题，评价实施还需要一定的假设、抽样、演绎和归纳，否则真实的情境会变得抽象而失准。将科学方法捕获的数据用于分析时，需要排除大量的干扰项，数据之间的关系究竟是因果关系还是相关关系难以区分。思想政治教育是

---

[1] 《十八大以来重要文献选编（下）》，中央文献出版社2018年版，第480—481页。
[2] 苏君阳：《新时代教育治理体系现代化：内涵、特征及其实现路径》，《教育研究》2021年第9期。

人的工作，又作用于人，人的思想、感情、意识等要素具有外化的可测性，但人的认知发生、情感转化、意识确立、价值形成等问题还处于探索阶段，缺少系统的科学检验。评价实施的伦理规范、专业要求、交叉验证等问题还有待回应。这些问题或局限，在高校思想政治教育评价中较少提及，在某些时候，评价的方法变成了目的本身，遮蔽了评价目标、过程、结果等方面更为丰富的价值。

思想政治教育治理没有统一的方案，评价不仅强调客体满足主体要求的过程，而且具有互动性、协调性、建设性的功能。国外专家也提出了基于建构主义的第四代评估，倾向于认为评估要从"证实"转向"探索"，从行政指令转向"价值协调"，从事实归因转向"价值再建构"。[①] 这也与国内教育评估通常提到的以评促建、以评促改、评建结合、重在建设等理念不谋而合。

三、高校思想政治教育治理评价的实施

高校思想政治教育治理评价的实施要贯彻国家治理现代化和新时代教育评价改革的总体理念，关注要素关系，再现教育情境，协调供需双方，积累目标共识，沉淀通用标准，培育专业队伍，促进学科交叉，不断丰富思想政治教育治理的主体、渠道和效果。

（一）多主体参与高校思想政治教育治理评价

培养什么人，是教育的首要问题，新时代高校要培养担当民族复兴大任的时代新人。时代新人的培育决定了国家发展的质量和前景，对全社会成员有着广泛的意义和价值。

1. 坚持党委主导的评价理念

教育要坚持"为人民服务，为中国共产党治国理政服务，为巩固和发展中国特色社会主义制度服务，为改革开放和社会主义现代化建设服务"[②]

[①] 埃贡·G.古贝、伊冯娜·S.林肯：《第四代评估》，中国人民大学出版社2008年版，第19页、第112页。

[②] 《习近平谈治国理政（第二卷）》，外文出版社2017年版，第377页。

的方针，评价实施坚持各级党委主导，重点考察高校如何坚持党的领导，服务国家重大战略和地方发展的情况，包括结合国家地方发展重点工作开展思想政治教育，引导大学生前往一线实践，毕业生进入重点行业领域、中西部和基层地区，形成培养特色等。

2. 构建多方积极参与的评价格局

毛泽东在《关于正确处理人民内部矛盾的问题》中就提到，"思想政治工作，各个部门都要负责任。共产党应该管，青年团应该管，政府主管部门应该管，学校的校长教师更应该管"①。高校思想政治教育涉及面宽，覆盖面广。教育者占主导地位，是评价的重要参与者。作为受教育的学生是教育的客体，也是自我教育、自我管理、自我服务的主体，是思想政治教育治理的直接受益者，要组织学生参与治理和评价。要充分吸纳社会不同主体的利益诉求，保障不同主体的"知情权、参与权、表达权、监督权"②，在不同类型的评价实践中邀请政府、社会、家庭各方参与思想政治教育过程、治理体系和评价环节，推动建立共建共治共享的思想政治教育治理制度。

3. 培育高校成为评价的自觉主体

高校要自觉成为思想政治教育治理和评价的主体，切实担负主体责任，建立健全质量体系。高校党委的责任主体地位决定了高校本身是思想政治教育治理的主体。高校党委对学校工作实行全面领导，是党对教育事业全面领导的直接体现。《中国共产党普通高等学校基层组织工作条例》明确规定了高校党委的主要职责是"领导学校思想政治工作和德育工作"③，领导地位决定了主体责任。

高校的法律主体地位明确了高校是思想政治教育治理的主体。《中华人民共和国高等教育法》明确赋予了高等学校法人资格，高校享有法律权利，承担法律责任。在现实中，政府与高校之间就学位授予、学籍管理、奖励惩罚等具体行政权力形成了委托与代理的关系，在司法实践中，师生权益

---

① 《毛泽东文集（第七卷）》，人民出版社1999年版，第226页。
② 《中共中央关于坚持和完善中国特色社会主义制度　推进国家治理体系和治理能力现代化若干重大问题的决定》，《人民日报》2019年11月6日。
③ 《中国共产党普通高等学校基层组织工作条例》，人民出版社2021年版，第9页。

诉求表达由以往内部申诉向民事或行政诉讼延伸，进一步强化了高校的法律主体地位。

高校的主体地位，不仅是党委责任与法律义务的要求，也是高等教育内涵式发展过程中，办学自主权扩大的必然。教育行政体制改革推动各级政府和教育行政部门不断下放高校办学自主权，推进对高校管理、高校办学与评价高校的"管、办、评"分离。大学章程的出台以制度的形式，为自主办学、内部管理和履行社会义务提供了依据。2018年全国教育大会进一步强调，"学校是办学主体，要尽可能把资源配置、经费使用、考评管理放给学校，保证学校事情学校办"①。要确保高校办学自主权，同时推进高校自身建立健全质量保障、过程控制、效果评价等制度机制，不再依赖或等待外部的评价反馈，自觉开展常态化评价。

（二）多渠道呈现高校思想政治教育治理过程

思想政治教育的治理和评价是对思想政治教育过程的重构，要求在整治关键问题的同时，理顺思想政治教育过程的内在关系。以往的评价认为评价各方对所要解决的问题是有着共识前提的，问题的聚焦直接决定了信息收集的有效性。随着评价内容的体系化和评价主体的多样化，评价的重点议题不断被分散，要多渠道强调思想政治教育治理的重点问题，将评价焦点汇聚到治理的目标方向上来。

1. 思想政治教育主渠道和主阵地治理评价

思想政治理论课与日常思想政治教育是高校思想政治教育体系的两个重要方面，是高校日常思想政治教育的主要载体。思想政治理论课是主渠道，日常思想政治教育是主阵地。

2019年，中央专门召开学校思想政治理论课教师座谈会，强调"思政课是落实立德树人根本任务的关键课程"②。要建立"政治强、情怀深、思维新、视野广、人格正"的思政课教师评价标准，根据"八个相统一"的目标了解高校思政课改革创新情况，重点考察高校如何讲好"大思政课"，针

---

① 《习近平谈治国理政（第三卷）》，外文出版社2020年版，第350页。
② 《思政课是落实立德树人根本任务的关键课程》，人民出版社2020年版，第6页。

对"思想性、理论性、亲和力和针对性"不断完善思政课的教学评价体系。

在全国高校思想政治工作会议精神指导下，高校日常思想政治教育体系按照《普通高等学校辅导员队伍建设规定》不断健全，日常教育的领导、组织、制度不断完善，内容、载体、渠道不断延伸，评价可以从教育供给的质量、人才培养的效果、重点工作的完成、应急管理的表现等方面展开。

2. 高校立德树人落实机制评价

思想政治教育治理及其评价要助力高校建立健全立德树人落实机制。2004年《关于进一步加强和改进大学生思想政治教育的意见》就针对思想政治教育与学校其他工作"各管一摊"的问题，提出将思想政治教育与教学、科研、社会服务工作结合起来，纳入学校工作整体规划，同时部署、同时检查、同时评估。[①] 2016年全国高校思想政治工作会议进一步提出把"立德树人"作为高校的立身之本和中心环节，各门课程都要"守好一段渠，种好责任田"[②]，构建全员全过程全方位育人体系。2019年全国教育大会进一步明确将"立德树人成效作为检验学校一切工作的根本标准"[③]，要求健全立德树人落实机制。

要重点考察高校教育教学体系，尤其是课程体系建设，加强"课程思政"示范课程和相关教师队伍建设。深入了解各类课程如何落实立德树人的目标要求，创新设计教学方案，把社会主义核心价值观的要求、做人做事的基本道理融入教学环节；创新设计教学制度，确保各类课程与思想政治理论课同向同行，形成协同效应；创新设计管理体系，规范管理课堂、教材、教学、教师等情况。

要重点考察立德树人融入各体系各环节的体制机制。深入了解高校立德树人如何融入学科、教学、教材、管理各体系，如何融入思想道德教育、文化知识教育、社会实践教育各环节。关注高校围绕德育、智育、体育、美育和劳动教育的协同育人体系是否健全，面向学生教育、管理、服务的组织机构是否科学有序运转。健全立德树人落实机制，关键是要建立科学

---

① 《十六大以来重要文献选编（中）》，中央文献出版社2006年版，第191页。
② 《习近平谈治国理政（第二卷）》，外文出版社2017年版，第378页。
③ 教育部课题组：《深入学习习近平关于教育的重要论述》，人民出版社2019年版，第86页。

的教育评价导向，要从高校现有评价体系尤其是教师评价、学生评价、部门评价、绩效评价等制度文件入手，查摆其中不科学的评价内容，推进高校育人方式、办学模式、管理体制、保障机制改革。

3. 思想政治教育治理机动式评价

思想政治教育治理体系由若干子体系构成，思想政治教育治理体系处于主导地位，从目标、方向、价值等关键维度统率着各子体系。作为子体系的思想政治教育治理的具体工作模块也不是零散地、随机地组合，而是根据一定的同质性特征逐渐聚合，呈现出系统化的态势。评价对象的不断细分，是思想政治教育体系发展到一定阶段的必然，面向全域的整体性评价往往难以深入覆盖全部子体系，随着治理现代化的不断深入，现代化的价值蕴涵也将转化为具体领域的标准要求。机动式评价回应这些具体需求，重点针对不同层次类型、现实问题或者局部工作展开。

从评价内容角度看，机动式评价平衡了评价实施的局限性与必要性。高校思想政治教育体系每隔一段时间就需要调整和迭代，适时开展评价是加强和改进工作的必然要求。思想政治教育新体系的建立健全需要相当的时间，整体性的评价意味着高昂的发起成本，大规模的评价在实践中需要审慎安排。实践中，主管部门往往对某方面具体工作的问题或效果更为关注，可以根据需要设计相应的评价方案，机动式地开展局部评价。当前，高校面临法治化治理、健全内控体系、意识形态建设等专项治理任务，机动式评价能够帮助高校落实工作要求，达到评价标准。

从评价对象角度看，机动式评价平衡了评价实施的统一性与层次性。近年来，高校数量不断增加，层次类型更加丰富，思想政治教育要兼顾整齐划一的标准和分层分类的指导相统一。在统一的要求下，高校的条件资源、属地环境、工作特色存在较大差异，高校按照不同地域、行业类型、培养层次等可以划分为不同的层次或类型，这些差异不仅是条件环境的外部要素不同，还体现在其内在的办学思路、教育方式、培养逻辑中，育人的具体目标和思想政治教育过程也千差万别。要建立分层分类的评价模式，避免千人一面，千篇一律，鼓励高校干出特色，办出特色。

（三）多维度诊断高校思想政治教育治理效果

2020年,《深化新时代教育评价改革总体方案》出台,方案指出,要"改进结果评价,强化过程评价,探索增值评价,健全综合评价","提高教育评价的科学性、专业性、客观性",① 为开展评价提供了多种类型的选择,也拓宽了多维诊断的角度。

1. 丰富高校思想政治教育治理的结果向度

早在1985年,《中共中央关于教育体制改革的决定》就提出,"衡量任何学校工作的根本标准不是经济收益的多少,而是培养人才的数量和质量。紧紧掌握这一条,改革就不会迷失方向"②,明确了评价高校的关键结果指标。20世纪90年代初颁布的《中国教育和改革发展纲要》中指出,"高等教育的发展,走内涵发展为主的道路"③。在此后召开的全国教育工作会议上,关于内涵式发展的目标进一步阐释为"使规模适当,结构合理,质量和效益明显提高"④,将数量规模、结构层次、质量效益统一于内涵式发展要求中。随后,有的高校整体通过质量管理体系认证,有的参与或加入高等教育质量保障组织,有的借鉴全面质量管理制度对照改进高校教学、科研、管理乃至思想政治教育工作。

2012年,中宣部、教育部印发《全国大学生思想政治教育工作测评体系(试行)》,完整构建了思想政治教育评价的指标体系。此后,教育主管部门针对马克思主义学院建设制定了《高等学校马克思主义学院建设标准(2017)》,针对"三全育人"制定了《"三全育人"综合改革试点工作建设要求和管理办法(试行)》,针对"学生党建工作"制定了《普通高等学校学生党建工作标准》,结合"依法治校"制定了《高等学校法治工作测评指标》,政策的密集出台丰富了思想政治教育不同领域的结果描述,部分指标和结果应用于高校本科教学评估、学科评估、双一流建设评估中,促进了标准交互和结果共享。

---

① 《深化新时代教育评价改革总体方案》,《人民日报》2020年10月14日。
② 《十二大以来重要文献选编(中)》,人民出版社1986年版,第734页。
③ 《十四大以来重要文献选编(上)》,人民出版社1996年版,第66页。
④ 《十四大以来重要文献选编(上)》,人民出版社1996年版,第837页。

思想政治教育治理的提出,从思想观念、治理体制、治理主体、治理过程、治理效果、治理能力等方面对高校思想政治教育提出了新的要求,要在思想政治教育治理的具体实践中探索开展总结性、形成性、诊断性评价,注重思想政治教育的实证和循证分析,结果目标兼顾组织效能与个人发展,丰富高校思想政治教育治理结果的表现形式。

2. 完善高校思想政治教育治理的过程标准

评价的实施过程蕴含着教与学的互动。评价实践包含明确的目标价值导向、内容指标引导以及评价结果使用,发起者将价值理念、工作标准传递给被评价者,并且通过激励保障机制予以强化。基于评价的开放性、发展性和动态性,评价是各方明确基准、持续进行、反复协商、不断确认、鼓励创造和共同合作的过程。

传统的评价认为思想政治教育的指标应当是具有显示度的,这种观念倾向于选取更具有展示性的成果作为指标。高校是大学生学习生活和社会交往的日常空间,与社会互联互通,相互影响,又是思想文化的前沿阵地,要从国家政治安全和意识形态安全的角度出发,"把高校建设成为安定团结的模范之地"[①],因而,守住高校的法律红线和政治底线即是正面成果,突破了红线与底线便会造成负面影响。思想政治教育治理要坚持马克思主义在意识形态领域的指导地位,落实意识形态工作责任制。当前,有关的高校评价已经将重大舆情、师德师风等负面清单作为常设项目和通用标准,推进高校坚持底线思维,强化红线意识,明确合格基准。

无论对于负面清单,还是示范典型,评价不能仅止步于简单计数,要对这些典型进行个案梳理和对比分析,如对负面情况发生的原因、对应的责任、相关的主体进行溯源,这有助于厘清治理过程,提出改进对策,健全治理体系,提升治理能力。研究示范典型的培育养成规律,能够提炼高校思想政治教育治理的规范流程、参考标准和可能的结果,有助于形成可供复制、借鉴、推广的教育模式。

---

① 《习近平谈治国理政(第二卷)》,外文出版社2017年版,第377页。

3. 凸显高校思想政治教育治理的增值感受

教育既是国计，更是民生，教育的快速发展明显增强了人民群众的获得感。"时代是出卷人，我们是答卷人，人民是阅卷人"①，新时代教育治理要坚持以人民为中心的人民立场和教育发展观，凸显教育对象和利益相关者的增值感受。面向思想政治教育治理的评价，要改变以往思想政治教育评价片面追求完成度、覆盖面、规模化的情况，推动高校实现高质量、可及性、均等化的思想政治教育供给，体现教育公平，实施依法治校，不断满足学生对接受更好教育的需要，不断提升思想政治教育各方的美好感受。

2015年中央全面深化改革领导小组会议上，习近平总书记提出"把改革方案的含金量充分展示出来，让人民群众有更多获得感"②，思想政治教育要充分运用与学生有着密切联系的生活性、故事性、发展性内容，设计丰富的教育形式，促进学生对国家改革、社会发展、学校事业的认识和体验，关注教育过程中主客体的交流互动，记录学生情绪、学生行为、学生反馈等主体性表现，找出影响学生获得感的主要因素，有针对性地改进思想政治教育设计和教育过程，激发"更多、更直接、更实在的获得感、幸福感和安全感"③。评价要注重考察高校因事而化、因时而进、因势而新地加强和改进思想政治教育针对性、有效性、实效性方面的创新举措，将其作为评价的重要标准。

4. 挖掘高校思想政治教育治理的综合效能

高校思想政治教育治理的效能，要从内部和外部综合考虑。一方面，评价要不断充实和完善高校内部质量体系。高校内部同时存在着多种工作体系和评价实践，思想政治教育治理要和各类工作体系协同构建，评价要和高校内部各类评价形成内容共建、问题联治、工作联动、标准通用、结果共享的一体化格局。以高校为基点开发思想政治教育数据平台，形成高校内部和高校之间通用数据库，探索校间、地区可比的评价模式，形成全国与地区、地区与所属高校之间双向互动的数据监测平台，提升大数据治

---

① 《习近平谈治国理政（第三卷）》，外文出版社2020年版，第70页。
② 《习近平谈治国理政（第二卷）》，外文出版社2017年版，第102页。
③ 《十九大以来重要文献选编（上）》，中央文献出版社2019年版，第731页。

理的智能化、精准度和预警性,开发更多评价模型,推进"评价画像""第二成绩单""校园一张表"等产品迭代更新,沉淀思想政治教育的基本标准,借鉴其他学科和评价领域关于思想教育、人才培养、育人效果的通用标准,建立思想政治教育的范式准则。以高校思想政治工作创新发展中心、高校思想政治工作队伍培训研修中心等平台为基础,探索专业人才共同培养、人才队伍交流使用,将马克思主义学院教师和专职辅导员两支队伍的发展状况作为高校人才队伍建设的重要内容。

另一方面,评价要为国家治理现代化和新时代思想政治工作作出更大贡献。思想政治教育工作者要树立"大思政"的工作格局和身份自觉,从中国共产党百年奋斗历程中学习和掌握思想政治工作的经验方法,主动关注和参与企业、农村、机关、学校、社区、网络及各类群体的思想政治工作,为全社会加强和改进思想政治工作提供智力支撑和队伍支援。新时代教育评价改革强调加强国际合作,彰显中国理念,贡献中国方案。[①] 思想政治教育聚焦政治素养,注重价值引导,在不同国家开展的形式和评价的方式有着不同的实践经验。教育工作者要不断总结中国开展大学生品德养成和人才培养的有效举措,丰富高校立德树人的案例,为国家和地区间比较互鉴提供中国经验。

---

① 《中共中央国务院印发〈深化新时代教育评价改革总体方案〉》,《人民日报》2020年10月14日。

第一章
高校思想政治教育治理评价价值论

高校思想政治教育治理评价是高校思想政治教育治理工作中的重要一环，高校思想政治教育治理评价价值是高校思想政治教育治理评价存在的依据。探究高校思想政治教育治理评价的价值内涵、价值形态和价值实现的过程，也是在探索治理评价满足高校思想政治工作、教育治理工作乃至国家治理的需要程度。因此，应当从思想政治教育治理评价的横向、纵向发展中把握其价值所在。

一、高校思想政治教育治理评价的价值内涵

探究高校思想政治教育治理评价的价值内涵，是探究高校思想政治教育治理评价的基础，是对治理评价原因和重要性的追问。应当立足国家治理现代化背景，从思想政治教育发挥的重要作用出发，了解高校思想政治教育的价值内涵。

（一）高校思想政治教育治理评价的价值概念

要了解高校思想政治教育治理评价的价值概念，需要追溯"治理"产生和演变的过程，了解思想政治教育治理对于国家治理的独特意义，明确思想政治教育治理评价的价值作用，从历史性、时代性的脉络中把握这一内容，在共性与个性中理解其价值意义。

1. "治理"概念的历程

"治理"是人类社会特有的活动，人类在集体中因共同劳作、生活而组

成了社会，同时产生各类团体组织和一系列相应的公共事务，人类社会以及团体组织需要对公共事务进行安排和处理。治理这一概念，在古代政治生活、西方政治生活中都经历了一定的演变过程。

从古代词义来看，"治"原表示对河流的疏导和整修，"理"则是物的组织纹路、脉络，后引申为整理、整治。自战国起，"治"与"理"二字便开始组成"治理"一词，并应用于国家管理层面。古代的"治理"最初本源涵义可以理解为处理政务，对一般社会事务的管理。例如，《荀子·君道》指出："明分职，序事业，材技官能，莫不治理。"虽然中国古代并没有直接提出"治理"概念，其最初内容与西方现代意义的"治理"有所区别，但"修身、齐家、治国、平天下"的表述本身便蕴含着丰富的国家治理思想，是对理想社会个人如何实现良序善治的具象化表达。从西方政治学来看，亚里士多德在《政治学》中指出："君王以个人掌握国家的全权，而政治家则凭城邦政制的规章加以治理。"① 这一古希腊时期的著作中蕴含了丰富的西方治理思想。总的来看，西方"治理"概念经历了由"统治（Govern）"到"政府或者管理（Government）"的演变历程。

从现代治理的理论谱系来看，治理的内涵更加丰富多元，可指一种多主体共同参与社会事务的利益表达途径。詹姆斯·罗西瑙认为："'治理'是由共同的目标所支持的，这个目标未必出自合法的以及正式规定的职责，而且它也不一定需要依靠强制力量克服挑战而使别人服从。"② 丰富的现代治理思想使"治理"由政治层面走向社会多个层面，由单一主体走向多元主体，也为学理层面研究学科治理、教育治理、治理评价等内容提供理论支撑。随着全球对公共治理的关注日益提升，学界对于这一概念的界定出现了多种说法，治理仍是一个相对模糊和复杂的概念。"治理"被定义为多种，如"在管理国家经济和社会发展中权力的行使方式"，如"确定如何行使权力，如何给予公民话语权，以及如何在公共利益上做出决策的惯例、制度和程序"，这些定义有助于我们更加明确治理这一概念的内涵。

"治理"概念较早引介入中国，主要是在政治学领域。如俞可平团队就"治

---

① 亚里士多德：《政治学》，商务印书馆1965年版，第3页。
② 詹姆斯·N·罗西瑙：《没有政府的治理》，江西人民出版社2001年版，第9页。

理"与"善治"的问题进行了大量的译介与研究,于 2000 年出版《治理与善治》一书,收录了治理论代表人物在《国际社会科学专刊》上发表的研究著作,并将治理研究与公民社会研究融合在一起,形成了具有中国特色的治理研究与观点。2012 年在国内创办的首个以治理研究为主题的学刊《中国治理评论》将治理问题研究具化为多个领域、多个层面的主题,诸如社会治理、政府治理、城市治理、社区治理,同时围绕治理相关问题刊发了无数中外政治学者的文章,形成了中国语境下的治理研究路径。例如,有学者提出:"国家与治理二者的结合成为具有中国自我特色的政治话语,国家治理也就由此内含了三重重要意蕴:一是统治意蕴;二是管理意涵;三是服务意涵。"[①]

党的十八届三中全会以来,党中央作出全面深化改革的战略部署,明确了完善和发展中国特色社会主义制度、推进国家治理体系和治理能力现代化的总目标。"国家治理体系与治理能力现代化"成为新时代党和国家治国理政的新目标与新使命。为对上层建筑进行调整,从而与国家现代化进程相适应,又相继提出了国家治理、法治政府、财政治理、社会治理等一系列概念。推进国家治理体系和治理能力现代化反映的是"中国之治",一方面要注重体系与能力的平衡和把握,另一方面要注重制度和治理效能的发挥。而学术场域内各项活动的开展需要借助有序化的治理体系,提高学术共同体民主参与的积极性,增强创新与探究意识,提升院系与学科间的综合治理能力是教育领域需要进行的治理工程。

《中国教育现代化 2035》聚焦教育发展的突出问题和薄弱环节,立足当前,着眼长远,提出教育治理体系和治理能力现代化,要"提高教育法治化水平,构建完备的教育法律法规体系,健全学校办学法律支持体系。健全教育法律实施和监管机制。提升政府管理服务水平,提升政府综合运用法律、标准、信息服务等现代治理手段的能力和水平。健全教育督导体制机制,提高教育督导的权威性和实效性。提高学校自主管理能力,完善学校治理结构,继续加强高等学校章程建设。鼓励民办学校按照非营利性和营利性两种组织属性开展现代学校制度改革创新。推动社会参与教育治理

[①] 张英魁:《中国国家治理体系的中观化建构:一个公共政策科学化的进路》,《中国治理评论》2021 年第 2 期。

常态化,建立健全社会参与学校管理和教育评价监管机制。"[①] 从"国家治理体系和治理能力现代化"到"教育治理体系和治理能力现代化"反映的是政策向下铺开进展的过程,是现代学科治理的必然要求,也为高校开展各项治理工作提供了方向指引。

2. 思想政治教育治理评价的价值

教育治理体系与治理能力现代化是国家治理体系与治理能力现代化的重要组成部分,是深化教育领域综合改革的总要求。思想政治教育是教育体系中至关重要的组成部分,它直接关系着人才培养的成效,影响着我们国家的发展和未来。

思想政治教育的出发点和最终归属,是提高人们认识世界和改造世界的能力,在改造客观世界的同时改造主观世界。思想政治教育的对象是人,任务是要解决人的思想问题,提高人的主观能动性,但人们的思想、观点一旦形成,不会只停留在主观认识上,还会表现在人的行为中。虽然各时期下思想政治教育的内容、方法不同,形式各异,但都是希望通过思想政治教育不断深化人们的认识,不断提高人们改造世界的能力。改造人的思想的过程,就是思想政治教育发挥作用的过程;思想政治教育价值的实现,无论从价值客体还是价值主体来讲都是使思想政治教育的价值向现实转化的过程,是价值主体客体化和价值客体主体化相统一的过程。

任何事物都有其内部的基本矛盾,即内在的规定性,它决定了事物的根本性质。思想政治教育治理是立足当前时代背景,根据思想政治教育的性质和任务,以化解矛盾、提高思想政治教育质量为出发点,通过吸纳新理念、新知识,来对思想政治教育活动进行统筹谋划、综合推动,在思想政治教育系统内部运用治理理念和治理方式改善传统思想政治教育管理的实践过程。同时,思想政治教育治理作为国家治理现代化的重要内容,是针对公民思想道德和精神文化领域而展开的,它不仅有利于公民道德共识的培育,还有利于促进整体政治生态改良,着眼于思想政治教育的价值发挥,通过优化思想政治教育政策制定能力、改善政策执行,增强思想政治教育

---

① 《中共中央国务院印发〈中国教育现代化 2035〉》,《人民日报》2019 年 2 月 24 日。

实效性。

思想政治教育治理评价，更加注重思想政治教育治理过程中主体与客体之间的关系，秉持思想政治教育治理所运用的方法，坚持思想政治教育治理所要实现的目标，在实践中遵循思想政治教育治理原则、立足思想政治教育治理价值，通过搭建综合指标开展效能评价，旨在通过调节思想政治教育治理主客双方之间的关系，形成良性的治理氛围，构建完善的制度体系，从而提升思想政治教育治理结果的有效性。

3. 高校思想政治教育治理评价的价值

高校是人才培养的主阵地，其治理体系与治理能力的现代化与国家发展、社会进步、人才培养密不可分。实现国家治理体系和治理能力现代化需要从不同方面推进，高校思想政治教育治理是提升思想政治教育科学化发展的内在要求，是激发思想政治教育内生动力的关键因素。

高校思想政治教育治理是由与高校思想政治教育相关的各种因素，如队伍建设、课程建设、环境塑造、制度保障等交织互动而形成的复杂网络系统。高校思想政治教育治理是在国家治理现代化背景下的自我完善和发展。高校思想政治教育治理评价正是聚焦于此，从治理主体、资源配置、治理方式等出发，进行相应的动态调整，通过搭建完整的高校思想政治工作体系，实现高校思想政治教育本身的质量提升和创新发展。

高校思想政治教育的创新发展需要有形的制度和无形的治理共同推进。高校思想政治教育治理评价通过多元、系统、现代化的评价体系，既遵循高校思想政治教育治理的原则性，又探索评价过程中的灵活性。在评价过程中，基于共同认可的制度安排与规则规范有序开展，并在实践中不断促成已有制度安排与规则规范的完善，协调高校思想政治教育主客体关系，确保各方共同参与、责任共担、协同发力，实现部门协作与跨部门沟通，共同保障高校思想政治教育治理工作的有效推进。

（二）高校思想政治教育治理评价的时代价值

高校思想政治教育治理评价立足新时代的历史方位，致力于推动思想政治教育高质量发展，更好地培养为党和国家贡献力量的时代新人，并彰显出思想政治教育的重要作用，具有独特的时代价值。

1. 推动思想政治教育高质量发展

思想政治教育高质量发展是深化教育体系改革、建立健全立德树人机制的客观要求，也是培养担当民族复兴大任的时代新人的必然选择。党的十九大报告明确指出："要全面贯彻党的教育方针，落实立德树人根本任务。"① 党的十九届四中全会指出："我国国家治理一切工作和活动都依照中国特色社会主义制度展开，我国国家治理体系和治理能力是中国特色社会主义制度及其执行能力的集中体现。"② 党的十九届五中全会将高质量发展定位为思想政治教育领域建设的全局性目标以及首要工作。思想政治工作是治党治国的重要方式，思想政治教育的高质量发展为国家的高质量发展提供有力支撑。

一直以来，思想政治教育发展都是一项对象性活动，通过根据自身的目的达成需求，对现实世界予以改变，确保党和国家的目标顺利完成。将高质量发展作为思想政治教育建设的重要目标，最终仍要落到现实世界的改变上。在实效性方面，需通过立德树人、道德教化、政治引导等措施，在教育建设中，必须立足于时代背景，使思想政治教育发展战略更具有针对性和可行性。而高校作为思想政治教育发展的重要阵地，对其思想政治教育治理进行评价，更突出了高质量发展目标，促使高校思想政治教育围绕学生、关心学生、服务学生，积极回应个体的需求和期待，提高个体对高校思想政治教育治理的认可度、满意度和获得感，为高校思想政治教育的发展凝聚内在动力，使高校思想政治教育体系达到更高的供给水平，并根据实践反馈情况，不断开展调整和优化，从而实现更高质量的发展层次。

高校思想政治教育治理现代化，本质上是高校思想政治教育在国家治理现代化背景下的自我完善和发展。这既是思想政治教育加强自身治理、自觉进行要素调整的内在规定，又是其对社会发展新趋势、新情况的积极回应。高校思想政治教育治理评价适应高校思想政治教育治理的发展要求，

---

① 《党的十九大报告辅导读本》，人民出版社 2017 年版，第 45 页。

② 《中共中央关于坚持和完善中国特色社会主义制度 推进国家治理体系和治理能力现代化若干重大问题的决定》，《人民日报》2019 年 11 月 6 日。

推动全面、系统的思想政治教育制度与政策体系的构建,强化思想政治教育队伍专业化能力的建设,形成多元化、系统化、现代化的思想政治教育治理体系和治理评价体系,推动思想政治教育高质量发展,提升教育工作水平。

2. 更好地培养时代新人

随着中国特色社会主义进入新时代,党和国家对高校人才培养提出了更高的要求。思想政治教育对人的成长和发展具有重要作用,思想政治教育治理的根本目的就是培养具有强烈的社会责任感和公民意识的全面发展的人,使其在国家治理现代化的背景下,养成相适应的思维方式与行为习惯。因此,应当通过高校思想政治教育治理评价来优化思想政治教育治理体系,提供优质的教育内容,完善思想政治教育过程,提升思想政治教育能力。

党的十九大报告中提出了"培养担当民族复兴大任的时代新人"[1]的新要求,为新时代的人才培养工作指明了方向。造就一大批堪当大任、敢于创新、具有社会公共理性、公共德性的高素质人才,是思想政治教育适应新时代发展的必然要求。高校思想政治教育治理评价服务于国家治理的现实需要,针对现存教育系统中很多不适宜的方面进行优化和调整,通过制度化的规范和约束,动态的调整与平衡,涵养高校学生人文素养、提升政治素质,培养理性和平的社会心态。

时代新人的培育是一个系统性工程,要求高校思想政治教育治理评价始终聚焦、落实在立德树人的根本任务上,加强系统设计,既要着眼于教育对象的素质能力,提升人才培养的效果,也要关注教育者本身的专业水平,促进高校思想政治工作队伍的专业化发展。

3. 尊重和弘扬价值规律

习近平总书记在全国高校思想政治工作会议上指出:"做好高校思想政治工作,要遵循思想政治工作规律,遵循教书育人规律,遵循学生成长规律,不断提高工作能力和工作水平。"[2]高校思想政治教育治理评价在其发展的过

---

[1] 《决胜全面建成小康社会 夺取新时代中国特色社会主义伟大胜利——在中国共产党第十九次全国代表大会上的报告》,《人民日报》2017年10月28日。

[2] 《习近平在全国高校思想政治工作会议上强调 把思想政治工作贯穿教育教学全过程 开创我国高等教育事业发展新局面》,《人民日报》2016年12月9日。

程中遵循思想政治教育治理规律，遵循思想政治教育过程规律；尊重事物成长的发展规律，也尊重教育要求与受教者思想政治素养发展存在适度张力的规律。在治理评价中把握适度原则，不过多超越现实工作水平，同时遵循教育的理念设计、载体运用、方法选择，通过对工作的治理评价帮助人们产生自觉治理的观念，与"为了管理而约束"的评价工作并不相同。

  物理学概念上的张力，指物体受到的相互牵引力。这一概念应用到社会学，可以用来描述事物之间存在的牵制和制衡。高校思想政治教育治理评价的过程中，党和国家对思想政治教育发展期待所提出的治理要求与当前高校思想政治教育治理工作的实际情况有所差距，虽然不同时期以及同一时期不同层次的高校治理水平有所不同，但治理要求与治理发展之间保持适度张力，在任何时期和条件下都是必要的，这也是由事物的发展规律而决定的。高校思想政治教育治理评价应当遵循思想政治教育规律、教育规律和学生成长的规律，使评价客体在高校思想政治教育治理在规范外在的同时，内化形成理论自觉，实现全方位成长。

  高校思想政治教育治理是一个在实践中发展，在发展中评价，在评价中改进，在改进中趋于完善的不断螺旋上升的渐进式、动态性过程，是科学的、全方位发展的工程。在构建"大思政"格局时，更应充分考虑高校思想政治教育治理评价这一议题的定位与价值，着力解决高校思想政治教育治理中的难题。

（三）高校思想政治教育治理评价的价值本质

  "我国今天的国家治理体系，是在我国历史传承、文化传统、经济社会发展的基础上长期发展、渐进改进、内生性演化的结果。我国国家治理体系需要改进和完善，但怎么改、怎么完善，我们要有主张、有定力。"[①] 在国家治理现代化的实践中，始终不能离开这个具有定力和张力的治理体系、价值体系的支撑。思想政治教育作为我们党立党、革命、立国、执政、兴国的优良政治传统和经验优势，在国家政治实践和社会政治生活中起到重要的影响，这决定了其对国家治理体系和治理能力现代化所需要的价值体

[①]《习近平谈治国理政（第一卷）》，外文出版社2018年版，第105页。

系建设也将发挥重要的作用。高校思想政治教育治理评价与高校思想政治教育治理的方向一致，具有合目的性、合规律性、合必然性的价值本质。

1. 高校思想政治教育治理评价的合目的性

高校思想政治教育治理评价作为连结高校与高校、高校各部门的中介，其价值判断力不是知性认识中从普遍概念出发规定特殊对象的"规定性"判断力，而是从预设的特殊性出发去寻求可能的普遍原则的"反思性"判断力。它出于这种需要而给自身设立"合目的性"的认识，与思想政治教育的"合目的性"具有共通之处。[①] 同时这种"合目的性"只与高校思想政治教育治理评价对于主体认识能力的适应性和主体需要满足的合理性相关，因而具有向"善"的特点。

就高校的发展而言，高校思想政治教育治理评价能够促进高校思想政治工作及其治理能力的提升。就人的发展而言，高校思想政治教育治理评价的合目的性体现在最终目的是促进人的思想政治素养和道德品质素养的发展以及人格的完善和主体性的提升。马克思把人的发展划分为三种层级。即"人的依赖关系（起初完全是自然发生的）是最初的社会形态，在这种形态下，人的生产能力只是在狭窄的范围内和孤立的地点上发展着。以物的依赖性为基础的人的独立性是第二大形态，在这种形态下，才形成普遍的社会物质交换，全面的关系，多方面的需求以及全面的能力的体系。建立在个人全面发展和他们共同的社会生产能力成为他们的社会财富这一基础上的自由个性是第三个阶段。第二个阶段为第三个阶段创造条件"[②]。马克思所预设的人的发展层级要求人在摆脱对物的依赖的基础上发展和完善自己独特的个性品质，实现自身的价值。而高校思想政治教育治理评价正是立足更高质量、更高层次的发展而对高校思想政治教育治理工作的系统评估，最终目的就是实现人的素质的提升、全面的发展。

2. 高校思想政治教育治理评价的合规律性

高校思想政治教育治理评价具有合规律性的特点。高校思想政治教育

[①] 张耀灿等：《现代思想政治教育学》，人民出版社2006年版，第166页。
[②] 中共中央马克思恩格斯列宁斯大林著作编译局：《马克思文集（第八卷）》，人民出版社2009年版，第52页。

治理评价的一个本质特点是高校思想政治教育治理评价的成果应体现出合规律性与合目的性的统一。

高校思想政治教育治理评价的特点在于它不仅满足治理现代化的要求，也反映人们可以通过提升主体的要求，通过优化高校思想政治教育治理工作来实现更高层次的发展的需要。合规律性就是人类活动的本质，即符合人类社会发展的规律。而不符合规律的工作，人类不可为之，不想为之。合规律是为了合目的。高校思想政治教育治理评价所做的一切活动，根本都是为了实现高校思想政治教育的有序进行，从而使教育对象能够发现自身价值、创造自身价值、实现自身价值以及享用自身价值。[①] 高校思想政治教育治理评价价值的实现，基于对人的品德的成长发展规律的认识，基于对思想政治教育治理工作客观规律的认识，基于对高校思想政治教育治理评价自身价值的实现规律的认识，以及对满足人和社会需要的价值关系运动规律的认识。高校思想政治教育治理评价的规律和它对人和社会的价值运动规律就构成了评论高校思想政治教育治理评价价值本质的两个尺度，即合规律性和合目的性。

3. 高校思想政治教育治理评价的合必然性

高校思想政治教育治理评价的合规律性和合目的性的契合点是高校思想政治教育治理评价的合必然性。

必然性是事物发展过程中一定要发生的不可避免的确定的趋势，由于必然性和客观规律都是由事物内部的本质联系引起的，本质、规律、必然性是同等意义上的范畴，因此，在事物的发展过程中，必然性决定事物发展的前途和方向，居于主导地位。"思想政治教育治理效能化程度怎样，从根本上要看现代化的思想政治教育治理在提升治理有效性方面的能力水平如何，即看思想政治教育治理现代化在满足人们的相应需要、实现人们的相应目的方面所表现出的积极性如何。"[②] 同样地，作为高校思想政治教育治理重要环节，高校思想政治教育治理评价的合必然性是指高校思想政治教

[①] 张耀灿等：《现代思想政治教育学》，人民出版社2006年版，第167页。

[②] 冯刚、彭庆红、余双好、白显良：《新时代高校思想政治教育学原理》，人民出版社2021年版，第388—389页。

育治理评价要满足人的精神需求和社会的文明进步。而且这种价值的实现是必然的，它对高校思想政治教育治理评价价值作出质的规定。高校思想政治教育治理评价的合必然性具体表现在：对价值主体具有明确的导向价值。高校思想政治教育治理评价具有明显的方向性，这种方向性是通过高校思想政治教育治理的进展、社会的需要等方式表现出来的。一定的治理评价，既是现实社会的需要，也是未来社会的预示，具有指向未来，为一定阶级、社会导向的特征。同时，高校思想政治教育治理评价对价值主体具有巨大的动力价值，对社会政治、经济、文化发展和个人全面发展都有一定的推动作用。不但如此，高校思想政治教育治理评价价值主体具有合理的整合协调价值，在既吸引又排斥、既凝聚又分化的矛盾运动中，通过均衡参与组织的力量、管理和服务相结合、协同互动中实现高校思想政治教育治理评价的必然结果。

二、高校思想政治教育治理评价的价值形态

高校思想政治教育治理评价按照价值主体划分，可以划分为个体价值与社会价值；按照价值效果显现划分，可以划分为直接价值与间接价值；按照价值性质作用划分，可以划分为正面价值与负面价值。

（一）高校思想政治教育治理评价的个体价值与社会价值

高校思想政治教育治理评价的个体价值是对个体的内在价值。社会价值是指通过高校思想政治教育治理评价而带来的政治、经济、文化和生态价值。个体价值是相对于社会价值而言的，一般来说，个体价值是社会价值的基础，社会价值则是个体价值的延伸和验证。高校思想政治教育治理评价的个体价值与社会价值相互联系、相互促进，共同发展。

1. **高校思想政治教育治理评价的个体价值**

治理是一个组织概念，而非个人化的概念，从主体构成上，无论是政府、高校还是社会组织，其构成都是一个个具体的人；而由个人又构成了政府的个体、学校的个体，成为组织中的个人。治理评价面向的是不同组织，彰显的是人的社会性，在社会化的影响下，每个人既参与公共事务，同时

也完善自身。高校思想政治教育治理评价的个人价值，凸显的是在治理评价中，人们在参与治理互动中受到组织化、社会化的评价影响，进而对个人产生的影响和价值。高校思想政治教育治理评价的个体价值主要表现在个体思想和行为的导向、精神动力的激发、个体人格的塑造、个体思想和行为规范等几个方面。

所谓政治引导，就是运用启发、动员、教育、监督、批评等方式，把人们的思想和行为引导到符合社会发展、高校思想政治教育治理的正确方向上来。① 高校思想政治教育治理评价的导向功能是建立在对治理对象充分信任的基础上的，重在启发自觉。如何把治理工作引向积极、健康的方向，防止阻碍因素、消极因素的增长，就成为当前高校思想政治教育治理评价的一个重要课题。

所谓激发精神动力，就是运用多种手段，充分调动人们的积极性和创造性，从而实现个体价值。人的积极性来源于人的需要，需要越强烈积极性也会越高。人的需要又包括物质需要和精神需要，相应地，激励也就分为物质激励和精神激励两大类。物质是第一性的，忽视或者否定物质利益原则，不注意发挥物质力量在推动各项发展建设中的巨大作用也是错误的。正如马克思所讲："人们奋斗所争取的一切，都同他们的利益有关。"② 因而高校思想政治教育治理评价要坚持物质利益原则。但是仅仅依靠物质手段，信奉和追逐利益，忽视或否定精神力量的作用，也是错误的。因为人的物质需要和精神需要是相辅相成的，物质决定精神，精神对物质又具有反作用。推进高校思想政治教育治理评价的过程中，既要靠正确的经济手段，又要靠有效的精神激励。片面夸大物质利益原则，忽视精神作用；或者片面强调精神的能动性，忽视物质利益原则都是错误的。无论物质激励，还是精神激励，都需要高校思想政治教育治理评价过程中的正确引导，二者都是激励功能的一部分。

人格是个人相对稳定的比较重要的心理特征的总和。人格是指一个人的品格、品质、思想境界、情操格调、道德水平等。高校思想政治教育治

---

① 张耀灿等：《现代思想政治教育学》，人民出版社2006年版，第174页。
② 《马克思恩格斯全集（第一卷）》，人民出版社1965年版，第82页。

理评价的重要任务，就是通过对治理的评价，在动态的反馈、调节过程中，塑造个体健全的人格，使社会成员形成崇高丰富的精神境界，健康良好的心理品质。高校思想政治教育治理评价要在这种塑造的过程中，依据人的意识与活动相关联的规律，一方面，通过评价措施使治理方不断明确自己的发展方向，确立相应的认知、态度、情感，产生相应的行为；另一方面，通过组织大量的、富有成效的实践活动去形成和巩固人的认知、态度、情感、行为等。坚持二者的统一，是高校思想政治教育治理评价与一般教育评价相区别的重要特点。

所谓规范调控行为，就是对人们的思想、行为的规范性，它肯定符合高校思想政治教育治理评价的方向、目标的思想、行为的正确性，它界定偏离高校思想政治教育治理评价的方向、目标的思想、行为的不合理性，它排斥干扰、冲击思想政治教育方向、目标的思想、行为。高校思想政治教育治理评价的方向性和规范性是密不可分的。如果把方向性与规范性割裂开来，方向性就成为飘忽不定的想象与意愿，规范性也会成为随意设置的律条。从实际来看，现代社会由于具有开放、复杂、多样、变化快的特点，人们的思想、行为也呈现出多层性、多样性、多变性的状况。面对这种情况，如果仅用一种原则的、抽象的思想观念进行引导，没有明确的规范加以约束，就很难把人们的思想、行为导向一个基本一致的方向，甚至可能会出现更多思想道德越轨、失范的情况。因此，进行高校思想政治教育治理评价也是在强调规范性，发挥其规范作用。在高校思想政治教育治理评价社会价值的形态中，我们会发现其中的导向、激励、规范、塑造等个体价值与高校思想政治教育治理评价中的内容相互联系、相互渗透、相辅相成。

2. 高校思想政治教育治理评价的社会价值

高校思想政治教育治理评价作为一种客观存在的社会现象，与其他社会现象如政治、文化、生态等发生作用而呈现出的政治价值和文化价值，本质都属于高校思想政治教育治理评价社会价值的具体形态。高校思想政治教育治理评价既受到社会文化、社会风气的影响，也应当在开展评价的过程中，通过规范制度、明晰流程、提高专业化队伍来弘扬积极向上的风气，使高校思想政治教育治理经得住社会检验，并形成内在的评价体系，实现自我评价。

习近平总书记指出："一个国家选择什么样的治理体系，是由这个国家的历史传承、文化传统、经济社会发展水平决定的，是由这个国家的人民决定的。"① 高校根据社会发展要求和自身发展特色，必须加强和改进大学思想政治教育工作，这是学校培养人才和自身建设的关键之举。把这项建设性工作贯彻落实，将决定培养什么样的社会主义事业建设者接班人，并影响到国家社会主义现代化的发展。高校思想政治教育治理评价包含了多元主体。从协同理论的角度来讲，系统内部各组成部分的相互作用是系统能否发挥协同效应的关键。当系统朝着又好又快的方向发展时，证明其内部协同效果呈现出良好态势。从高校整体来看，人、部门、环境等各组成部分以及他们之间相互联系、相互作用，共同向预期设定的目标努力，才能实现高校思想政治教育治理评价的社会价值。

高校思想政治教育治理评价的政治价值在诸多价值中居于首要地位，发挥着主导作用。它的内容重点涵盖传播政治意识、引导政治行为、造就政治人才、和谐政治关系。可以通过评价高校思想政治教育治理效果，进而改进高校思想政治教育生态环境，从而在一定程度上起到维护社会政治稳定、促进社会政治发展的作用。但人们在理解高校思想政治教育治理评价的问题时，要具体地、历史地把握其深刻内涵。由于历史和现实的原因，它涉及的问题是社会与个人、社会与国家的精神关系，应当整体性、层次性地去看待这一问题。社会的精神生产是构成社会生产的重要组成部分，同时服从和服务于社会物质生产。高校思想政治教育治理的过程中，引导高校学生进行主旋律教育，进而产生了政治关系再生产的价值。"国家治理是一项涉及各个领域，需要各方联动，相互配合，共同推进，形成政府有效治理和社会自治良性互动的系统工程，具有长期性、艰巨性和复杂性。"② 不但如此，高校思想政治教育治理评价始终坚持社会主义意识形态的主导地位，宣传党的路线、方针、政策，具有促进社会政治稳定和发展的价值，

---

① 《习近平谈治国理政（第一卷）》，外文出版社2018年版，第105页。
② 冯刚、邢斐：《在国家治理现代化中坚持集体主义导向》，《思想教育研究》2021年第3期。

也将推动国家治理体系和治理能力的现代化发展。高校思想政治教育治理在横向与纵向的社会联系和交往中发展,对化解社会矛盾、促进社会政治稳定、增强民族凝聚力,起到十分重要的作用。

高校思想政治教育治理评价作为社会意识形态的组成部分,其价值与文化密切相关:文化是判断高校思想政治教育治理评价价值客体的参照系,高校思想政治教育治理评价的价值如何,也取决于它所处的文化背景。同时,人是政治社会化的结果,各评价客体在接受高校思想政治教育治理评价时,也在接受和适应社会化,接受与消化社会规范和高校思想政治教育治理评价的价值观念。高校思想政治教育治理评价具有文化选择功能。文化选择功能是一个有目的的系统,一定的社会观念、思想、知识、习惯、风俗等文化因子,如果与高校思想政治教育治理评价目的相一致,这些因子则会以积极的姿态纳入高校思想政治教育治理的范围内。同时,高校思想政治教育治理评价具有文化传播、文化渗透、创造功能。高校思想政治教育治理评价传播社会文化的过程,不同于过去的"我听你说,我打你通"的单向投注,而是一种同为信源的双向信息交流和情感互动的过程。同时,高校思想政治教育治理评价所传播出的是社会主流文化,大力弘扬社会主义、爱国主义和集体主义思想,并以开放型、创新型为发展方向。

(二)高校思想政治教育治理评价的直接价值与间接价值

高校思想政治教育治理评价对高校思想政治教育治理、对人的发展和社会的进步作用,既有直接的一面,又有间接的一面,因而其价值便表现为直接价值和间接价值两种形态。

1. 高校思想政治教育治理评价的直接价值

一般来讲,高校思想政治教育治理评价直接作用于治理过程之中,不经过中介环节,直接传递治理主体的要求、协调主客体关系、解决评价主体亟待解决的问题,包括学生能力、学院建设、高校能力的发展问题等。

直接价值最能直接引起治理过程环节、要素的某些变化,因而产生的价值具有显性的、直接的、切近的特点。[①] 例如,当高校在学生管理工作中

---

① 张耀灿等:《现代思想政治教育学》,人民出版社2006年版,第171页。

发现了问题，高校应当明确学生工作管理者和学生的主体诉求分别是什么，直面学生管理中存在的实效性低的问题，通过协调双方诉求，评估可能带来的潜在性风险，包括在网络平台上舆论扩大化的情况。同时，高校应当理顺校级、院级直至学生个体不同层级的关系，做到下级接受上级的评估。下级也有一定符合内在要求的自我标准，并能够拿出相应的成果与上级标准相对应，应在上级、下级碰撞、交流中实现管理标准的科学化制定和执行，在上下同治的过程中解决学校中实际存在的学生管理问题。

但传递要求、协调关系、解决问题并不是高校思想政治教育治理评价的完整意义上的终极价值。高校思想政治教育治理评价最终要通过高校思想政治教育治理水平和治理能力的提升，推动高校思想政治工作的有序开展，进而实现人的素质尤其是思想道德素质的提高和潜能的发挥，使其价值在此进行第二次转化，即精神变为物质的转化，推动社会的进步。

2. 高校思想政治教育治理评价的间接价值

高校思想政治教育治理评价不仅具有直接的治理调控效果，还能够在治理评价过程的各个环节之中，通过间接作用塑造高质量的文化、提升思想政治教育工作的教育效果，提升评价对象的相关能力。

在高校思想政治教育治理评价过程中，评价本身并不直接干涉各高校组织的工作决策或是具体工作内容，而是将治理评价的思想理念渗透和贯穿高校思想政治教育治理工作的整个过程之中。一方面，这有利于在高校塑造和形成"治理"的文化氛围，使高校在尊重主体性原则的同时运用科学的治理评价方式进行工作自查，使治理评价的文化、科学治理的思想融入高校的日常工作和管理之中，从长远来看，有利于加深人们对思想政治教育治理的认识。另一方面，这有利于促进评价对象的综合能力的提升。高校是思想政治教育的主要实施者，而高校思想政治教育治理评价对象是由高校教师、学生组成的。在接受治理评价和整改的过程中，师生的精神力量得以激发，特别是学生参与公共事务的能力会有所增强，在治理评价的这种"善治"过程中，教师的职业能力素质也会有所提升，在处理风险、隐患等应急事务上也会有新的思考和反馈。

从长远发展的角度看，高校思想政治教育治理评价影响的不仅仅是评价对象的水平，还有高校的文化环境以及个人的能力素质等。间接价值是直接价值的综合反映和集中，间接价值也会反作用于直接价值，影响直接价值的实现。

（三）高校思想政治教育治理评价的正面价值与负面价值

高校思想政治教育治理评价的过程并不是一帆风顺的，其带来的效果、实现的价值也存在多种情况，可能存在正面价值，也可能存在负面价值。正确认识其正负价值，有利于客观、辩证地看待高校思想政治教育治理评价工作。

1. 高校思想政治教育治理评价的正面价值

正面价值简称价值，即对主体的正当需要有肯定作用的价值。高校思想政治教育治理评价的正面价值是指高校思想政治教育治理评价对高校思想政治教育治理工作目的和任务的实现发挥的促进作用。高校思想政治教育治理评价产生正面价值的前提条件是目的性明确。首先要明确党和国家的治理目标和任务，包括总体目标以及不同阶段的具体目标，以便确定高校思想政治教育治理评价的不同层级的目标和任务；然后在治理评价过程中随时注意反馈，修正与目的不适应的实践，高校思想政治教育治理评价才能发挥出更为积极的作用。

合理有效地开展高校思想政治教育治理评价，会对评价客体起到真正的促进作用，符合高校思想政治教育治理评价原则，且不妨碍各主体参与到高校思想政治教育各项工作之中。除此之外，高校思想政治教育治理评价的正面价值还体现在保障高校思想政治教育治理工作持续深化，调节好主客体之间的问题和困惑，满足党和国家事业发展需要以及大学生成长发展需求。通过外部干预、内部调节，运用动态测评等方式，做到依法治理、应急治理。

同时，治理主体的感受、治理机制的健全以及治理效果的反映也是检验高校思想政治教育治理评价正面价值是否实现的重要因素。高校思想政治教育治理评价的任务不是一成不变的，要实现目标也不是一蹴而就的，从评价到校正到再次评价，都是以一个持续性、动态性、反思性的视角去对待评价的过程。

2. 高校思想政治教育治理评价的负面价值

高校思想政治教育治理评价是对高校思想政治教育治理进行价值判断并促进其提升与改进的活动，是一个相当复杂的系统工程，不可避免地出现负面价值。

负面价值亦称无效价值或否定价值。高校思想政治教育治理评价负面价值具体表现为：第一，无价值，即高校思想政治教育治理评价对于其目的和任务的实现没有起到作用，浪费了时间和精力。在现实的高校思想政治教育治理评价运行过程中，这种情况也是客观存在。高校思想政治教育治理评价中存在的形式主义、走过场、不顾实际情况过高要求等都属于这种情况。第二，否定价值，即高校思想政治教育治理评价妨碍了高校思想政治教育治理目的和任务的实现，起到了消极有害的作用。由于主观动机不同，高校思想政治教育治理评价活动可能存在有意识地破坏而产生严重的消极作用；或者存在虽然主观上想产生正面价值，但由于种种原因，如高校思想政治教育治理评价目的不明确，或对于高校思想政治教育治理评价进程的方针、原则、内容把握不全面，方法运用不当，或对评价客体缺乏客观的分析等，在客观上产生消极作用。

此外，如果不顾实际，陷入工具主义、管理主义，会使高校思想政治教育治理评价付出很大代价。"'代价'说到底是价值问题，是一种被否定和牺牲的替代性价值，它表现为一定的目的对一定的手段的牺牲，或者说是历史进步过程所选择的主导价值趋向对其他价值形态的抑制、否定或牺牲。"[①]高校思想政治教育治理评价代价是指由于评价价值主体需要的多样性以及评价价值客体属性的制约性，而"导致的人们为选择某种（某些）评价主导价值而造成评价价值主体所承担的价值损失、牺牲，和由此引起的与评价价值主体的理想目标相悖的消极后果"[②]。

高校思想政治教育治理评价如果不顾实际要求，也可能出现评价有失偏颇的情况。如高校思想政治教育治理评价不按照既定流程进行，或不设

---

① 刘怀玉：《马克思的"历史进步代价"理论与发展问题》，《哲学研究》1993年第6期。
② 张耀灿等：《现代思想政治教育学》，人民出版社2006年版，第170页。

置时间节点而频繁发起，不仅无助于思想政治教育治理的改进，还会给评价客体带来负面影响。

三、高校思想政治教育治理评价的价值实现

高校思想政治教育治理评价是否具有价值，人们对于这一活动结果的价值判断是否正确，都需要在价值的实现中寻求答案。实现高校思想政治教育治理评价的价值是认识和创造其价值目的或者说逻辑发展的归宿，它既是一次高校思想政治教育治理评价活动的终点，也是另一次评价活动的起点。对高校思想政治教育治理评价这一活动来说，其价值只有在实现中才能成为真正的价值，对于社会和人这一主体来说，只有在价值的实现中才能真正满足自己的需要，实现主体和客体的统一。

（一）高校思想政治教育治理评价价值实现的实质

高校思想政治教育治理评价价值的实现，其实是由潜在性到显性价值转变的过程，高校思想政治教育治理评价价值实现的实质需要进一步了解实质目标、实质过程与实质功能，在评价的过程中，一方面，对目标文件进行评估、整改，另一方面，应当明确现实与标准之间存在的差距，以"评"促"建"，通过评估的鞭策认识到实际的不足，并激发内在动力进行建设和进一步创造。

1. 实质目标：评价客体的主体化

高校思想政治教育治理评价的实现，是使评价客体将标准内化变为个人遵从，并使客体主动符合标准的过程。从本身来看，就是评价客体的主体化过程。如果仅把价值的实现理解为评价客体对评价主体需要的满足，那么这一认识是浮于表面的。评价客体需要符合评价主体的要求，价值的真正实现是评价客体对评价主体产生实际的效应，即产生实际作用的影响。评价客体对评价主体产生的效应，比之评价客体被评价主体消费，满足评价主体需要更为深刻，更能体现价值实现的实质。

"评价客体是与主体自我相对而言的事物，它不是自在意义的存在，而

是人化意义上的存在。"① 价值实现是评价客体作用于评价主体,对评价主体产生实际的效应,这个过程就是主客体相互作用中的评价客体主体化过程。评价客体主体化正是价值实现的实质。高校思想政治教育治理评价的客体主体化,从评价客体来说,就是由现实的价值客体到作用于主体,转化为价值即对主体的效应的过程——从内在价值到价值的转化;从主体来说,则是客体作用于主体,使主体受到客体的一定的作用和影响。正是这种作用和影响才促进了价值的实现。

高校思想政治教育治理评价的过程是评价主体与评价客体相互作用的过程,需要实现被评价的对象了解自身、院校所处的背景与际遇,以及正视存在的不足,将评价主体所指出的内容与要求进行对照分析,努力实现治理评价的应然目标。

2. 实质过程:由规定到自觉的主体性

高校思想政治教育治理评价价值的实现过程不是简单的评价客体作用于评价主体的过程,而是评价主客体相互作用的过程,是评价客体运用科学的治理方式开展工作,使评价客体走向自觉、自为的结果。

评价客体的属性和功能作用于主体,主体以其自身的素质、知识、能力、情感、意志对评价客体的属性功能加以筛选、吸收、加工、改造,使之成为对评价主体有用的东西,评价主体的本质力量对客体属性、功能的加工、处理、改造,是一个再创造过程。但在价值实现过程中,价值创造居于从属地位,主导方面是价值实现。正如价值创造包括价值实现一样,价值实现也包括价值创造。价值创造与价值实现是辩证统一的,二者统一于高校思想政治教育治理评价过程中。高校思想政治教育治理评价的过程中要践行以人为本的原则,"要求管理者必须秉持尊重人、依靠人、发展人、为了人的原则思维,在实践中不断满足学生全面发展及对美好生活的期待和需求"②,在过程中挖掘人的潜质,把治理评价的要求与规定,内化为内心深处的准则和遵从。

---

① 肖新发:《评价要素论》,《武汉大学学报(人文科学版)》2004年第5期。
② 冯刚:《高校思想政治教育工作质量评价研究》,人民出版社2020年版,第161页。

3. 实质功能：以评促建的建构性

高校思想政治教育治理评价不是形式上的管理或治理，是通过评价实际发挥的作用来解决高校思想政治教育治理工作中的问题，并在高校环境下潜移默化，通过治理评价督促对应组织进行整改，具有构建性意义。

因此，高校思想政治教育治理评价不仅是执行评价任务，还能引导评价对象根据自己的现实情况，对标找到差距并探寻原因，在尽可能多的资源中探索适合自身的整改方案，同时通过多角度、多渠道进行反思。同时，治理评价主体和环境中的其他主体也可以对评价对象具有监督性作用，长期下去会在高校思想政治教育工作环境中形成良好的风气，而评价对象需要在良性循环中探索出真正符合自身发展的治理规则、标准，在创造性、建设性的环境中寻找发展之路。

高校思想政治教育治理评价并不是孤立的步骤，而是前后相继，相互联系的高校思想政治教育治理格局中的重要一环。"要加强顶层设计和整体谋划，破除'部门本位''队伍分散''过程脱节'等'碎片化'现象，增强思想政治工作的关联性、协同性和耦合性，体现集成思维，使高校思想政治工作的各支队伍、各个环节、各个方面都服务于立德树人总目标，使之基于整体、归于整体。"[①]

开展高校思想政治教育治理评价的实质，是希望通过评价来督促高校思想政治教育治理工作的构建，促进高校思想政治教育符合时代发展需要，以高水平实现创新发展。由此可见，由评到建需要漫长的实践过程，以评促建则是高校思想政治教育治理评价的价值实现所在。

（二）高校思想政治教育治理评价价值实现的原则

高校思想政治教育治理评价价值实现应当遵循导向性原则、求实性原则以及层次性原则。

1. 导向性原则

导向性是高校思想政治教育治理评价目的性、意识形态属性的体现，

---

① 冯刚、成黎明：《治理视域下高校思想政治工作体系构建的逻辑与路径》，《思想理论教育》2020年第8期。

是高校思想政治教育治理评价应当坚持的基本原则。

当今世界正经历百年未有之大变局，我国发展正处在实现中华民族伟大复兴关键时期。中共中央、国务院印发的《关于新时代加强和改进思想政治工作的意见》指出，"把思想政治工作作为治党治国的重要方式、深入开展思想政治教育、提升基层思想政治工作质量和水平、推动新时代思想政治工作守正创新发展、构建共同推进思想政治工作的大格局"[①]。高校思想政治教育治理评价工作是思想政治工作守正创新的重要一环，在开展过程中应当坚持导向性原则，注重理想信念导向、奋斗目标导向以及行为规范导向。

要坚持政治导向性原则。高校作为人才培养的场所，是前沿思想交流交锋的重要阵地。政治理想和政治信念在学生的思想品德的形成过程中起决定性作用，没有正确的政治观念，就等于没有灵魂。在对学生进行世界观、人生观、价值观的培养时，要坚定社会主义信念，把政治性贯穿到对学生发生教育作用的各个因素中，渗透到高校环境的各个方面，防止和克服那种就政治论政治，政治以外无政治的倾向，围绕树立正确世界观、人生观、价值观这个中心，发挥政治的导向功能。

要坚持问题导向性原则。问题无处不在、无时不有，关键在善不善于发现问题，敢不敢于正视问题。敢不敢于正视问题是态度问题，需要我们时刻保持头脑清醒，对存在的问题不掩盖、不回避、不推脱，否则就会使小问题演化成大问题。高校思想政治教育治理要成为国家治理的支撑，就必须直面治国理政、高等教育发展中存在的问题，运用科学的评价方式开展治理活动，做到沉着应对、趋利避害。

2. 求实性原则

高校作为以思想政治教育来培养与提升学生政治素养的主战场，应该始终以学生为本，从学生实际出发组织教育活动，引领学生发展。高校思想政治教育治理评价是科学评价的过程，应当遵循实事求是的原则。

求实性原则从本质上来讲，强调的是科学性、规律性，强调在高校思

---

① 《中共中央国务院印发〈关于新时代加强和改进思想政治工作的意见〉》，《人民日报》2021年7月13日。

想政治教育治理评价中遵循实事求是原则。实事求是是马克思主义的精髓，是我国在长期革命和社会主义建设的历史长河中逐步确立发展而来的，经受了理论和实践的双重检验，是加强思想政治教育的根本原则和方法论指导。高校思想政治教育治理评价强调求实性原则，应当注重评价标准求实、评价过程务实、评价效果真实。

高校是思想政治教育的主阵地，高校思想政治教育治理评价也应该始终坚持用实事求是的思想方法来评价，通过具体分析，弄清楚问题的多与少、大与小、轻与重、缓与急、易与难，真正解决高校思想政治教育治理过程中存在的不足。高校思想政治教育的要素包括教育者、教育对象、教育内容、教育目的、教育方法、教育情景，这六要素相互联系、相互作用。[①] 在治理过程中，各要素之间的互动是否有序，教育方法是否得当，个体自我实现程度都在一定程度上影响着高校思想政治教育治理评价的成效。

3. 层次性原则

所谓层次性原则，是指高校思想政治教育治理评价要根据评价客体不同的思想情况和觉悟水平，区别对待，分层次进行。

层次性原则是一种工作准则，它是以思想政治教育的层次性教育体系为前提的。高校思想政治教育治理评价要较好地贯彻层次原则，首先，必须深入调查研究，正确区分评价客体的类别与层次，科学地确定治理评价的阶段性目标。第二，要依据评价客体所处的层次特点，同时综合考虑其他因素，正确选择评价标准和方式方法。第三，要正确理解层次原则，不能将层次片面地理解为划分等级，尤其不能使层次绝对化。

层次性原则应用到高校思想政治教育治理评价之中可以具体为指标分层、对象分层、结果分层等。如设置高校思想政治教育治理评价中的精准指标与模糊指标，区分评价过程与评价结果的指标。或是根据评价对象，例如高校，根据不同层次、不同地区的院校进行划分，同时考虑综合院校、专门院校与基础院校的现有条件不同，做到具体问题具体分析，有层次、渐进式地进行治理评价，不能一刀切。同时对评价的结果进行层次性划分时，

---

① 陈万柏、张耀灿：《思想政治教育学原理》，高等教育出版社2007年版，第126页。

可以考虑高校思想政治教育治理的具体情况与实际效果，整理出不同的分层，或在相同情况进行评价与比较。

（三）高校思想政治教育治理评价价值实现的途径

高校思想政治教育治理评价的实现途径众多，而高校思想政治教育治理评价过程中评价主体的需要以及评价客体的属性是构成高校思想政治教育治理评价价值的两个基本方面。从评价主体的需要实现性和客体满足主体的可能性两方面联系中去探讨价值实现的基本路径是十分必要的。

1. 灌输与接受的途径

"灌输"可以解释为输送思想、知识等。也可以形象地理解为"把流水引导到需要水的地方"。列宁最早系统深入地论述了灌输原理，提到"这种意识只能从外面灌输进去"。"从外面灌输"具体指人民群众要想掌握科学的世界观和方法论，需要吸收阶级政治意识，而"灌输者"需要用马克思主义的立场、观点、方法武装人民群众的头脑，引导人民树立科学的世界观和方法论。强调灌输并不意味着将思想硬塞进人的脑子里，而是正确利用灌输途径，克服"单向投注"的弊端，建立起评价主体与评价客体平等交往的双向互动的新理念，从而增强灌输的有效性。

"接受"表明的是接纳、承受，在英文中意思为认可、吸纳、验收。接受作为一个动词被理解为一种关系运动的途径。高校思想政治教育治理评价接受是指发生在高校思想政治教育治理评价过程中的接受活动，反映了接受主客体之间的相互联系，是接受主体出于自身需要，在环境作用影响下通过某些中介对接受客体进行反映、选择、整合、内化、外化等多环节构成的、联结的、完整的活动过程。在接受高校思想政治教育治理评价的过程中，应当认清评价主体与评价客体思想的双向互动作用。主体、客体、环境是人类一切活动的基本要素，高校思想政治教育治理评价也离不开这三大要素，但是高校思想政治教育治理评价所需要素不是一般意义上的主体、客体和环境，而是必须体现高校思想政治教育治理评价特征的要素，即将影响治理评价的各种环境内化在主客体之中，形成有别于其他事物的基本要素，即评价主体思想与评价客体思想。

双方思想是相互作用的，既相互联系又相互斗争，构成了高校思想政治教育治理评价中的一对具体矛盾。在一定条件下，双方可以相互转化，即评价客体思想主体化，评价主体思想客体化。作为高校思想政治教育治理评价价值实现的途径，灌输与接受具有不同特点，代表输出方与接受方，共同作用于高校思想政治教育治理之中。

2. 激励与强化的途径

正激励和负激励作为两种相辅相成的激励类型，它们从不同的侧面对人的行为起强化作用。正激励是主动性的激励；负激励是被动性的激励，它通过对人的错误动机和行为进行压抑和制止，促使其转向另一行为方向。

高校思想政治教育治理评价过程中可以运用各种激励手段，对评价对象施加外在刺激，使其产生社会所期望的行为反应，从而达到思想政治教育治理目的的行为准则。可以设定优秀榜样、标杆，对评价对象坚持进行激励尤其是进行正强化。同时，在教育过程中要坚持正激励和负激励相结合。正激励，也即正强化，主要指表扬和奖励。负激励，也即负强化，主要指批评和惩罚。通过对二者产生正确的认识，起到激励和强化的作用。二者的目的，都是对高校思想政治教育治理评价过程中的评价对象进行调节，促使其形成符合社会发展需要、符合治国理政需要、符合教育现代化需要的高校思想政治教育治理工作。

需要引起动机，动机支配行为。激励与强化方式正是接受主体的需要与驱动之间的关系。应当注意的是，各种激励手段的运用都不能有违背高校思想政治教育治理评价过程中的根本目的，应当坚持科学性、系统性、动态性原则，充分调动各高校推进思想政治教育治理工作的热情，提升高校思想政治教育的水平与质量。

3. 动态调控的途径

高校思想政治教育治理是一个在实践中发展，在发展中评价，在评价中改进，在改进中趋于完善的不断螺旋上升的渐进式、动态性过程，高校思想政治教育治理评价则是对治理动态结果的反馈，体现的是评价主体对评价客体的及时反映。

与以往的管理不同，高校思想政治教育治理评价强调高校多元主体共同参与，同时责任共担，且责任有限。在评价的过程中，评价客体具有自主性与互动性，在应对高校思想政治教育治理工作、解决思想政治工作问题的过程中要充分发挥自觉能动力量与协商协调能力。同时，高校思想政治教育治理评价强调坚持治理的过程性与持续性。

　　动态调控要突出在渐进中反思与改进。不但如此，动态调控应当注重在调控理念、调控制度、调控组织和调控方式等方面的精进，强调对治理工作的立行立改，及时对发生的事件进行研判、反思、整改与检查，同时形成高校思想政治教育治理的动态反馈。此外，需要从理念科学化、运行机制化、主体多元化着手，引导高校思想政治教育治理方式与技术的丰富性与多样化，不能墨守成规，要综合合理应用。同时高校思想政治教育治理要有共同目标与价值引导，明确共同目标，动员最大力量，以形成最大合力。

第二章
高校思想政治教育治理评价主体论

中国特色社会主义进入新时代，推进国家治理体系和治理能力现代化面临着经济社会整体迈入发展的新阶段，改革已至攻坚期和深水区等多重背景。国家治理体系和治理能力现代化是包含经济、政治、文化、社会、生态各个领域、不同方面、各个环节的治理现代化，既是对国家整体治理水平发展的期盼，也是对各系统治理能力提升的要求。思想政治教育治理体系是教育治理体系的重要内容，也蕴含于国家治理体系之中。思想政治教育治理体系现代化是国家治理体系现代化在思想政治教育领域的集中表现与绩效状态，具体指建立系统完备的思想政治教育政策制度体系，并不断提高政策制度执行的效力和质量。①

高校思想政治教育治理体系现代化是思想政治教育治理体系现代化的重要组成，事关高校立德树人根本任务的落实，以及社会主义合格建设者和可靠接班人的培育。对高校思想政治教育治理状况和水平进行评价，正是要充分、准确地掌握高校思想政治教育治理为思想政治教育带来了哪些调整与重塑，高校思想政治教育治理是否有效推动了思想政治教育的改革与发展以及育人功能作用的切实落实，对高校思想政治教育治理，乃至高校思想政治教育本身来说都具有重要意义。

高校思想政治教育治理评价主体是高校思想政治教育治理评价的关键要素，评价主体的能力素质直接决定了评价结果的有效性和可信度，评价主体的意愿目标深刻影响着评价的发起、过程和应用。评价主体在高校思

---

① 冯刚：《推进新时代思想政治教育治理体系现代化》，《中国教育报》2020年3月19日。

想政治教育治理评价系统中最为主动。因此，正确界定高校思想政治教育治理的评价主体，全面理解高校思想政治教育治理评价主体的素质能力要求，充分认识高校思想政治教育治理评价主体的培养需要，准确展望高校思想政治教育治理评价主体发展趋势，是理解和把握高校思想政治教育治理评价的基础环节和必要工作。

一、高校思想政治教育治理评价主体界定

评价主体是与评价客体相对的概念，它有不同的存在形式。评价主体可以个人的形式存在，也可以组织的形式存在。教育学名词审定委员会编定的《教育学名词》将评价主体定义为实施评价活动的机构或人。[①] 高校思想政治教育治理评价主体是评价主体的下位概念，对评价主体的理解有助于认识和把握高校思想政治教育治理评价主体的含义。高校思想政治教育治理评价主体以高校思想政治教育治理为评价对象，具有极强的针对性和领域性。所以，理解高校思想政治教育治理评价主体，必须充分考虑高校思想政治教育治理的特殊性，即尊重高校思想政治教育治理的领域性，紧密结合高校思想政治教育治理评价的要素关系、结构特点、实施要求等来认识和把握高校思想政治教育治理评价主体的定义、定位、类型，审视其基本内涵、外在价值、存在形式。如此方能深入、全面地掌握高校思想政治教育治理评价主体理论上的形态，以指导高校思想政治教育治理评价的实践。

（一）高校思想政治教育治理评价主体定义

把握高校思想政治教育治理评价主体的概念内核，理解高校思想政治教育治理评价主体的定义，是认识高校思想政治教育治理评价主体的起点。对于一个概念而言，不同的认识者从不同的角度加以分析，往往会得出不同的结论。但是，这些结论并非决然没有联系。一个概念有核心含义与边缘内容之分，即在一个概念所指涉的事物要素当中，有一些是认识者不会

---

① 教育学名词审定委员会：《教育学名词（2013）》，高等教育出版社2013年版，第245页。

第二章　高校思想政治教育治理评价主体论

加以争议的，这是概念的核心含义所在，而除了核心含义之外还有一些较为边缘的内容，它们不具备核心含义一样的重要特征，往往会引发认识者的不同理解。只要认识者是沿着正确的路径把握概念，所得出的概念定义在核心含义上一定会与其他认识者达成共识；至于他们在概念边缘内容上的差别，不足以影响他们对概念理解的正确性。比如高校思想政治教育治理评价主体的相近概念高校思想政治教育质量评价主体，学界就有多种不同的定义，这些定义从不同维度对高校思想政治教育质量评价主体加以解读。也许它们或多或少存在这样或那样的差别，但正是因为把握了高校思想政治教育质量评价主体的核心含义，所以它们才能呈现出"都有其合理之处"的面貌。认识高校思想政治教育治理评价主体更是如此。作为新概念，高校思想政治教育治理评价主体已有解释较为少见，要正确进行定义，更应该深入掌握其核心含义，对高校思想政治教育治理评价主体作出准确解读。

高校思想政治教育治理评价主体主要解决的是"谁评价"的问题。对高校思想政治教育治理评价的理解会直接影响对高校思想政治教育治理评价主体的定义。

从广义上看，高校思想政治教育治理评价是一个综合性、开放性的概念，涵盖高校思想政治教育治理正式评价和非正式评价、组织评价和个人评价、高校思想政治教育治理第三方评价等内容。对高校思想政治教育治理评价主体的解读要回应高校思想政治教育治理评价的上述范畴和维度，就应该从广义的视角审视高校思想政治教育治理评价主体，即不能仅仅局限于从高校思想政治教育治理正式评价的角度理解评价主体。基于把握高校思想政治教育治理评价主体概念核心含义和适应高校思想政治教育治理评价综合性、开放性两方面的内容要求，高校思想政治教育治理评价主体广义上的定义应该是内核要素和尽量全面的边缘内容的集合体。如此可以把高校思想政治教育治理评价主体理解为，依据一定标准，对由一定高校思想政治教育治理主体开展的高校思想政治教育治理活动进行评判的人或组织。某种意义上可以认为，广义的高校思想政治教育治理评价主体着重于回答"谁会评"的问题，这里的"会"是可能之意，即谁可能进行评价的问题。

狭义的高校思想政治教育治理评价主要指涉高校思想政治教育治理的正式评价，即事先制定完整的评价方案，并严格按规定的程序和内容执行，由确定的评价者进行的评价。与此对应，需要对高校思想政治教育治理评价主体做狭义的理解，主要指涉高校思想政治教育治理正式评价的主体。冯刚教授主编的《高校思想政治教育工作质量评价研究》一书对思想政治教育工作质量评价主体界定为：思想政治教育工作质量评价主体是依据一定社会发展的要求，对由一定思想政治教育者组织的思想政治教育实践活动的效果施加有目的、有计划、有组织的评价影响的个体或群体。[①] 其作为近似概念的解读，对定义高校思想政治教育治理评价主体具有强烈的借鉴意义。综合把握核心含义、狭义解读的要求和前述思想政治教育工作质量评价主体的概念逻辑，可以把高校思想政治教育治理评价主体狭义地理解为，依据一定标准，对由一定高校思想政治教育治理主体开展的高校思想政治教育治理活动的效果施加有目的、有计划、有组织的评价影响的人或组织。某种意义上可以认为，狭义的高校思想政治教育治理评价主体重在回答"谁来评"的问题。

因为组织最终也是由人构成，为了便于论述，本章以下节、目所述主体，除了"高校思想政治教育治理第三方评价主体"有单独的指向外，其他节、目所述高校思想政治教育治理评价主体主要指向人或相关的组织。

（二）高校思想政治教育治理评价主体定位

高校思想政治教育治理评价主体是伴随高校思想政治教育治理实践的开展而出现的概念和"角色"。2013 年，党的十八届三中全会首次提出了"推进国家治理体系和治理能力现代化"的要求。2019 年，党的十九届四中全会审议通过《中共中央关于坚持和完善中国特色社会主义制度 推进国家治理体系和治理能力现代化若干重大问题的决定》，明确了坚持和完善中国特色社会主义制度、推进国家治理体系和治理能力现代化的总体目标，以现代化的治理理念改革创新制度机制，变革工作方式，提升工作效能，以适应国家事业发展的需要，成为各领域的重要工作内容。2019 年，中共中央、

---

① 冯刚：《高校思想政治教育工作质量评价研究》，人民出版社 2020 年版，第 187 页。

国务院还印发了《中国教育现代化2035》，将"推进教育治理体系和治理能力现代化"作为面向教育现代化的十大战略任务之一。这是国家治理体系和治理能力现代化建设在教育领域的具体体现。同样是在2019年，中央召开学校思想政治理论课教师座谈会，习近平总书记在谈及思想政治理论课的建设时指出："学校党委要坚持把从严管理和科学治理结合起来。"① 直接将治理的理念和方式引入思政课建设改革的工作之中，实际上也是对思想政治教育治理提出了要求。作为对党中央重大战略部署的回应和贯彻落实，高校思想政治教育治理改革全面展开、加速推进。包括思政课教学改革、"三全育人"综合改革、大中小学思政课一体化建设、课程思政建设改革、人工智能大数据云计算等现代信息技术融入思想政治教育的探索、高校思想政治教育工作体系构建等高校思想政治教育治理的理论研究和实践运用，正在成为高校思想政治教育工作的重点内容。作为逐渐深化的思想政治教育治理实践，它们是否有效融入了现代治理理念，是否充分运用了科学治理方式，这些治理实践活动的过程是否高效，治理效能是否强大，这些治理活动是否使高校思想政治教育的功能作用得到了充分发挥，都需要得出结论，找到答案，为高校思想政治教育治理工作的下一步开展提供参考和依据。高校思想政治教育治理评价自然成为高校思想政治教育治理实践活动展开后的重要工作内容。从某种意义上说，高校思想政治教育治理评价本身就是高校思想政治教育治理的重要构成，是高校思想政治教育治理不应缺少的环节。作为高校思想政治教育治理评价的关键要素，高校思想政治教育治理评价主体的概念和"角色"也就顺应思想政治教育工作深化发展的需要出现了。

评价主体在高校思想政治教育治理评价中发挥着极其重要的作用，是高校思想政治教育治理评价标准的运用者，是高校思想政治教育治理效能高低、作用大小的评判者，甚至是高校思想政治教育治理评价的发动者和评价标准的制定者，始终支配和主导着高校思想政治教育治理评价的过程。具体说来，高校思想政治教育治理评价主体决定着高校思想政治教育治理

---

① 《习近平主持召开学校思想政治理论课教师座谈会强调　用新时代中国特色社会主义思想铸魂育人　贯彻党的教育方针落实立德树人根本任务》，《人民日报》2019年3月19日。

评价方法的使用和评价路径的选择，决定着高校思想政治教育治理评价程序的设计和评价内容的取舍，深刻影响到高校思想政治教育治理评价的质量和效果。更为重要的是，当高校思想政治教育治理评价主体成为评价标准的制定者时，就引领着高校思想政治教育治理的未来发展和前进方向。它可以将治理新技术、新方法、新理念引入高校思想政治教育治理评价标准的设置当中，通过评价的指挥棒作用，让受评者不断调整思想政治教育治理的理念思路，改革思想政治教育治理的方式方法，创新思想政治教育治理的制度机制，以此向评价标准看齐，努力争取获得好的评价结果，同时也满足了高校思想政治教育治理与时俱进、创新发展的需要。所以，评价主体在高校思想政治教育治理评价中能够表现出极强的主导性和创新性，是高校思想政治教育治理评价中最为主动的"角色"。

（三）高校思想政治教育治理评价主体类型

从不同维度根据不同标准审视高校思想政治教育治理评价主体，它有不同的归类方式，呈现出不同的存在类型，包括高校思想政治教育治理评价的专门主体与非专门主体、高校思想政治教育治理的正式评价主体与非正式评价主体、高校思想政治教育治理第三方评价主体等。

1. 高校思想政治教育治理评价的专门主体与非专门主体

以是否专门从事思想政治教育治理评价工作为标准，高校思想政治教育治理评价主体可划分为专门主体与非专门主体。专门主体是专业化、专门性进行高校思想政治教育治理评价的主体。随着经济社会的发展，完成一项工作所需要的知识储备越来越多，所要求的技术能力越来越强，不断推动着社会工作的分化，并持续精细化。高校思想政治教育治理需要丰富的专业知识、科学技能、组织能力，要求具备协同理念、合作精神、规则意识，是领域性、专业化很强的工作。高校思想政治教育治理评价是对高校思想政治教育治理过程、效果的判断把握，要做出全面、准确、高质量的评判，不但需要熟悉高校思想政治教育治理的相关知识技能，拥有高校思想政治教育治理的观念意识，还需要具备评价的专门知识和技术能力，更是一项具有极强专业性的工作。高校思想政治教育治理评价的专门主体就是为了适应高校思想政治教育治理评价的专业性应运而生的"角色"。虽然目前还没有高校思想政治教育治理评价的专门主体，但是随着高校思想政治教育治理工作的推进和高校思想政治教育治理评价的开展，高校思想政治教育治理评价专门主体的出现是可期待之事。

高校思想政治教育治理评价的非专门主体，是进行高校思想政治教育治理评价，但不以其为专门工作或专门职业的主体。如在评价过程中，高校思想政治教育治理评价的专门主体可能通过一定手段和方法收集被评价对象的相关信息，作为评估判定的依据，他们会采取发放问卷或随机抽访等形式向师生员工了解所在高校思想政治教育治理的情况，让受访者对所在高校思想政治教育的治理状况做出评判，这些受访者不是高校思想政治教育治理评价的专门主体，但参与了对高校思想政治教育治理的评价，作出了自己的判断，是高校思想政治教育治理评价的非专门主体。

2. 高校思想政治教育治理的正式评价主体与非正式评价主体

高校思想政治教育治理的正式评价主体与非正式评价主体，主要是根据所实施评价的规范性、严谨性、影响力的不同进行的划分。正式评价的主体事先一般会制定完整的评价方案，并严格按规定的程序和内容执行，其评价结果往往会对受评对象产生较大的影响。由官方组织实施的评价一般都是正式评价。如由高校思想政治教育治理党政主管部门组织实施的评价，通常都会制订严格的评价方案，遵循规范的评价程序，再加上由官方具体实施或得到官方认可，从而更具权威性和公信力，评价结果往往被管理部门用于判定高校思想政治教育治理主体工作成绩优劣的依据，因而具有极强的影响力。

非正式评价是一种"群众性"评价，它不像正式评价那样富于组织性，也不像正式评价那样庄重严肃，它相对来说比较随意，比较间接，比较松散，其做出评价的依据甚至可能并不严谨，其评价的结论往往没有正式评价的结论对受评对象的影响大。高校思想政治教育治理涉及多元主体的介入，除了政府机构人员、学校人员，还包括家庭人员、社会组织人员，甚至学生，后三者也是高校思想政治教育治理的参与者，是高校思想政治教育治理状态和治理效果的感受者，他们可以根据自己掌握的信息和自己的实际感触对高校思想政治教育治理质量进行评判。但是，通常他们的评判往往发生在日常生活情境中，事先没有制订评价方案，也不会遵循相应的评价程序，具有随意性，属于高校思想政治教育治理的非正式评价，他们是高校思想政治教育治理的非正式评价主体。

3. 高校思想政治教育治理第三方评价主体

第三方评价一般具有独立性高、专业性强等优点，是评价工作中的重要主体。高校思想政治教育治理第三方评价，是社会多元主体治理变革在高校思想政治教育治理评价中的应有体现。《高等教育法》规定教育行政部门可委托第三方专业机构对高等学校的办学水平、效益和教育质量进行评估。从法律上明确了高等教育第三方评价的地位。但是，国家并没有明确的法律条文规定什么样的评价属于"第三方教育评价"，什么样的机构是"第三方教育评价机构"，且国内的教育领域不论是从理论视角还是在实践层面对于"第三方教育评价"的理解与界定都各不相同。[①] 各方对教育质量第三方评价的解释可谓莫衷一是。高校思想政治教育治理评价作为新的评价项目，同样面临着厘清谁应该是第三方评价主体的问题。

梳理学界关于第三方教育评价主体的争论，有助于更好地理解高校思想政治教育治理第三方评价的主体。就高等教育第三方评价而言，有的学者认为教育行政主管部门、被评估高校分别是评价的第一方和第二方，两者之外具有专业能力的主体对高校开展教育质量评估的活动是"第三方教育评价"；也有学者认为施教高校是第一方，受教学生是第二方，"第三方教育评价"是施教高校和受教学生之外的专业主体对高校开展的教育质量评价活动。有的学者强调第三方评价主体不应该与教育行政主管部门和受评高校有任何隶属关系和利益关系；有的学者认为第三方评价主体与教育行政主管部门和受评高校不存在隶属关系，但可以有利益关系。从以上观点可见，教育行政主管部门和被评估高校（包括受教学生）被学者们排除在第三方教育评价主体范围之外，同时他们强调了第三方教育评价主体相较于教育行政主管部门和受评高校的独立性和知识技能上的专业性。这些

---

① 邢海燕：《第三方教育评价的内涵探讨》，《中国高等教育评估》2018年第3期。

对于界定高校思想政治教育治理第三方评价的主体具有重要的启发意义。综合高等教育法的规定、相关理论探讨、高校思想政治教育治理第三方评价的价值意涵，可以认为，高校思想政治教育治理第三方评价主体是在高校思想政治教育治理主体之外，并且与教育党政主管部门无隶属关系，同时具备相关专业知识，能够根据思想政治教育治理的目的要求，运用一定的评价标准和方法，对高校思想政治教育治理活动进行评估判定的主体。需要指出的是，虽然从某种意义上说，高校思想政治教育治理第三方评价主体也属于高校思想政治教育的治理主体，但是在前述高校思想政治教育治理第三方评价主体的定义中，"高校思想政治教育治理主体"显然只能作相对狭义的理解，它不应该包含高校思想政治教育治理的第三方评价主体，否则会出现明显的逻辑矛盾。

我国第三方教育评估机制尚在探索和逐步建立中，存在第三方教育评价机构缺位、第三方教育评价组织培育机制尚未建立等问题。① 高校思想政治教育治理第三方评价模式更是处于理论探讨阶段。2012 年，《高等教育专题规划》提出"鼓励社会专门机构和用人单位参与对高等教育质量进行监督和评价"。2015 年，《关于深入推进教育管办评分离促进政府职能转变的若干意见》强调，扩大行业协会、专业学会、基金会等各类社会组织参与教育评价。重视扩大科技、文化等部门和新闻媒体对教育评价的参与，虽然只是针对高等教育和教育行业的政策文件，但为理解高校思想政治教育治理第三方评价主体提供了思路。结合第三方教育评价主体类型分析，可能成为高校思想政治教育治理第三方评价主体的至少有：高等院校和科研院所，如具有思想政治教育治理评估能力，同时与评估对象及其教育党政主管机构没有隶属关系的高等院校和科研院所；政府数据统计机构，如大数据局、统计局；社会组织，如全国党建研究会及其高校党建研究专业委员会、中国高等教育学会及其全国高校思想政治教育研究分会、中华教育改进社等，当然需要这些社会团体行业组织有相应的职能调整；用人单位，毕业生在工作单位的思想政治表现、日常行为规范、基本心理素质、道德

---

① 莫玉音：《第三方教育评价的困境及策略》，《上海教育评估研究》2018 年第 2 期。

素养水平是判断高校思想政治教育治理质量的重要依据，用人单位可以成为第三方评价的主体；专业公司的需要是促进供给出现的最大诱因，未来在思想政治教育治理评价领域可能出现一些专业性公司，它们因为拥有一定的治理评估资源和技术手段而成为高校思想政治教育治理第三方评价的重要力量。

二、高校思想政治教育治理评价主体素质

高校思想政治教育治理评价主体在高校思想政治教育治理评价中发挥着极其重要的作用，有着举足轻重的定位。尤其是对高校思想政治教育治理正式评价而言，因为其高度专业性和规范性，要求评价主体要有极强的综合素质，以适应评价开展的需要，至少应该具备优秀的政治素质、完备的知识素质、良好的道德素质、复合的能力素质。

（一）高校思想政治教育治理评价政治素质

习近平总书记在全国教育大会上指出，培养什么人，是教育的首要问题。我国是中国共产党领导的社会主义国家，这就决定了我们的教育必须把培养社会主义建设者和接班人作为根本任务，培养一代又一代拥护中国共产党领导和我国社会主义制度、立志为中国特色社会主义奋斗终身的有用人才。这是教育工作的根本任务，也是教育现代化的方向目标。[1]思想政治教育是坚定高校学生共产主义远大理想和中国特色社会主义共同理想、培育青年社会主义核心价值观的核心手段，是高校落实立德树人根本任务、培养社会主义合格建设者和可靠接班人的关键环节，具有极强的政治属性。高校思想政治教育治理评价在于判断把握高校思想政治教育治理的质量和效果，保障高校思想政治教育治理功能作用的发挥，最终促进高校思想政治教育为党育人、为国育才效能的释放，自然也具有很强的政治性。作为高校思想政治教育治理评价中运用标准、把握方向、掌握结果的"角色"，高校思想政治教育治理评价主体必须理解思想政治教育治理评价的政治功

---

[1] 《习近平在全国教育大会上强调　坚持中国特色社会主义教育发展道路　培养德智体美劳全面发展的社会主义建设者和接班人》，《人民日报》2018年9月11日。

能，具有优秀的政治素质，坚守思想政治教育治理评价的政治遵循，站稳思想政治教育治理评价的政治立场，强化思想政治教育治理评价的政治功能、突出思想政治教育治理评价的政治价值，最终保证思想政治教育治理评价政治目标的实现。①

高校思想政治教育治理评价主体应该具有很高的政治理论修养。能够掌握马克思列宁主义、毛泽东思想，中国特色社会主义理论体系，尤其是能够正确把握习近平新时代中国特色社会主义思想的理论精髓和精神实质；能够在学通、弄懂、悟透习近平新时代中国特色社会主义思想的基础上，理解"中国共产党为什么能，中国特色社会主义为什么好，归根到底是因为马克思主义行"②，把握"为人民服务，为中国共产党治国理政服务，为巩固和发展中国特色社会主义制度服务，为改革开放和社会主义现代化建设服务"③的方向性要求；能够懂得为什么"要坚持把立德树人作为中心环节，把思想政治工作贯穿教育教学全过程"④，能够将上述理论精神运用到高校思想政治教育治理评价的实践之中。

高校思想政治教育治理评价主体应该具有极强的政治认知。善于从政治上看问题，具备不断增强的政治意识、大局意识、核心意识、看齐意识，坚定的道路自信、理论自信、制度自信、文化自信，能够坚决维护习近平总书记党中央的核心地位、全党的核心地位，坚决维护党中央权威和集中统一领导。具有很强的政治判断力、政治领悟力、政治执行力，能够充分认识高校思想政治教育治理评价的政治属性，提升高校思想政治教育治理评价的政治站位，把握高校思想政治教育治理评价的大局。能够将党中央关于思想政治教育工作的制度设计、政策安排、改革要求、发展规划转变为高校思想政治教育治理评价的工作遵循和价值方向，能够通过评价带动受评对象调整治理结构，优化治理方式，完善治理制度，健全治理机制，

---

① 张智：《新时代高校思想政治教育工作第三方评价机制研究》，《学校党建与思想教育》2020年第13期。
② 《在庆祝中国共产党成立100周年大会上的讲话》，《人民日报》2021年7月2日。
③ 《中共中央国务院印发〈关于新时代加强和改进思想政治工作的意见〉》，《人民日报》2021年7月13日。
④ 《习近平在全国高校思想政治工作会议上强调 把思想政治工作贯穿教育教学全过程 开创我国高等教育事业发展新局面》，《人民日报》2016年12月9日。

提升治理质量，不断推动高校思想政治教育治理符合党中央对高校思想政治教育工作的期望和要求，适应经济社会发展对高校思想政治教育工作的需要。

（二）高校思想政治教育治理评价知识素质

高校思想政治教育治理评价是一项知识复合型的工作，既需要专业知识的支撑，也需要多维知识的融合。其中，思想政治教育知识、治理知识、教育评价知识是高校思想政治教育治理评价主体应该具备的知识素养。

1. 思想政治教育知识

开展高校思想政治教育治理评价要求评价主体必须具备思想政治教育知识。思想政治教育知识是关于思想政治教育是什么、为什么、怎么做和未来发展的理论体系及实践经验总结，涉及对思想政治教育的地位和功能、目的和任务的理解认识，还涉及思想政治教育环境、思想政治教育施教者和受教者、思想政治教育过程和规律、思想政治教育内容、思想政治教育原则、思想政治教育方法、思想政治教育载体、思想政治教育管理等相关知识内容。高校思想政治教育治理评价主体只有在掌握了思想政治教育基本知识的基础上，才能对高校思想政治教育有全面深入的了解和把握，才能真正懂得高校思想政治教育的内在结构、运作方式、实施目的、发展目标等是什么和为什么，在高校思想政治教育治理评价过程中做到既知其然又知其所以然。不仅如此，对于高校思想政治教育治理评价主体而言，更为关键的是要通过学习掌握思想政治教育知识，把握住思想政治教育的内在规律。习近平总书记在全国高校思想政治工作会议上指出，"做好高校思想政治工作，要因事而化、因时而进、因势而新。要遵循思想政治工作规律，遵循教书育人规律，遵循学生成长规律，不断提高工作能力和水平。"[①] 高校思想政治教育治理评价也是高校思想政治工作的组成部分，高校思想政治教育治理评价主体只有熟悉掌握了思想政治教育规律，才能在评价中更好、更准确地判断高校思想政治教育治理的状态和效果，得出高信度、高效度

---

① 《习近平在全国高校思想政治工作会议上强调　把思想政治工作贯穿教育教学全过程　开创我国高等教育事业发展新局面》，《人民日报》2016年12月9日。

的评价结论。

2. 治理知识

治理知识是关于治理的要素结构、运行方式、功能作用等的知识体系，是对治理规律的把握。在我国，对治理的探讨和知识生产之前更多集中于社会政策和公共管理领域。在党的十八届三中全会提出"推进国家治理体系和治理能力现代化"，特别是党的十九届四中全会作出坚持和完善中国特色社会主义制度，推进国家治理体系和治理能力现代化的战略部署后，治理上升为国家层面的重大政策安排，运用治理的理念、思维、思路开展工作成为经济、文化等各领域开拓工作新局面、塑造行进新形态的必然选择，成为它们实现高质量发展的重要支撑。当前，有关治理的知识生产得到快速推进，围绕治理正在形成一个新的知识域，并且这个知识域正在不断扩大，逐渐走深。一个符合我国国情，解决我国治理实际问题，总结我国治理实践经验，满足我国治理现实需要的治理理论体系正在形成。

高校思想政治教育治理属于治理的下位概念。治理知识是高校思想政治教育治理多元基础知识之一。高校思想政治教育治理评价主体必须具备基础的治理知识，了解什么是治理，治理有哪些主体、用何种手段、几个环节等。只有如此，才能为掌握高校思想政治教育治理知识打下坚实的理论基础。高校思想政治教育治理评价主体尤其需要把握在治理理念引入高校思想政治教育后，治理内涵是否应有相应的变化、扩展，高校思想政治教育治理指的是什么，普通的治理方法在高校思想政治教育领域是否适用，高校思想政治教育治理又应有哪些主体，适用哪些手段，应遵循哪些适宜的程序等，为开展高校思想政治教育治理评价构筑理论前提。

3. 教育评价知识

教育评价知识是依据一定标准，使用相关的技术方法，对实施的教育活动、教育过程和教育结果进行科学判定的理论体系和经验总结。掌握教育评价知识，能够熟悉教育评价的目标、手段、程序，能够理解教育评价的内在运行机理。教育评价与思想政治教育评价有高度相关性，教育评价理论是高校思想政治教育评价的基础知识之一。而高校思想政治教育评价是高校思想政治教育治理的重要环节，即是高校思想政治教育治理评价的内在对象。所以，至少出于两个方面的原因，高校思想政治教育治理评价主体开展评价工作应该具备教育评价知识，尤其应该具备高校思想政治教育评价的知识：一是有助于掌握评价对象在高校思想政治教育评价方面的工作状态和工作质量；二是有助于借鉴包括高校思想政治教育评价在内的教育评价全方位的理论成果。比如，可以借鉴参考教育评价的模型设计方法、指标权重的生成机制、过程管理的基本结构等，尤其可以借鉴参考高校思想政治教育评价已有的理论体系和经验总结，包括高校思想政治教育评价的模式种类、维度选择、运行管理等。2020年10月，中共中央、国务院印发了《深化新时代教育评价改革总体方案》，为教育评价深度改革提出了基本要求，确立了目标指向，明确了重点任务，学界围绕该方案的政策安排展开了一系列研究探讨，时至今日，在教育评价改革领域已形成了许多新的理论成果。而以《深化新时代教育评价改革总体方案》为依据，围绕高校思想政治教育评价进行的专项理论探索也在逐步深化，相关成果也开始出现。这些成果对于开展高校思想政治教育治理评价应该具有重要的启发意义和参考价值，是高校思想政治教育治理评价主体应该掌握的评价知识。

（三）高校思想政治教育治理评价道德素质

思想政治教育旨在立德树人，是一项崇高的工作。尤其是高校思想政治教育，其工作对象是青年学生，意义价值更加深远。2014年，习近平总书记在北京大学师生座谈会上就指出："青年的价值取向决定了未来整个社会的价值取向，而青年又处在价值观形成和确立的时期，抓好这一时期的价值观养成十分重要。这就像穿衣服扣扣子一样，如果第一粒扣子扣错了，剩余的扣子都会扣错。人生的扣子从一开始就要扣好。"[①]青年学生处在世界观、人生观、价值观形成的关键期，必须"扣好人生的第一粒扣子"，这关系到他们的人生成长，也关系到国家和民族的未来，需要高校思想政治教育真正发挥铸魂育人的功能作用。思想政治教育工作的崇高性决定了对思想政治教育参与者高道德的素质要求，也决定了对高校思想政治教育治理工作的高道德要求。高校思想政治教育治理评价是对高校思想政治教育治

[①] 《习近平谈治国理政（第一卷）》，外文出版社2018年版，第172页。

理的质量判断和效果评估，是对崇高工作的质量评判，自然要求评价主体具有极高的道德素质。

就高校思想政治教育治理评价主体而言，要履行评价者的工作职责，必须遵循开展评价工作的伦理道德。高校思想政治教育治理评价作为评估判断工作，无论是得出评价结论的过程，还是评价结论本身都需要具有高可信度，如此才可能兑现工作价值，推动高校思想政治教育实现崇高的育人目标。这要求评价主体具备尊重客观实际的精神，以事实为依据，以评价标准为准绳作出判断，严格遵循评价程序，不徇私，不偏袒，在评价过程中客观全面地收集评价信息，严谨准确地运用评价数据，客观公正地得出评价结论。尤其是评价结论可能影响到评价对象的工作成绩判定、年度绩效考核、个人职务晋升等利益关系时，更需要评价主体有极强的道德自律能力。

如果说评价主体应该具备的伦理道德以高校思想政治教育治理评价的"职业道德"为主，那么"明大德、守公德、严私德"就是在提高了高校思想政治教育治理评价的政治站位后，评价主体应该具备的道德素质。"明大德"要求在各种诱惑面前立场坚定。高校思想政治教育治理评价主体必须有坚定的政治立场，在大是大非面前头脑清醒，旗帜鲜明，这既是其政治素质要求，也是其道德素质构成。"守公德"就是要强化宗旨意识，全心全意为人民服务。高校思想政治教育治理评价不是为了评价而评价，推动思想政治教育铸魂育人、立德树人是其内在价值，目标指向是国家富强、人民富裕。所以，高校思想政治教育治理评价主体应该具有全心全意为人民服务的宗旨意识。"严私德"就是要严格约束自己的操守和行为。高校思想政治教育治理评价主体作为评判者，首先应该在思想政治方面作出表率，形成示范。如果评价主体私德不严，个人行为失范，其作出的评价是难以让人信服和接受的，将严重损害思想政治教育治理评价的政治形象、道德形象。因此，高校思想政治教育治理评价主体还应该具有优良的个人品德。

（四）高校思想政治教育治理评价能力素质

能力是人的能动力，是完成工作目标或任务所体现出来的综合素质，具体包括组织能力、决策能力、应变能力、创新能力、共情能力等。高校思想政治教育治理评价主体优秀的政治素质、完备的知识素质、良好的道德素质，都需要转化为开展思想政治教育治理评价的能力素质。高校思想政治教育治理评价主体必须具备将学习到的、积累的、经验的各方面素质运用于高校思想政治教育治理评价实际操作的能力。

一是需要具备开展高校思想政治教育治理评价的组织能力。高校思想政治教育治理评价是一个系统工程，涉及人员配置、指标设计、模型建构、信息收集、数据处理、结论验证等数个工作环节和众多参与人员。高校思想政治教育治理评价主体要顺利开展评价，使评价系统有效运转，必须能够使各环节工作有序衔接，各节点目标任务相互支撑，在评价节奏掌握和进程整体规划上体现出强组织性。更为重要的是，评价主体必须能够将工作任务落实到参与评价的岗位人员，明确其各自的职责内容，通过工作职责的关联性和承接性，将参与人员整合成支撑评价系统高效运转的人员团队。

二是需要具备开展高校思想政治教育治理评价的决策能力。决策简单地理解即为决定的战略或策略。开展高校思想政治教育治理评价有不同的路径、不同的维度、多样的方式、相异的技术，高校思想政治教育治理评价主体必须根据受评对象的类型、特点和其他客观情况，结合评价的目的，选取最可靠的评价路径和评价维度，选择最适宜的评价方式，采用最有效的评价技术进行评价，以得出最精确的评价结论。而选用评价路径、评价维度、评价方式、评价技术的过程就是一个选择和取舍的过程，更是一个决策的过程，自然要求高校思想政治教育治理评价主体具备做出合理选择、做出正确决策的能力。

三是需要具备开展高校思想政治教育治理评价的应变能力。随着经济社会的发展，工作、生活、学习节奏加快，以互联网为代表的通讯技术的普及运用和交通工具的更新迭代，在便捷人与人沟通交流、信息传递的同时，也使得人的思维意识更为活跃，价值理念多元演化。尤其是当前的在校大学生，绝大多数是网络"原住民"，他们的思维方式、行为习惯有了很大的变化，呈现出新的特点。为此，高校思想政治教育正在做出适应性调整，以应对教育对象和教育环境的改变，也推动着高校思想政治教育治理的演变。高校思想政治教育治理评价必须把握高校思想政治教育治理的变化节奏，发挥评价的"指挥棒"作用，主动应变，引领高校思想政治教育治理的发展变化方向。所以,高校思想政治教育治理评价主体必须具备应变能力，切实在评价中做到"因事而化、因时而进、因势而新"。

四是需要具备开展高校思想政治教育治理评价的创新能力。创新是开创新局面，推动新发展的重要路径方法。高校思想政治教育治理在不断发展演化，高校思想政治教育治理评价自然也是发展中的事业。它需要通过评价理念、评价方式、评价技术等的发展创新，使评价思路更清晰、评价过程更科学、评价结论更精准、评价结果更可靠。高校思想政治教育治理评价主体是评价理念的执行者，评价方式、评价技术的施用者，其创新意识、创新能力直接影响到高校思想政治教育治理评价的创新发展，影响到高校思想政治教育治理评价的适应性，所以创新是其应该具备的能力素质。

五是需要具备开展高校思想政治教育治理评价的共情能力。共情能力是一种能设身处地地体验他人处境，从而达到理解他人情感的能力。高校思想政治教育治理评价是对受评对象状态情况的把握，需要全面、准确地掌握受评对象的相关信息。问卷调查、随机访谈等都是可采用的信息收集方法。而要得到受评对象真实的信息反馈，评价主体必须科学设计问卷和访谈计划，尤其要在问题设置中充分体现对受访对象的情感尊重，使其无所顾忌，不会隐蔽或压抑自己的真实感受，不反馈失真的信息，这需要高校思想政治教育治理评价主体有极强的共情能力。

三、高校思想政治教育治理评价主体培养

随着国家治理现代化战略目标的提出和相关部署的逐步铺开，各领域治理改革工作快速推进。尤其是习近平总书记在全国高校思想政治工作会议、全国教育大会、全国学校思想政治理论课教师座谈会上针对高校思想政治教育发表了重要讲话，提出了一系列要求，为高校思想政治教育治理改革、创新、发展进一步指明了方向后，以贯彻落实总书记重要指示和会

议精神为要旨，党中央、国务院出台了多部加强和改进思想政治教育工作的政策文件，为高校思想政治教育治理发展创新提供了基本依据，开启了高校思想政治教育治理的新局面。高校思想政治教育治理新理念、新认识、新思路、新方法不断涌现，新举措、新安排、新部署正付诸实践，取得了新的成果。

高校思想政治教育治理评价作为高校思想政治教育治理的重要环节，既迎来了机遇，也面临着挑战。机遇在于高校思想政治教育治理对评价的需要更为迫切，开展高校思想政治教育治理评价的外部环境更加优越。挑战在于高校思想政治教育治理评价作为一个新的评价项目，其评价路径、维度、方法、手段等尚处于理论探索之中，尚未完全付诸实践的检验。高校思想政治教育治理评价要抓住机遇，迎接挑战，甚至将挑战最终转化为机遇，让理论付诸实践并得以验证优化后，进一步优化实践，一个重要条件是合格的评价主体的存在，尤其是合格的高校思想政治教育治理正式评价主体的存在。这要求加强高校思想政治教育治理评价主体的培养，从知识学习、实践锻炼、未来发展等维度强化评价主体的素质养成、能力提升、职业规划，为高校思想政治教育治理评价主体的生成和壮大提供可能。

（一）高校思想政治教育治理评价主体的知识学习

高校思想政治教育治理评价主体要完成评价工作，需要具备相关的知识素养，而知识素养的形成在于对知识的学习。教育教学是知识学习的最主要依托。构建高校思想政治教育治理评价知识教育体系，为知识学习搭建平台，培养合格的评价人才，需要有相应的学科支撑、专业支撑、学术支撑。

1. 高校思想政治教育治理评价主体知识学习的学科支撑

因为对高校思想政治教育治理所涉的学科知识和学科理论借鉴的内容将专门论述，在此对高校思想政治教育治理评价主体知识学习的学科支撑仅做简要介绍。

一是高校思想政治教育治理评价主体知识学习需要有思想政治教育学科的支撑。思想政治教育学科是以思想政治教育相关理论为主要知识体系的科学门类，是思想政治教育知识的学科形态。思想政治教育学还是一个年轻的学科，它以 1984 年教育部印发的《关于在十二所院校设置思想政治教育专业的意见》《关于在六所高等院校开办思想政治教育专业第二学士学位班的意见》等文件作为正式确立的标志，但伴随着思想政治教育的实践发展和理论创新，思想政治教育学科的理论体系不断丰满、完善、与时俱进，逐渐形成了由思想政治教育学原理、思想政治教育方法论、思想政治教育心理学、思想政治教育管理学等构成的理论体系和学科系统，为高校思想政治教育理论研究和工作实践提供了强有力的学科支撑。高校思想政治教育知识是高校思想政治教育治理评价知识的基础构成，高校思想政治教育治理评价主体的知识学习自然也需要思想政治教育的学科支撑。可以说，思想政治教育学是评价主体打开高校思想政治教育知识之门的学科钥匙。

二是高校思想政治教育治理评价主体知识学习需要有治理学相关学科的支撑。治理学是研究治理现象、本质特征、思维方式、发展规律、现状趋势等的科学。正如前文所述，高校思想政治教育治理关涉治理的知识理论，高校思想政治教育治理评价主体需要具备治理的知识素养。但是，当前治理学尚未形成一个独立的学科，关于学科的正式分类中，也还没有治理学的学科门类。治理学具有明显的交叉学科特性，它涉及管理学、政治学、法学、伦理学等学科知识，它们都是与治理学有紧密联系的学科。可以说，治理学的知识蕴含这些学科的知识体系中，掌握治理的思想理论，必须掌握这些学科中反映治理理念、方法、手段的科学理论。所以，高校思想政治教育治理评价主体的知识学习需要治理学相关学科的支撑。

三是高校思想政治教育治理评价主体知识学习需要有教育学科的支撑。教育学是研究人的教育活动及其规律的社会科学。教育评价是教育学科中重要的知识构成。高校思想政治教育治理评价主体的知识学习中应该有教育评价的知识内容。除此之外，从教育学科的视角审视，高校思想政治教育也属于教育的一个种类，教育的相关知识理论，尤其是高等教育的相关知识理论，也适用于高校思想政治教育工作。所以，高校思想政治教育治理评价主体的知识学习需要教育学科的支撑。

2. 高校思想政治教育治理评价主体知识学习的专业支撑

专业是以学科为依托，根据社会需要或职业分工，分门别类地进行人才培养的基本单位，是学科分类与社会职业需求相结合的产物。[①] 对于高校思想政治教育治理评价主体而言，需要有相应的专业设置作为高校思想政治教育治理评价专业知识学习的平台和依托。在当前的高校专业目录中，还没有高校思想政治教育治理评价专业，所以评价主体需要以与高校思想政治教育治理评价相关的专业作为知识学习的专业依托。思想政治教育就是其中最重要的一个专业。

思想政治教育专业伴随着思想政治教育学科的诞生而出现，其旨在培养德、智、体、美、劳全面发展，具有良好的职业道德和人文素养，掌握思想政治教育的基本知识、主要理论和技能，具备思想政治教育的基本训练能力，从事思想政治教育教学和党团工作的思想政治教师和教育工作者。思想政治教育是高校思想政治教育人才培养和队伍建设的重要专业依托。据不完全统计，全国开设思想政治教育专业的高校约260余所，它们分布在各个区域，其中部分高校还设置了思想政治教育专业硕士点和博士点，形成了本、硕或者本、硕、博一体化的专业人才培养体系。从高校思想政治教育到高校思想政治教育治理，思想政治教育的专业性教育都发挥着关键作用，为其提供了重要的人才保障。当前，高校思想政治教育治理评价主体的来源可能有多种渠道，主体的知识背景可能也不尽相同，但是由思想政治教育专业培养的思想政治教育专业性人才应该是高校思想政治教育治理评价主体的重要来源。尤其是具有思想政治教育专业背景，又在高校开展思想政治教育治理工作，既有高校思想政治教育理论知识，又具备高校思想政治教育实践经验的人才资源，是高校思想政治教育治理评价主体的重要来源。

3. 高校思想政治教育治理评价主体知识学习的学术支撑

学术研究是推动理论创新和实践发展的重要力量，是学科建设和专业人才培养的重要支撑。要开展高校思想政治教育治理评价工作，构建高校

---

① 教育学名词审定委员会：《教育学名词(2013)》，高等教育出版社2013年版，第137页。

思想政治教育治理评价学科，培养高校思想政治教育治理评价人才，必须进行高校思想政治教育治理评价的学术研究。为了遵循国家治理体系和治理能力现代化建设的战略部署，适应新时代思想政治教育理念政策的创新发展，回应思想政治教育实践的现实需求，学界已经开始并在持续推进新时代高校思想政治教育治理的理论探讨和学术研究，视角主要集中在思想政治教育的治理功能、思想政治教育治理及其现代化两个维度上。前者包括高校思想政治教育具备治理功能的内在依据、基本内容、发挥方式、实现路径等内容；后者包括高校思想政治教育治理的必要性、内涵与要求、高校思想政治教育治理现代化的内涵与特征、高校思想政治教育治理现代化的实现路径等内容。上述研究对推动高校思想政治教育治理评价的实践展开和学术探讨具有重要意义。遗憾的是，当前学界尚未全面、深入地展开高校思想政治教育治理评价的专门研究，导致相关理论成果极为少见。这无疑不利于高校思想政治教育治理评价的实践开展和人才培养。所以，学界应该加强高校思想政治教育治理评价的专门性研究，特别是作为学术风向引领者的课题基金设置单位、思想政治教育专门性期刊、社会科学领域出版社等，应该在选题规划、经费资助、成果运用等方面向高校思想政治教育治理评价研究倾斜，激励和推动高校思想政治教育治理评价研究成果的高效、高质生产，以满足高校思想政治教育治理评价实践对理论指引的需要。

（二）高校思想政治教育治理评价主体的实践锻炼

高校思想政治教育治理评价是一个具有极强实践指向性的工作。无论是评价主体的政治素质、知识素质、道德素质还是能力素质，最终需要高质量、高效率的转化和外显为开展高校思想政治教育治理评价的实践行为。高校思想政治教育治理评价主体必须经过实践锻炼，将评价知识运用于评价实践，使自己的评价能力得到现实验证，在此基础上进一步提升评价素质，方能更好地实现高校思想政治教育治理评价的功能作用和目标要求，真正成为经得起实践考验的合格评价主体。对高校思想政治教育治理评价主体进行实践锻炼，至少要做好以下两个工作。

一是构建高校思想政治教育治理评价主体实践锻炼的制度机制。制度问题带有根本性、全局性、长期性的特征，高校思想政治教育治理评价主体的培养不是短期之事，更不是权宜之计，它关系到高校思想政治教育治理评价的长远发展，需要规范进行、持续进行、长期进行。实践锻炼是评价主体培养的重要环节，必须形成常态化模式和长效机制，在高校思想政治教育治理评价主体实践锻炼的制度建设上下功夫。通过制度构建明确评价主体培养的实践锻炼方式、时间、内容、要求等，同时明确相关部门机构的职责任务、工作规范、衔接机制，形成系统的制度安排和完整的制度闭环，使高校思想政治教育治理评价主体的实践锻炼工作有章可循，有制可依，常态化、规范化、高效化运行，为评价主体实践能力提升，最终为高校思想政治教育治理合格评价主体的培养提供制度保障。

二是搭建高校思想政治教育治理评价主体实践锻炼的平台载体。实践平台是进行实践锻炼的重要依托。培养高校思想政治教育治理评价主体，开展评价的实践锻炼，需要有相应的实践支撑平台。高校思想政治教育治理评价以高校思想政治教育治理为对象，实践锻炼平台载体的搭建场域自然以高校为主体。高校思想政治教育治理评价主体的培养机构和组织应该积极与高等院校建立合作关系，在高校设立思想政治教育治理评价实践基地、高校思想政治教育治理评价协同创新中心等，不断拓宽实践锻炼的渠道。对于自身就是高校的培养机构，它不仅要在校内搭建起实践锻炼的载体平台，还应该与其他高校合作建立用于高校思想政治教育治理评价主体培养的实践锻炼基地或中心，使评价的实践锻炼能够针对不同层次、不同类型、不同行业特色的高校进行，以确保评价主体实践经验的广泛性和理论知识验证的全面性。

（三）高校思想政治教育治理评价主体的未来发展

高校思想政治教育治理面在扩展，改革在深入，工作在持续，成效在显现，开展高校思想政治教育治理评价，全面准确地掌握治理的质量和效果，并通过评价找优势、扬优势，发现好的做法，形成可推广的经验，反馈问题和不足，形成有效的改进举措，进一步提升治理成效，是高校思想政治

第二章　高校思想政治教育治理评价主体论

教育治理的内在要求，也是高校思想政治教育治理评价的价值所在。随着高校思想政治教育治理模式愈加多样，现代科技手段在高校思想政治教育治理中的推广使用，高校思想政治教育治理制度机制的建设快速展开，评价的难度正在增加。特别是精准、高效等现代治理理念的融入和规范，对高校思想政治教育治理评价有了更高的期待，更是对评价主体的专业知识储备、技术运用能力、时间精力投入等提出了更高的要求。高校思想政治教育治理评价主体的未来发展必须适应和满足评价实践的这些需求。

1. 高校思想政治教育治理评价主体的专业化

广义的专业化是指产业部门或学业领域中根据产品生产或学界层面的不同而分成的各业务部分的过程。其满足的条件包括工作范围明确、运用理性技术、长期的专业教育、从事者广泛的自律、对工作范围内的行为责任等。可见，高校思想政治教育治理评价主体能否实现专业化的发展，取决于高校思想政治教育治理评价工作本身能否实现专业化，而高校思想政治教育治理评价的专业化取决于高校思想政治教育治理的现实需要。高校思想政治教育治理是一个长久性、持续性的工程。当前，中华民族伟大复兴到了关键时期，中国共产党正带领全体中国人民"有力应对重大挑战、抵御重大风险、克服重大阻力、化解重大矛盾，进行具有许多新的历史特点的伟大斗争"[①]。在这个过程中,高校思想政治教育势必需要发挥重要的育人、育才功能作用，既要确保马克思主义在意识形态领域的指导地位，守住高校意识形态安全的底线，也要积极主动作为，培育时代新人，为复兴大业培养新生力量和未来的主力军，有力回应时代所需、人民所盼。高校思想政治教育治理通过不断地对高校思想政治教育理念意识的灌输强化、人员队伍的调整优化、制度机制的健全完善、方式方法的改革创新，推动着高校思想政治教育工作体系的提档升级，使其有效地融入党和国家事业发展大局，顺应党和国家事业发展大势。与此对应的是高校思想政治教育治理评价工作强度、深度、广度的提升，逐渐开启高校思想政治教育治理评价专业化的进程。

---

① 《习近平在中央政治局第二十一次集体学习时强调　贯彻落实好新时代党的组织路线　不断把党建设得更加坚强有力》，《人民日报》2020 年 7 月 1 日。

为了实现高校思想政治教育治理评价主体的专业化，高校思想政治教育治理评价主体培养体系各环节也需做出相应变革，包括学科系统的调整，如在思想政治教育学科下增设思想政治教育治理评价的学科方向；专业课程的调整，在思想政治教育专业课程体系中增开思想政治教育治理评价的专业课程；学术体系的调整，在思想政治教育学术界有意识地促进专注于思想政治教育治理评价研究的学术群体形成等。当这些条件都具备时，高校思想政治教育治理评价主体的专业化将从发展展望变为现实。

2. 高校思想政治教育治理评价主体的职业化

职业化一般指工作的标准化、规范化、制度化，包含在工作中应该遵循的职业行为规范，职业素养和匹配的职业技能等。这里的高校思想政治教育治理评价主体职业化，主要指高校思想政治教育治理评价主体以高校思想政治教育治理评价为专门职业和主要工作。一定程度上可以说，高校思想政治教育治理评价主体的职业化，是高校思想政治教育治理评价主体实现专业化后的下一个发展阶段。评价主体的职业化能够满足高校思想政治教育治理评价对工作强度、深度以及视野的要求。

高校思想政治教育治理评价主体的职业化带来的是社会分工体系的更新发展，需要有以下条件的支撑保障：一是有清晰的高校思想政治教育治理评价工作的职业定位，以明确高校思想政治教育治理评价工作的职业价值、职业地位、职业目标；二是有清晰的高校思想政治教育治理评价系统的工作构成，以实现评价工作的职能化、岗位化，形成较完整的高校思想政治教育治理评价工作岗位体系，并在此基础上明确各工作岗位的职责任务、行为规范、技术能力要求；三是形成高校思想政治教育治理评价工作职业发展通道整体性的规划设计，包括职业人员的来源渠道、职业人员的发展方向、职业人员的职务匹配、职业人员的职称序列等。

需要指出的是，无论是高校思想政治教育治理评价主体的专业化，还是高校思想政治教育治理评价主体的职业化，作为高校思想政治教育治理评价主体未来的发展方向，其实现都是客观条件和主动作为共同作用的结果，这要求我们必须把握好推进的速度和工作的节奏，既不能操之过急，也不能无所作为，在尊重高校思想政治教育治理的客观规律，尤其是尊重高校思想政治教育治理评价发展规律的基础上，准确判断工作形势，及时抓住工作机遇，采取有力工作举措，实现高校思想政治教育治理评价主体的素质提升、工作提效、岗位提质，不断为其未来发展创造条件。

第三章
高校思想政治教育治理评价本体论

本体即实在的对象,评价本体主要指评价的实在对象。高校思想政治教育治理评价本体,即高校思想政治教育治理评价的对象内容。高校思想政治教育治理评价是高校思想政治教育治理的重要环节,也是高校思想政治教育治理发挥效能的重要保障。要充分激活高校思想政治教育治理评价的功能效用,必须回答高校思想政治教育治理评价应该评什么的问题,有效地把握评价的本体。从宏观上看,高校思想政治教育治理评价的对象是高校思想政治教育治理。但是,要实质性地推进评价工作,找准评价的切入点和抓手,需要实现对宏观整体评价对象的微观化、要素化处理。

习近平总书记说:"国家治理体系和治理能力是一个国家制度和制度执行能力的集中体现。国家治理体系是在党领导下管理国家的制度体系,包括经济、政治、文化、社会、生态文明和党的建设等各领域体制机制、法律法规安排,也就是一整套紧密相连、相互协调的国家制度;国家治理能力则是运用国家制度管理社会各方面事务的能力,包括改革发展稳定、内政外交国防、治党治国治军等各个方面。国家治理体系和治理能力是一个有机整体,相辅相成,有了好的国家治理体系才能提高治理能力,提高国家治理能力才能充分发挥国家治理体系的效能。"[①] 治理体系、治理能力、治理效能是理解国家治理的重要维度。高校思想政治教育治理是国家治理的组成部分,从治理体系、治理能力、治理效能三个维度对高校思想政治教育治理进行审视,能够抓住高校思想政治教育治理的基本运行逻辑和核心

---

① 《习近平谈治国理政(第一卷)》,外文出版社2018年版,第91页。

运行机制。因此，在中观上，高校思想政治教育治理质量评价应该从治理体系、治理能力、治理效能三个维度展开。而以此为基点，通过进一步解析高校思想政治教育治理体系、治理能力、治理效能的要素构成，能够呈现出高校思想政治教育治理评价具有可操作性的微观对象体系，也即工作内容组成：包括高校思想政治教育治理主体评价、高校思想政治教育治理制度机制评价、高校思想政治教育治理方式方法评价、高校思想政治教育治理过程评价。

一、高校思想政治教育治理主体评价

治理主体是治理的重要因素构成。高校思想政治教育治理主体是高校思想政治教育治理的参与者和实施者，是推动高校思想政治教育治理运行的能动力量，其适宜性直接影响到高校思想政治教育治理的质量和效果。所以，高校思想政治教育治理主体是高校思想政治教育治理评价的重要对象。高校思想政治教育治理评价需要有治理主体评价的环节组成。高校思想政治教育治理评价至少需要从基本构成和素质能力两个维度对治理主体进行判断把握，以确保高校思想政治教育治理主体的高适宜性。

（一）高校思想政治教育治理主体构成

高校思想政治教育治理主体构成具有丰富的内涵，从不同视角审视可能会呈现出各异的面貌和特征。开展高校思想政治教育治理主体评价，必须抓住高校思想政治教育治理主体构成的关键要素，把握对治理主体功能发挥起决定性作用，乃至对整个高校思想政治教育治理起关键作用的主体元素。高校思想政治教育治理主体的类型和高校思想政治教育治理主体的数量，不但是构成高校思想政治教育治理主体构成的核心内容，也是影响高校思想政治教育治理主体作用发挥的重要因素，是判断高校思想政治教育治理主体结构适宜性的主要依据。

1. 高校思想政治教育治理主体类型

高校思想政治教育治理主体类型是对高校思想政治教育治理主体存在

形态类别的概括表达。高校思想政治教育治理主体类型评价是对高校思想政治教育治理主体存在形态类别适宜性的判断把握。多元主体参与是治理的内在要求，通过多元治理主体的协商、合作、沟通、协调，实现共治是治理实现的重要形式。高校思想政治教育治理以多元主体参与为前提。治理主体多元类型的存在和发展，是确保高校思想政治教育治理能够激活各方力量，带动各界资源的关键。从某种意义上说，参与高校思想政治教育治理的主体类型越多，可以运用于高校思想政治教育治理的资源类型就越丰富，形成的高校思想政治教育治理力量就越强劲。所以，激活多元类型的主体参与高校思想政治教育治理是当前高校思想政治教育形成治理合力，做到守正创新，实现深化发展的重要保障。

根据类型划分标准的不同，高校思想政治教育治理主体类型有不同的表现形式。在高校思想政治教育治理的微观层面，个人因承担工作任务的差异，可以成为参与高校思想政治教育治理的不同类型主体。在高校思想政治教育治理的中观层面，党政机构、学校等单个组织的内部组成部门因承担的职责职能的差异，可以成为参与高校思想政治教育治理的不同类型主体。在高校思想政治教育治理的宏观层面，党政机构、学校、家庭、社会等因参与高校思想政治教育方式的差异和与高校思想政治教育关联性的区别，可以成为高校思想政治教育治理的不同类型主体。进行高校思想政治教育治理主体类型评价，应该全面把握高校思想政治教育治理主体的类型状态，在微观、中观、宏观三个层面对高校思想政治教育治理主体类型进行分析判断，评估其多样性、多元性，掌握是否全层面、全维度激活了不同类型主体的治理效能。

习近平总书记关于思想政治工作的一系列重要讲话，以及贯彻落实总书记指示、讲话精神的政策文件对高校思想政治教育工作的规划安排与质量规范，都强调了参与主体的多元、多样要求，突出了多元类型主体参与基础上工作合力形成的重要性。如，在全国高校思想政治工作会上，习近平总书记指出，"要用好课堂教学这个主渠道，思想政治理论课要坚持在改进中加强，提升思想政治教育亲和力和针对性，满足学生成长发展需求和期待，其他各门课都要守好一段渠、种好责任田，使各类课程与思想政治理论课同向同行，形成协同效应"①。他还说："长期以来，高校思想政治工作队伍兢兢业业、甘于奉献、奋发有为，为高等教育事业发展作出了重要贡献。要拓展选拔视野，抓好教育培训，强化实践锻炼，健全激励机制，整体推进高校党政干部和共青团干部、思想政治理论课教师和哲学社会科学课教师、辅导员班主任和心理咨询教师等队伍建设，保证这支队伍后继有人、源源不断。"②实质上强调了在高校思想政治教育治理微观层面多元类型主体参与思想政治教育工作的重要性。在全国高校思想政治工作会上，习近平总书记还指出，"各级党委要把高校思想政治工作摆在重要位置，加强领导和指导，形成党委统一领导、各部门各方面齐抓共管的工作格局"③。强调了在高校思想政治教育治理中观层面多元类型主体参与思想政治教育工作的重要性。在学校思想政治理论课教师座谈会上，习近平总书记说："要建立党委统一领导、党政齐抓共管、有关部门各负其责、全社会协同配合的工作格局，推动形成全党全社会努力办好思政课、教师认真讲好思政课、学生积极学好思政课的良好氛围。"④将全社会协同配合作为办好思政课的重要条件，蕴含了在高校思想政治教育治理宏观层面多元类型主体参与思想政治教育工作的要求。教育部等八部门联合印发的《关于加快构建高校思想政治工作体系的意见》提出，"强化工作协同保障。推动形成学校、家庭和社会教育协同育人机制"，则是把这种要求做了直接的表达。它们都是进行高校思想政治教育治理主体类型评价的重要遵循。

2. 高校思想政治教育治理主体数量

如果说高校思想政治教育治理主体类型评价，一定程度上是对治理主体质的多元性、适宜性的判断，那么高校思想政治教育治理主体数量评价，就是对同类型主体量的把握，是对治理主体量的适宜性的评判。"适宜性"

---

① 《习近平在全国高校思想政治工作会议上强调　把思想政治工作贯穿教育教学全过程　开创我国高等教育事业发展新局面》，《人民日报》2016年12月9日。
② 《习近平在全国高校思想政治工作会议上强调　把思想政治工作贯穿教育教学全过程　开创我国高等教育事业发展新局面》，《人民日报》2016年12月9日。
③ 《习近平在全国高校思想政治工作会议上强调　把思想政治工作贯穿教育教学全过程　开创我国高等教育事业发展新局面》，《人民日报》2016年12月9日。
④ 《习近平主持召开学校思想政治理论课教师座谈会强调　用新时代中国特色社会主义思想铸魂育人贯彻党的教育方针落实立德树人根本任务》，《人民日报》2019年3月19日。

意味着高校思想政治教育治理主体在量上并不是越多越好，或者相反，而是应该追求量的适度。从静态层面来说，一方面要保证治理主体在量上的充足性，不应该出现高校思想政治教育治理主体数量不足的情况；另一方面高校思想政治教育治理主体数量也不应该超出治理的实际需要，造成人力、财力等各方面资源的浪费。从动态层面来说，高校思想政治教育治理主体数量的调整应该符合高校思想政治教育治理发展对治理主体量的变化要求，治理主体量的改变速度不能违背高校思想政治教育治理规律。不符合实际需要的治理主体数量增长和数量减少，都不利于高校思想政治教育治理工作的开展。从数量结构来看，高校思想政治教育治理主体数量不是简单的总量构成，而是一个立体的数量体系。高校思想政治教育治理主体量的适宜性，还指涉及高校思想政治教育治理主体数量体系的适宜性，蕴含了对不同治理主体数量比重的适宜性要求。比如，对高校思政课教师应该有总体上量的规范，但是简单的总量情况还不能完全反映思政课教师数量结构的适宜情况。不同年龄段、学历段、职称段的思政课教师数量构成，既会对当下的思想政治教育治理产生作用，还会对未来的思想政治教育治理发生影响。所以，高校思想政治教育治理主体数量评价应该把握，不同年龄段、学历段、职称段思政课教师的数量和比重结构是否长期处于良好状态，从动态发展的视角对思政课教师数量构成的适宜性进行判断。

当前，思想政治教育相关政策对高校思想政治教育治理部分主体的数量要求做了明确规定。如，中共中央、国务院印发的《关于加强和改进新形势下高校思想政治工作的意见》指出，高校思想政治工作队伍和党务工作队伍具有教师和管理人员双重身份，要纳入高校人才队伍建设总体规划，形成一支专职为主、专兼结合、数量充足、素质优良的工作力量，强调了高校思想政治工作队伍人员充足的重要性。而无论高校思想政治教育治理是何种主体类型，都以人为根本构成元素。所以，思想政治教育相关政策对于高校思想政治教育治理主体数量有更为具体的规定，基本都以人员配置比例的形式呈现。如，教育部印发的《新时代高校思想政治理论课教学工作基本要求》《普通高等学校马克思主义学院建设标准》《高等学校思想政治理论课建设标准》进一步明确了按照师生比不低于1∶350的比例设置专职思想政治理论课教师岗位，为每个教研室（组）配足师资的要求，对思政课教师数量比例做了具体化规定。在辅导员配置方面，教育部2017年修订公布的《普通高等学校辅导员队伍建设规定》以部门规章的形式对辅导员配置比例提出要求，指出高等学校应当按总体上师生比不低于1∶200的比例设置专职辅导员岗位，按照专兼结合、以专为主的原则，足额配备到位。在心理健康教育教师配置方面，教育部办公厅2011年印发的《普通高等学校学生心理健康教育工作基本建设标准（试行）》强调，高校应按学生数的一定比例配备专职从事大学生心理健康教育的教师，每校配备专职教师的人数不得少于2名，同时可根据学校的实际情况配备兼职教师。2021年，教育部办公厅印发《关于加强学生心理健康管理工作的通知》，进一步明确了高校配置心理健康教育教师的比例，要求高校按师生比不低于1∶4000比例配备心理健康教育专职教师且每校至少配备2名。以上政策都是进行高校思想政治教育治理主体数量评价的重要遵循。

随着高校思想政治教育治理工作的发展创新、与时俱进，对高校思想政治教育治理主体数量比例的要求也会有所变化。这种改变无论是直接呈现在高校思想政治教育治理的实际工作中，还是作为高校思想政治教育工作相关政策文件的内容规定得以表达，而贯彻落实于思想政治教育治理实践，高校思想政治教育治理主体数量评价都应该有效发挥引领促进作用，能够将思想政治教育对治理主体数量比例的现实需要，及时转化为评价治理主体数量比例的规范标准，通过评价的"指挥棒"功能，推动符合高校思想政治教育发展客观规律的治理主体数量比例要求得到普遍遵循和切实落实。

（二）高校思想政治教育治理主体素质

高校思想政治教育治理主体具备相宜的素质是其能够顺利完成思想政治教育治理工作的基本保障。对高校思想政治教育治理主体的素质进行评价，就是对其开展思想政治教育治理的内涵适宜性进行判断把握。如前文所述，虽然高校思想政治教育治理主体有不同的存在形态，但无论何种形态都以人为根本构成元素，所以高校思想政治教育治理主体素质评价主要落脚为对人的素质评价。作为高校思想政治教育治理主体构成的人,应该具备适宜的政治素质、知识素质、道德素质、能力素质,它们也是高校思想政治教育治理主体素质评价的关键内容。

1. 高校思想政治教育治理主体政治素质

思想政治教育是社会用一定的思想观念、政治观念、道德规范对其成员施加有目的、有计划、有组织的影响,使他们形成符合社会、阶级所需的政治思想品德的活动,以确立人的世界观、人生观、价值观,塑造人的政治意识、政治立场,具有极强的政治属性。高校思想政治教育重点围绕青年学生展开,以立德树人为根本任务,旨在培养德、智、体、美、劳全面发展的社会主义合格建设者和可靠接班人,具有高度的政治性要求。高校思想政治教育治理围绕高校思想政治教育展开,其根本目标追求、最终价值指向、内在立场性质,都与高校思想政治教育保持高度一致,所以同样具有很强的政治属性。高校思想政治教育治理主体作为思想政治教育治理的实施者、推动者,必须具备相应的政治素质才能完成这一具有政治指向、政治目标要求的工作。

高校思想政治教育治理主体首先要具有政治理论素质。熟悉掌握马克思列宁主义、毛泽东思想、邓小平理论、"三个代表"重要思想、科学发展观、习近平新时代中国特色社会主义思想的立场、观点、方法,透彻理解指导高校思想政治教育治理的政治理论体系。其次要具有较强政治意识,善于从政治角度看问题。新时代高校思想政治教育治理主体要不断增强"四个意识"、坚定"四个自信"、做到"两个维护",牢记"国之大者",持续提高政治判断力、政治领悟力、政治执行力。在高校思想政治教育治理实践中学思践悟习近平新时代中国特色社会主义思想,保证思想政治教育治理的正确政治方向和政治立场。

高校思政课教师是高校思想政治教育治理主体的重要构成。在学校思想政治理论课教师座谈会上,习近平总书记说:"办好思想政治理论课关键在教师,关键在发挥教师的积极性、主动性、创造性。思政课教师,要给学生心灵埋下真善美的种子,引导学生扣好人生第一粒扣子。第一,政治要强,让有信仰的人讲信仰,善于从政治上看问题,在大是大非面前保持政治清醒。第二，情怀要深，保持家国情怀，心里装着国家和民族，在党和人民的伟大实践中关注时代、关注社会、汲取养分、丰富思想……"①2014年，在同北京师范大学师生代表座谈时，习近平总书记说："我想，好老师没有统一的模式，可以各有千秋、各显身手，但有一些共同的、必不可少的特质。第一，做好老师，要有理想信念……"② 习总书记的重要讲话精神，成为高校思想政治教育治理相应主体政治素质评价的基本遵循。

2. 高校思想政治教育治理主体知识素质

高校思想政治教育治理是关于思想政治教育的新论域，融合了思想政治教育、治理、教育评价等多领域知识，围绕高校思想政治教育治理规律探究，形成了一个新的知识域。在实践上，必然表现出学科知识交叉运用的特征。高校思想政治教育治理主体是思想政治教育治理理论研究的参与者，也是思想政治教育治理实践的主导者，必须具备开展高校思想政治教育治理的相关理论知识和实践知识。

在理论知识层面，高校思想政治教育治理主体应该熟悉包括思想政治教育对象、价值、目标、方法、过程等在内的思想政治教育理论知识，掌握治理的原则、方法、过程、要求等治理的基础理论知识，了解教育评价的价值、目标、对象、方式、模型、过程、反馈等教育评价的理论知识，以及其他与高校思想政治教育治理相关的理论知识，以更好地指导高校思想政治教育治理实践。

在实践知识层面，高校思想政治教育治理主体应该基于自己所在的治理维度，熟悉掌握进行高校思想政治教育治理实践的路径、方式、载体、程序，能够有效地运用高校思想政治教育治理的制度机制开展工作，将治理实践经验不断总结凝练为高校思想政治教育治理的实践知识，内化为自身的实践知识素质。

习近平总书记在同北京师范大学师生代表座谈时，强调了知识素质对成为一名好老师的重要性，他说："做好老师，要有扎实学识。""扎实的知

---

① 《习近平主持召开学校思想政治理论课教师座谈会强调 用新时代中国特色社会主义思想铸魂育人 贯彻党的教育方针落实立德树人根本任务》，《人民日报》2019年3月19日。

② 习近平：《做党和人民满意的好老师——同北京师范大学师生代表座谈时的讲话》，《人民日报》2014年9月10日。

识功底、过硬的教学能力、勤勉的教学态度、科学的教学方法是老师的基本素质，其中知识是根本基础。"① 在学校思想政治理论课教师座谈会上，他强调了思政课教师的知识视野，指出思政课教师"视野要广，有知识视野、国际视野、历史视野，通过生动、深入、具体的纵横比较，把一些道理讲明白、讲清楚"②，都对高校思想政治教育治理主体知识素质提出了明确要求。

思想政治教育相关政策文件对高校思想政治教育治理主体的知识素质也有相应的内容规范。如，教育部印发的《高等学校辅导员职业能力标准（暂行）》明确了辅导员的职业知识标准，包括基础知识，涉及马克思主义理论、哲学、政治学、教育学、社会学、心理学、管理学、伦理学、法学等学科的基本原理和基本知识；专业知识，涉及思想政治教育专业基本理论、基本知识、基本方法，马克思主义中国化相关理论及知识，大学生思想政治教育工作实务相关知识，法律法规知识等，为开展高校思想政治教育治理主体的知识素质评价提供了指引。

3. 高校思想政治教育治理主体道德素质

立德树人是高校思想政治教育的根本任务。高校思想政治教育治理旨在充分释放思想政治教育的功能作用，必须围绕立德树人的目标展开，这要求高校思想政治教育治理工作本身遵循高标准的道德规范。作为高校思想政治教育治理的参与者，高校思想政治教育治理主体必须具有极高的思想道德素质，做到明大德、守公德、严私德，更要遵循所从事的思想政治教育治理工作的岗位职业道德，得高校思想政治教育治理之"道"，养高校思想政治教育治理之"德"。

对高校教师师德师风的规范强调，就是对高校思想政治教育治理主体道德素质要求的体现。在同北京师范大学师生代表座谈时习近平总书记说："做好老师，要有道德情操。""教师的职业特性决定了教师必须是道德高尚的人群。合格的老师首先应该是道德上的合格者，好老师首先应该是以德施教、以德立身的楷模。师者为师亦为范，学高为师，德高为范。老师是

---

① 《做党和人民满意的好老师——同北京师范大学师生代表座谈时的讲话》，《人民日报》2014年9月10日。
② 《习近平主持召开学校思想政治理论课教师座谈会强调　用新时代中国特色社会主义思想铸魂育人贯彻党的教育方针落实立德树人根本任务》，《人民日报》2019年3月19日。

学生道德修养的镜子。好老师应该取法乎上、见贤思齐，不断提高道德修养，提升人格品质，并把正确的道德观传授给学生。"① 在学校思想政治理论课教师座谈会上，习近平总书记谈及高校思政课教师的基本素质时强调："自律要严，做到课上课下一致、网上网下一致，自觉弘扬主旋律，积极传递正能量。""人格要正，有人格，才有吸引力。亲其师，才能信其道。要有堂堂正正的人格，用高尚的人格感染学生、赢得学生，用真理的力量感召学生，以深厚的理论功底赢得学生，自觉做为学为人的表率，做让学生喜爱的人。"② 习总书记的上述讲话指示是高校思想政治教育治理主体道德素质评价的基本遵循。

2018 年，中共中央、国务院印发的《关于全面深化新时代教师队伍建设改革的意见》强调，弘扬高尚师德，健全师德建设长效机制，推动师德建设常态化长效化，创新师德教育，完善师德规范，引导广大教师以德立身、以德立学、以德施教、以德育德，坚持教书与育人相统一、言传与身教相统一、潜心问道与关注社会相统一、学术自由与学术规范相统一，争做"四有"好教师，全心全意做学生锤炼品格、学习知识、创新思维、奉献祖国的引路人。2019 年，教育部等七部门联合印发的《关于加强和改进新时代师德师风建设的意见》，从加强师德师风建设的总体要求、全面加强教师队伍思想政治工作、大力提升教师职业道德素养、将师德师风建设要求贯穿教师管理全过程、着力营造全社会尊师重教氛围、推进师德师风建设任务落到实处六个方面，对加强改进新时代师德师风建设提出了要求，进行了部署，为开展高校思想政治教育治理主体的道德素质评价提供了指引。

4. 高校思想政治教育治理主体能力素质

能力是高校思想政治教育治理主体将内在的政治素质、知识素质、道德素质等转化为开展治理工作的胜任力，并呈现于高校思想政治教育治理实践中的综合素质。高校思想政治教育治理主体也应该具备相应的组织能力、决策能力、应变能力、创新能力、共情能力，它们是治理主体能力素

---

① 《做党和人民满意的好老师——同北京师范大学师生代表座谈时的讲话》，《人民日报》2014 年 9 月 10 日。
② 《习近平主持召开学校思想政治理论课教师座谈会强调 用新时代中国特色社会主义思想铸魂育人 贯彻党的教育方针落实立德树人根本任务》，《人民日报》2019 年 3 月 19 日。

质评价的重要内容。

　　高校思想政治教育治理是一项系统工程，涉及思政课教师、辅导员班主任、专业课教师、管理干部等多元主体；关系到教育主管部门、高校党委行政、院系党政工团等多层组织；覆盖思政课程、课程思政、党团工作、社团活动、校园文化、日常管理等多个环节；内含教材、教学、科研、技术、平台等多个要素。因此，要做好高校思想政治教育治理工作必须促使每一个岗位能充分履行育人职责，推动每一层组织能准确定位育人使命，激发每一个环节能深度释放育人效用，保证每一项要素能有效发挥育人功能。①这要求高校思想政治教育治理主体有极强的组织、沟通、协调能力，通过治理形成思想政治教育的育人合力。所以，高校思想政治教育治理主体能力素质评价应该对治理主体的决策能力作出判断。

　　"做好高校思想政治工作，要因事而化、因时而进、因势而新。要遵循思想政治工作规律，遵循教书育人规律，遵循学生成长规律，不断提高工作能力和水平。"②高校思想政治教育治理要在把握规律的基础上，准确分析治理面对的事宜，做到具体问题具体分析，针对事项发生的原因、发展的趋势、可能的结果，果断决策，拿出有效对策举措，精准运用治理技术方法化解问题矛盾；紧跟时代步伐，充分利用时代发展带来的新的治理资源，不断优化完善治理结构，顺应时代而调整话语体系、创新话语方式，做到对话形式的及时变化；回应形势所需，准确判断高校思想政治教育治理现实的"形"与发展的"势"，顺势调整规范治理的形态，充分释放治理效能。这些都要求高校思想政治教育治理主体具备很强的决策能力、应变能力、创新能力。所以，高校思想政治教育治理主体能力素质评价应该对治理主体的决策、应变、创新能力作出估量评判。

　　思想政治工作从根本上说是做人的工作，必须"围绕学生、关照学生、

---

① 冯刚：《高校思想政治教育工作质量评价的时代特点与展望》，《湖北社会科学》2021年第1期。
② 《习近平在全国高校思想政治工作会议上强调　把思想政治工作贯穿教育教学全过程　开创我国高等教育事业发展新局面》，《人民日报》2016年12月9日。

服务学生"①。而"围绕学生、关照学生、服务学生",必须了解学生、理解学生,这意味着高校思想政治教育治理主体需要在情感上把握学生,具有极强的共情能力。所以,高校思想政治教育治理主体能力素质评价应该对治理主体的共情能力进行评价。

二、高校思想政治教育治理制度机制评价

思想政治教育治理体系的本质是制度机制体系。高校思想政治教育治理评价要从制度机制视角对高校思想政治教育治理状态进行分析判断,了解其状况和水平。

(一)高校思想政治教育治理制度评价

高校思想政治教育治理制度评价,主要是对与高校思想政治教育治理相关的政策制度构建的完备性和政策制度执行的有效性进行判断,从静态和动态两个维度把握制度的状况。

1. 高校思想政治教育治理制度的完备性

治理体系的健全完善,是治理能力提升外显的重要条件,是治理效能有效释放的基础保障。高校思想政治教育治理政策制度的完备性,是高校思想政治教育治理体系评价的重要对象内容。制度问题带有根本性、全局性、稳定性、长期性。高校思想政治教育治理制度对于高校思想政治教育治理而言同样如此。高校思想政治教育治理工作领域面广、环节多、参与主体多、内容系统复杂,意味着高质量的思想政治教育治理,必定是参与主体各有其位且职责清晰,各任务环节衔接紧密环环相扣,各项工作内容要求规范明确。这些要求必须形成涉及高校思想政治教育治理各领域、涵括高校思想政治教育治理各环节、针对高校思想政治教育治理各参与主体、规范高校思想政治教育治理各工作内容的政策制度体系。高校思想政治教育治理制度评价需要对高校思想政治教育治理制度的覆盖面、层次性、系统性、针对性、适应性等作出判断,通过评价不断提升思想政治教育治理制度的

---

① 《习近平在全国高校思想政治工作会议上强调 把思想政治工作贯穿教育教学全过程 开创我国高等教育事业发展新局面》,《人民日报》2016年12月9日。

科学性、规范性，这也是高校思想政治教育治理制度完备性的内涵要求。

中国特色社会主义进入新时代，高校思想政治教育治理政策制度体系构建加速推进，一系列制度规范相继出台，并适时优化更新，使高校思想政治教育治理的制度体系愈加完备。在思政课建设方面，2015年，教育部修订《高等学校思想政治理论课建设标准（暂行）》，出台了《高等学校思想政治理论课建设标准》，对思政课组织管理、教学管理、队伍管理、学科建设、特色项目等提出建设要求。2018年，教育部印发《新时代高校思想政治理论课教学工作基本要求》，从学分设置、教务安排、教研室建设、集体备课、教学纪律、教学方法运用、考核方式、科研支撑、听课指导、教学评价等维度强调了思政课教学的工作规范。在日常思想政治教育建设方面，2014年，教育部出台《高等学校辅导员职业能力标准（暂行）》，明确了辅导员的知识素养，划分了辅导员的职业能力等级；2017年，教育部修订《普通高等学校辅导员队伍建设规定》并公布施行，规范了辅导员的工作要求、职责、配备、选聘。在教师队伍建设方面，2020年，教育部公布施行《新时代高等学校思想政治理论课教师队伍建设规定》，明确了思政课教师的职责要求、配备选聘、培养培训、考核评价等工作规范。在教育组织方面，2017年，教育部印发《普通高等学校马克思主义学院建设标准》，并于2019年对其进行修订，继而印发了《普通高等学校马克思主义学院建设标准（2019年本）》，明确、调整、优化了马克思主义学院在组织领导管理、思政课教学、马克思主义理论学科建设、社会服务与社会影响、党的建设与思想政治工作等方面的标准要求。在工作质量和工作体系建设方面，2017年，教育部党组印发《高校思想政治工作质量提升工程实施纲要》，明确了高校思想政治工作质量提升工程的目标原则、基本任务、主要内容、实施保障；2020年，教育部等八部门联合印发《关于加快构建高校思想政治工作体系的意见》，提出了健全立德树人体制机制，贯通学科体系、教学体系、教材体系、管理体系，加快构建目标明确、内容完善、标准健全、运行科学、保障有力、成效显著的高校思想政治工作体系的目标任务。这些政策制度涉及高校思想政治教育治理不同领域、不同环节，是开展高校思想政治教育治理的重要规范遵循，也是进行高校思想政治教育治理政策制度完备性评价的重要依据。

2. 高校思想政治教育治理制度的有效性

制度的生命在于执行。制度的执行力，是治理能力的重要组成部分，制度执行越有力，治理能力越有效。开展高校思想政治教育治理制度评价，必须判断把握高校思想政治教育治理政策制度执行的基本状况和释放的效能，对高校思想政治教育治理制度规范的有效性做出准确评估。

高校思想政治教育治理制度的有效性评价，涉及多主体参与，需要多维度展开。一是把握制度执行者是否准确遵循制度要求推动工作，规范职责任务。制度执行者是推进制度执行的主体，其对制度的价值遵循、目标追求、实施规范、执行力度对政策制度有效性实现起着关键作用。高校思想政治教育治理制度要充分释放治理效能，高校思想政治教育治理制度执行者必须不折不扣地贯彻执行各项制度规范，严格按照政策制度履行职责、行使权力，在制度执行上不做选择、不搞变通。二是把握制度执行监督者对政策制度执行状况的基本判断。高校思想政治教育治理制度的执行监督者，职责任务就在于督促制度执行者有效落实制度规范要求，其对高校思想政治教育治理制度执行状况的认知，是分析认识制度执行有效性的重要依据。三是把握"制度相关人"对制度执行有效性的基本判断。高校思想政治教育治理制度的"相关人"，是高校思想政治教育治理制度执行效果的直接或间接承受者，对于其利弊得失具有切身感受。"制度相关人"对政策制度执行有效性的认知，是判断高校思想政治教育治理制度执行力的第一手材料。开展高校思想政治教育治理制度有效性评价，需要综合分析来源于制度执行者、制度执行监督者、"制度相关人"关于制度执行效果的基础信息，同时结合其他评价依据科学判断，得出客观、准确的结论。

（二）高校思想政治教育治理机制评价

治理机制是治理各要素之间的结构关系和运行方式。高校思想政治教育治理机制是思想政治教育治理各要素相互影响、相互作用，形成的结构关系和运行方式。一般说来，机制是否健全完善可以从其系统性和协同性两个维度进行分析把握。高校思想政治教育治理机制系统性越强、协同性越好，说明其要素形成的内在结构关系越合理，其要素间相互作用推动治理运行就越顺畅。所以，开展高校思想政治教育治理机制评价，需要对高校思想政治教育治理机制的系统性和协同性进行分析估定，以掌握机制的健全完善程度。

1. 高校思想政治教育治理机制的系统性

机制的系统性，既强调机制构成的全面性、完整性，也要求机制内在结构之间的融洽性、有序性和最终作用方向的一致性。高校思想政治教育治理机制的系统性要求，意味着高校思想政治教育治理机制的构成完整、全面，并且要素与要素之间遵循清晰的逻辑关系，形成稳定的、立体的内在秩序，机制的整体结构及其运行目标指向具有一致性、正确性。对高校思想政治教育治理机制的系统性进行评价，自然要对高校思想政治教育治理机制构成的完整度、全面性做出评判，对机制要素之间的逻辑关联性、融洽度、秩序稳定性有所把握，对高校思想政治教育治理机制整体结构及其运行的功能作用发挥的方向性、准确性进行判断。

随着高校思想政治教育治理工作的持续推进，高校思想政治教育治理机制的系统性建设成果越来越丰富，表现为治理机制系统的层次性、复杂性都有明显增加，与之对应的是现实对高校思想政治教育治理机制的系统性要求也越来越高。这些都是开展治理机制的系统性评价必须正视的变化。所以，在进行高校思想政治教育治理机制系统性评价的过程中，必须基于实际所需，既从细节入手，又在整体上把握，既注重局部，又突出全面，最终落脚于体系，真正将评价工作做细、做实、做到位。如《高校思想政治工作质量提升工程实施纲要》提出充分发挥课程、科研、实践、文化、网络、心理、管理、服务、资助、组织等方面工作的育人功能，挖掘育人要素，完善育人机制，构建"十大"育人体系。在进行高校思想政治教育治理机制系统性评价时就应该认识到，这"十大"育人体系内部要形成一个系统的育人机制，包括系统的课程育人机制、系统的科研育人机制、系统的实践育人机制、系统的文化育人机制等，保证每个育人体系内部机制的层次完整性和领域全面性。同时，将"十大"育人体系作为一个整体，要求其形成符合系统性要求的育人机制，即在单个育人体系系统性育人机制的基础上，在各育人体系之间搭建育人的机制性桥梁，呈现"十大"育人的整体机制，发挥"十大"育人体系的育人合力。

2. 高校思想政治教育治理机制的协同性

协同性是结构元素各自之间的协调、协作形成拉动效应，导致事物间属性互相增强、向积极方向发展的相干性，表现了元素在整体发展运行过程中协调与合作的性质。高校思想政治教育治理机制的协同性强调机制之间的协调、协作，形成思想政治教育治理的拉动效应，增强高校思想政治教育治理的整体效能。高校思想政治教育治理是局部性与整体性的结合体。其局部性表现为治理的领域性、板块性，这是由高校思想政治教育工作的分工、分板块、分领域所决定的。其整体性表现为治理的整体效能，这是由高校思想政治教育工作的体系性和一致的目标任务所决定的。对高校思想政治教育治理机制协同性进行评价，就是要对不同领域、不同板块的治理机制间的协调、协作水平和相互拉动的程度状况进行判断把握，为最终掌握高校思想政治教育不同治理板块和治理领域间治理主体、治理资源等的协同治理效能创造条件，提供依据。

正如前文所述，作为一个复杂的体系，高校思想政治教育治理具有多层次性和多领域性。这意味着高校思想政治教育治理机制的协同性应该在不同层次的治理机制上得以体现，在相关的治理领域间得以表达。如，高校思想政治理论课教学治理和高校日常思想政治教育治理是高校思想政治教育治理的两个不同领域和板块。高校思想政治教育治理作为一个整体，必须将思想政治理论课教学治理机制与日常思想政治教育治理机制协同推进，实现两者的有效对接，使双方在治理主体、治理信息、治理资源等方面取长补短，发挥治理元素的协同效能。同时，在高校思想政治理论课教学治理和高校日常思想政治教育治理各自内部，同样涉及治理机制的协同性问题。如高校思想政治理论课教学治理关涉各门课程间的教学治理机制协同、理论教学与实践教学治理机制的协同等，日常思想政治教育内部治理机制的协同也是如此，这是在更微观的层面对高校思想政治教育治理机制协同性的思考。开展高校思想政治教育治理机制的协同性评价，必须细化对象，从多层次、多领域切入，方能掌握高校思想政治教育治理机制协同性的全面状况和完整信息。

三、高校思想政治教育治理方式方法评价

治理的方式方法是治理实现的媒介和载体，是将治理理念现实化的重要依托。高校思想政治教育治理的方式方法是高校思想政治教育治理采用的手段和形式，是高校思想政治教育治理的基本构成元素，其种类的多样化和运用的有效性是保证高校思想政治教育治理产生强大效能的基本条件。开展高校思想政治教育治理方式方法评价，应重点围绕高校思想政治教育治理方式方法的类型和高校思想政治教育治理方式方法的运用进行分析判断，以把握高校思想政治教育治理评价方式方法的现实状态。

（一）高校思想政治教育治理方式方法类型

当前，对高校思想政治教育治理方式方法类型的划分并无统一标准，但是追求治理方式方法的多样化，以适应高校思想政治教育治理实践的多类型需要，是开展高校思想政治教育治理方式方法类型评价的重要遵循。具体说来，建立高校思想政治教育治理的政策制度体系，充分运用人工智能、大数据、物联网等现代信息技术开展高校思想政治教育治理，都是高校思想政治教育治理方式方法类型评价需要关注的重要内容。

从本质上看，国家治理体系的核心是国家制度体系，思想政治教育治理体系的核心是思想政治教育的政策制度体系。思想政治教育治理要依照中国特色社会主义制度展开，要体现国家制度和国家治理体系优势。[①]因而，建章立制是高校思想政治教育治理最基础的方式方法。高校思想政治教育治理方式方法的评判应该涉及对高校思想政治教育治理主体建章立制的思想意识、建章立制治理方式方法运用概率等的评价把握。它强调将制定出台明确、清晰、稳定、精准的政策制度作为高校思想政治教育治理重要的方式方法加以运用，注重对政策制度作为治理方式方法的使用频率和重要性进行评判，更多的是对高校思想政治教育政策制度在形式上的判断。对

[①] 冯刚：《推进新时代思想政治教育治理体系现代化》，《中国教育报》2020年3月19日。

于种类属性、内容结构、质量效用等政策制度实质性内容的分析掌握，则更多由高校思想政治教育治理制度完备性评价和治理效能评价来完成。由此也可以看出，政策制度是贯穿高校思想政治教育治理体系始终的要素，但不同的评价维度强调了政策制度的不同方面，具有不可替代性。

高校思想政治教育治理既要有效运用思想政治教育工作行之有效的传统方式方法，更要充分激活现代信息技术给思想政治教育治理带来的深度变革机遇，尤其是要利用人工智能、大数据、物联网等现代信息技术的特点优势，实现高校思想政治教育治理方式方法的融合创新，增强思想政治教育治理的灵活性、实效性，这也是当下高校思想政治教育治理方式方法评价能够引领高校思想政治教育治理方式方法创新发展的关键。高校思想政治教育治理方式方法类型评价，细分现代信息技术融入后的思想政治教育治理方式方法类型形态，可重点围绕以下内容展开：一是对人工智能技术融入高校思想政治教育治理生成的治理方式方法新形态、新类型的基本状况进行评价；二是对大数据技术融入高校思想政治教育治理生成的治理方式方法新形态、新类型的基本状况进行评价；三是对物联网技术融入高校思想政治教育治理生成的治理方式方法新形态、新类型的基本状况进行评价。这些基本状况主要涉及新技术手段生成的高校思想政治教育治理方式方法在治理实践中的普及度和成熟度，由此把握其作为一种独立的高校思想政治教育治理方式方法类型的潜在可能性、形态完成性、未来发展性。

（二）高校思想政治教育治理方式方法运用

如果说高校思想政治教育治理方式方法类型评价更多的是从静态视角审视治理方式方法的形成状态，那么高校思想政治教育治理方式方法运用评价则更加注重从动态视角，把握和判断治理方式方法运用的实现路径和融入机理。同治理方式方法类型评价的关注维度相似，高校思想政治教育治理方式方法运用评价不仅要从治理的理念和思维出发，对高校思想政治教育工作传统的方式方法运用状况加以分析判断，更要对高校思想政治教育治理的新方式方法运用情况有所把握和评判。特别是前面提到的现代信息技术，作为开展思想政治教育治理新的技术手段，其具体融入高校思想政治教育治理的实现路径和内在机理，应该是高校思想政治教育治理方式方法运用评价必须关注的重点。当前，对现代信息技术治理方式方法运用的评价，同样可以从以下三个方面进行。

第一，对运用人工智能技术开展高校思想政治教育治理的实现路径和机理进行评价。人工智能主要是通过了解智能的实质，生产出新的能以与人类智能相似的方式作出反应的智能机器，其技术应用包括机器人、语言识别、图像识别、自然语言处理和专家系统等。人工智能技术可以通过人机互动、人机协同等形式，推动高校思想政治教育目的任务的实现。其重心在于通过打造AI智能教学场景，突破传统教育场地和形式的限制，以强互动、易操作的形式，强化思想政治教育引导和思想政治教育的实践养成，提升思想政治教育的参与性、互动性、真实性、感染力、吸引力，增强学习者学习的主动性和积极性，实现寓教于乐的目的，让思想政治教育的参与各方共同感受价值导向的强引领力。这是评价高校思想政治教育治理对人工智能技术治理方式方法运用的重点内容。

第二，对运用大数据技术开展高校思想政治教育治理的实现路径和机理进行评价。大数据是一种规模大到在获取、存储、管理、分析方面大大超出了传统数据库软件工具能力范围的数据集合，具有大量、高速、多样、低价值密度、真实性等特点。大数据采集、大数据预处理、大数据存储、大数据分析，共同组成了大数据生命周期的核心技术。与高校思想政治教育相关的大数据，包括思想政治教育行为大数据、思想政治教育内容大数据、思想政治教育对象大数据等，都是高校思想政治教育治理进行状态分析、形态把握、趋势判断的数据依据，对其挖掘使用效率和程度，是评价高校思想政治教育治理对大数据技术治理方式方法运用的内容之一。除此之外，在治理过程中，确保数据安全性、完整性、有效性的程度水平，也是进行高校思想政治教育治理对大数据技术治理方式方法运用评价的应有内容。

第三，对运用物联网技术开展高校思想政治教育治理的实现路径和机理进行评价。物联网是指通过信息传感设备，按约定的协议，将物体与网络相连接，物体通过信息传播媒介进行信息交换和通信，以实现智能化识别、定位、跟踪、监管等功能。①物联网技术运用于高校思想政治教育，可以实现思想政治教育信息传递和接收的泛在化，突破高校思想政治教育在时间和空间上的局限性，还可以对思想政治教育对象进行行为轨迹画像，进而了解教育对象的思想政治状况，据此调整和优化思想政治教育的路径策略。它们都是评价高校思想政治教育治理对物联网技术治理方式方法运用的内容所在。

四、高校思想政治教育治理过程评价

治理过程是治理进行或发展所经过的程序，是相互关联或相互影响的一组治理活动顺序化的呈现。治理效能则是治理所发挥的治理作用、释放的治理能量、形成的治理效果的综合状态。高效的思想政治教育治理过程是保证形成强大高校思想政治教育治理效能的前提条件。开展高校思想政治教育治理评价，必须分析把握高校思想政治教育治理的过程和效能，它们是高校思想政治教育治理评价的重要内容维度构成。其中，过程的有序性和进程的开放性是高校思想政治教育治理过程评价的重点内容，国家、社会、个人层面的效能是高校思想政治教育治理效能评价的重点内容。

（一）高校思想政治教育治理过程的有序性

治理过程有序是实现治理过程高效的基本条件。高校思想政治教育治理过程的有序性，既要求高校思想政治教育治理工作有规可循、有规必循、违规必纠、违者担责，形成高校思想政治教育治理的规范形态，注重覆盖思想政治教育工作各领域、各环节、各层次，彼此衔接协调的政策制度体系周转顺畅运行状态的呈现，也要求在面对情势变化时，高校思想政治教育工作仍然有应对之策，实现及时地治理而不慌乱，做到有针对性地治理。所以，开展高校思想政治教育治理过程有序性评价，除了要对常态化条件下高校思想政治教育治理程序的规则性、通畅性进行评判外，还要把握和判断变化条件中高校思想政治教育治理的及时性和针对性。

---

① 黄长清：《智慧武汉》，长江出版社2012年版，第158页。

1. 高校思想政治教育治理的及时性

事物都处在运动、变化、发展之中。高校思想政治教育治理作为一个复杂的系统，能够引起其变化、运动和发展的元素有很多，比如，高校思想政治教育的对象会改变，技术方法会变化，高校思想政治教育的内容元素会增加，政策制度环境会更新，甚至高校思想政治教育的理念思路也会随着人们对思想政治工作规律、教书育人规律、学生成长规律认识把握的加深而演化调整。可以说，变化实质是开展高校思想政治教育治理工作必须时刻面对的现实。高校思想政治教育治理应对变化的最好方法就是走在治理对象变化的前面，不断实现自我调整优化，自己主动地改变，回应治理需要的转换，在治理过程中努力做到"因事而化、因时而进、因势而新"，以确保治理的及时性和有效性。对高校思想政治教育治理的及时性进行评价，就是要分析判断高校思想政治教育治理在对象、环境等元素有所改变的条件下，提升与时俱进、有效应对的能力，在出现新问题、新情况的条件下及时处理、妥善解决的能力。充分把握高校思想政治教育治理的应变力、反应力，把握高校思想政治教育治理对思想政治教育整体运行状况的控制力、规范力，把握高校思想政治教育治理贯彻原则性和实现灵活性的平衡力，做到抓早、抓小的预见力。

2. 高校思想政治教育治理的针对性

治理针对性与治理精准性是紧密相关的概念。治理针对性是治理精准性的通俗性化表达，治理精准性是治理针对性的技术化表达。追求高校思想政治教育治理的现代化，必须提升高校思想政治教育治理的针对性、精准性，表现为无论是治理的资源分配，还是治理的成本支出，或是治理的效用收益方面都处于极佳的状态。它内在要求高校思想政治教育治理施策的强目的性、发力的准目标性，即做到精细化、准确化治理。某种意义上可以认为，高校思想政治教育治理的现代化就是高校思想政治教育治理的精准化，也即实现高校思想政治教育治理的针对性。具体说来，高校思想政治教育治理的针对性、精准性，重在要求高校思想政治教育治理根据治理对象、事宜的性质、特点，及其所处的环境等特性化需求，采取适宜的治理技术手段、方式方法，通过有序、规范、到位的治理活动，实现精确的治理目标。对高校思想政治教育治理的针对性进行评价,应该从高校思想政治教育治理的对象判断把握、技术手段运用、目标精确实现等几个维度展开,重点分析高校思想政治教育治理对治理客体的分析理解是否客观准确,对治理方式方法、技术手段的选择运用是否切合实际,对治理目的的达成、治理目标的实现是否切实完整,以使得出的评价结论能够充分呈现高校思想政治教育治理的"靶向性"程度。

(二)高校思想政治教育治理进程的开放性

现代化的思想政治教育治理系统是一个开放的信息体系,其不同环节和领域都可能时刻存在着思想政治教育信息的输入、存储、处理、输出和控制的信息运行过程。信息接收的开放性及处理和自身调整的及时性,增强了思想政治教育工作对各种信息输入的回应性。现代化的思想政治教育治理,能够通过开放性的信息接收和对处在系统运行各环节的思想政治教育信息进行调整、整合和控制,以维系思想政治教育治理内系统与外生态信息交流的贯通,保证思想政治教育治理体系嵌入国家治理体系的耦合性和适应个人发展需求的变化性,实现思想政治教育育人能量形成与释放的靶向性。可以说,治理进程的开放性是实现高校思想政治教育治理现代化的基本要求。要保证高校思想政治教育治理进程的开放,必须确保高校思想政治教育治理的高透明度和可参与性,这也是评价高校思想政治教育治理进程开放性的重要观测内容。

1. 高校思想政治教育治理的透明度

高校思想政治教育治理过程作为开放的信息系统,具体包括治理路径的判断、治理方式方法的选择、治理活动的展开、治理评价的实施反馈等环节,每一个节点都可能存在着治理信息的输入、存储、处理、输出和控制的信息运行过程。高校思想政治教育治理的透明度,形式上强调的是高校思想政治教育治理过程的公开性,实质上强调的是高校思想政治教育治理信息的可接收、可感知、可获取性。只有设计规划、具体实施、反馈调整等各环节的高校思想政治教育治理活动都保持高透明度,参与高校思想政治教育治理的多元主体才能够便捷、快速、完整地获取治理信息,实现多元参与主体间的治理信息共享。也只有获取了各方面、各领域、各维度、各阶段的充足治理信息，高校思想政治教育各治理主体才能对高校思想政治教育治理工作的基本情况有所了解，对高校思想政治教育治理的需求、变化有所把握，才能适时调整自我的工作思路、工作策略、工作方法，真正发挥自身在高校思想政治教育治理中的作用。保证高校思想政治教育治理的透明度，是实现高校思想政治教育治理可参与性的前提条件。而高校思想政治教育治理的高透明度，一方面取决于治理信息接收、感知、获取的渠道顺畅、途径可靠，一方面取决于接收、感知、获取到的治理信息内容丰富完整、种类多样全面。所以，对高校思想政治教育治理的透明度进行评价，需要分析把握高校思想政治教育治理信息传递的渠道是否通畅，传递的信息内容是否完整，传递的信息种类是否全面，是否能够为治理主体决策提供高信度的信息依据。

2. 高校思想政治教育治理的参与性

全国教育大会上，习近平总书记指出："办好教育事业，家庭、学校、政府、社会都有责任。"① 多元主体参与是治理的基本理念之一，在党的领导下实现高校思想政治教育治理多元参与主体的沟通、对话、互动、协商、合作，是对高校思想政治教育治理基本方式的重要认识。实现多元主体参与，是高校思想政治教育治理的内在要求，也是提升高校思想政治教育治理透明度价值意义实现的基本依托，必须不断增强高校思想政治教育治理过程的可参与性。多元主体参与高校思想政治教育治理应该有畅通的路径、多样的渠道、适宜的方式，以保证无论是在高校思想政治教育治理的规划部署环节，还是在落实推进环节，抑或是在评估反馈环节和调整优化环节，他们都能够通过表达治理的意见建议，运用相应的治理方式方法，进行对应的治理行为和活动，很好地履行自我的思想政治教育工作义务和职责，充分发挥在高校思想政治教育治理中的作用。凭借高校思想政治教育治理的可参与性，最终使思想政治教育治理结果具有广泛的受接纳性，这也是对高校思想政治教育治理进程开放性进行评价，需要分析把握高校思想政治

---

① 《习近平在全国教育大会上强调　坚持中国特色社会主义教育发展道路　培养德智体美劳全面发展的社会主义建设者和接班人》，《人民日报》2018年9月11日。

教育治理可参与性的深层次理由所在。评估判断高校思想政治教育治理的参与性，必须对多元主体参与高校思想政治教育治理的路径的顺畅度、渠道的多样化、方式的适宜性进行分析掌握，还要对多元主体参与高校思想政治教育治理的意见建议的采纳情况、行为活动的配合支撑情况、参与的程度和时间情况等进行了解剖析，以形成评价高校思想政治教育治理参与性的完整内容体系。

（三）高校思想政治教育治理效能评价

治理效能主要指治理的能量和效果。与治理过程评价对应，治理效能评价重在从作用结果的角度对治理进行评判。高校思想政治教育治理的现代化是治理体系现代化和治理能力现代化的统一体，旨在释放强大的治理效能。中共中央、国务院印发的《关于新时代加强和改进思想政治工作的意见》指出，要把思想政治工作作为治党治国的重要方式。高校思想政治教育治理就是要通过思想政治教育自身的调整优化，向外释放思想政治教育效能，充分发挥思想政治教育治党治国、立德树人的功能作用，即依凭高校思想政治教育内部的治理，发挥高校思想政治教育外在的治理效能。所以，高校思想政治教育治理效能评价是高校思想政治教育治理评价的重要构成部分，它可以从高校思想政治教育治理国家层面的效能、社会层面的效能、个人层面的效能三个维度展开。

在国家层面，高校思想政治教育肩负着为人民服务，为中国共产党治国理政服务，为巩固和发展中国特色社会主义制度服务，为改革开放和社会主义现代化建设服务的使命，旨在培养中国特色社会主义合格建设者和可靠接班人。高校思想政治教育治理效能评价必须对标高校思想政治教育的使命职责，分析把握高校思想政治教育治理是否兑现了"四个服务"的作用，是否落实了培育时代新人的任务，是否助力了国家富强、民族振兴、人民幸福的中国梦的实现。

在社会层面，高校思想政治教育治理需要通过思想政治教育体制机制的优化调整，重塑思想政治教育工作形态，充分发挥高校思想政治教育凝心聚力的作用，更好地将思想政治教育创造的思想精神力量转化为改造自然、劳动实践的巨大物质性力量,使物质生活愈加丰富,实践能力得以提升。同时,还要通过治理发挥思想政治教育利益观念调节、社会意识整合的功能作用,实现社会的和谐稳定。所以,开展高校思想政治教育治理效能评价,必须分析判断高校思想政治教育治理是否有效调节了社会价值观念,是否推动了社会意识形态的整合,是否激发了社会物质生产的精神动力。

在个人层面,高校思想政治教育需要发挥价值引导、意义认同、精神培育的作用功能,通过揭示人类社会的发展规律和共产主义社会的终极走向,展示人的成长法则和"自由人联合体"的最终意义归属,更好地启迪个人思想,萌发人生哲思,追问与解答人生价值与意义。人是物质和精神的共存体。作为能够超越物质存在的人,具有思想和精神的需求。对意义的追问和对真善美的向往是人独有的内容。这种源自灵魂深处的对意义的渴望与追求,是人的精神支柱,是人的最高意义上的精神权威,是人独有的最高之境,也是人的本性的重要方面。[①] 高校思想政治教育治理价值意义最终体现在推动人的自由全面发展上。所以,开展高校思想政治教育治理效能评价,必须分析判断高校思想政治教育治理是否推进了人的精神升华,提升了人全面发展的意识和能力。

---

① 李丽:《文化困境及其超越》,人民出版社 2013 年版,第 53 页。

第四章
高校思想政治教育治理评价方法论

高校思想政治教育治理评价方法论是具有普遍意义的评价方法与高校思想政治教育治理实践的有机统一。作为思想政治教育学科领域内的一个新范畴,思想政治教育治理为学科评价的内涵式发展拓展了空间,围绕高校思想政治教育治理所开展的评价活动是这一空间的重要组成部分,亦是高校思想政治教育治理顺利展开的客观要求,而方法的选取与运用则是高校思想政治教育治理评价的重要一环,关乎治理评价活动能否展开,在何种程度上展开及其科学性和准确性问题。因此,科学把握高校思想政治教育治理评价,须系统地分析高校思想政治教育治理评价方法,深入探究高校思想政治教育治理评价方法对于推进高校思想政治教育治理评价深化发展具有重要的理论与实践价值。

一、高校思想政治教育治理评价方法的基本内涵

目前,高校思想政治教育治理评价研究虽得到部分学者的关注,但其研究尚处于起步阶段,总体上呈现零散、偶发倾向,围绕高校思想政治教育治理评价主体、方法、价值及实现等尚未形成系统性研究成果,高校思想政治教育治理评价方法的基本指向、内涵与外延等亟待学理探索。"理论在一个国家实现的程度,总是取决于理论满足这个国家的需要的程度。"[①] 要科学认知与定位高校思想政治教育治理评价方法,就必须从其理论本质着

---

① 《马克思恩格斯选集(第一卷)》,人民出版社 2012 年版,第 11 页。

手,厘清其基本所指,明晰其基本内涵,从而为进一步深化和拓展研究提供学理支撑。

(一)高校思想政治教育治理评价方法的含义

"方法"一词内含人们认识世界、改造世界的方式与手段,是人这一思想和行为主体作用于客观世界的纽带与桥梁。追溯历史不难发现,无论是内在思想的解放,还是人类社会的演化,时刻体现着方法的作用。为此,生物学家达尔文认为,"世界上最有价值的知识是关于方法的知识"。列宁在《哲学笔记》中指出"在探索的认识中,方法也就是工具,是主观方面的某种手段,主观方面通过这个手段和客体发生关系"①。毛泽东从方法论的角度指出,"我们的任务是过河,但是没有桥或没有船就不能过。不解决桥和船的问题,过河就是一句空话"②。这是毛泽东对于马克思主义一般原理与中国革命具体实际相结合的"船"和"桥"问题的科学解答。方法之于人类活动的重要意义决定了其科学性关涉重大。从词源上来看,方法作为中性词,其本身有科学与否之分。科学的方法能够推动事物发展,相反,则会起阻碍作用。因此,方法在彰显科学性内涵的同时,也内在包含选取与运用的艺术。从这一角度而言,方法既是科学问题,也是艺术问题。

高校思想政治教育治理方法是思想政治教育方法体系中的重要组成。目前,学界围绕高校思想政治教育治理方法的相关研究与思想政治教育治理的本质内涵及思想政治教育方法研究关系密切。从方法的本质含义出发,思想政治教育治理方法主要存在两种不同诠释。一是思想政治教育治理方法与思想政治教育治理方式相区别。如有研究者认为"思想政治教育方法,就是教育工作者用来直接作用于工作对象,直接引起对象的思想反映和思想感情变化的精神手段。思想政治教育的方式和方法,是两个不同的范畴和概念。思想政治教育方式所要回答的是,通过什么途径,运用怎样的组织形式进行思想教育的问题,而不是回答用什么具体做法直接去说服工作对象、转化对象的思想问题"。相应地,作为国家治理在高校思想政治教育

---

① 列宁:《哲学笔记》,人民出版社 1974 年版,第 201 页。
② 《毛泽东选集(第一卷)》,人民出版社 1991 年版,第 139 页。

第四章 高校思想政治教育治理评价方法论

中的延伸,高校思想政治教育治理及其评价需遵循思想政治教育方法的一般规律。二是思想政治教育治理方法包含思想政治教育治理方式。此观点基于"方法,一般是指人们在认识世界和改造世界的过程中,为实现其预期的目的而采用的各种方式、措施、办法、程序、手段等。简言之,方法也就是人们认识和解决问题的方式、办法和手段"这一理念,认为思想政治教育方法"是在思想政治教育过程中具有重要的作用,它是实现思想政治教育目标的必要条件、是将教育内容转化为受教育者思想内容的关键中介,是影响思想政治教育效果的重要因素"[①]。具体就思想政治教育治理方法而言,有研究者认为,"不论何种类型、何种性质的治理,都需要借助特定的治理方法和治理形式来展开,才能有效达成治理所期许和预设的目标。思想政治教育治理方式现代化,是基于国家治理现代化、社会与人的现代化的切实需要,对传统思想政治教育管理方式进行优化变革,从而转变为现代化的思想政治教育治理方式的过程"[②]。同时,还有部分研究者持思想政治教育方法与思想政治教育方式统一的观点,此观点基于"就教育的方式、方法各有的内涵来说,在不同场合的使用上,是有所区别的,但就其所起的作用来说,都是起方法的作用。因此,在这个意义上可以统称为方法"。以上三种观点从特定角度诠释了思想政治教育治理方法与方式的辩证关系,具有一定合理成分,但从总体而言,思想政治教育治理方法的内在指向仍待清晰、整体地探索与研究。从方法的价值旨归和思想政治教育的本质内涵来看,思想政治教育治理方法,是思想政治教育治理主体为实现一定思想政治教育治理目标采用的手段、方式的总和,其内在包含广义和狭义之分。从广义上而言,思想政治教育治理方法关涉思想政治教育治理主体与客体,是治理主体对治理客体发生直接或间接作用并引起其导向性变化的手段和方式。从狭义上来看,思想政治教育治理方法是治理主体对治理客体发生直接作用并引起其导向性变化的手段和方式。思想政治教育治理实践是思想政治教育治理方法形成的现实根基,并伴随思想政治教育治理实践的发

---

① 冯刚、彭庆红等:《新时代高校思想政治教育的原则和方法》,人民出版社2021年版,第192页。
② 王学俭、阿剑波:《思想政治教育治理现代化的内涵、特征与发展路径》,《思想理论教育》2020年第2期。

展不断丰富。有学者为此指出,高校思想政治教育治理以保障高校思想政治教育实现有序、稳定、健康、可持续发展,促进实现高校思想政治教育治理体系与治理能力现代化为目标指向,在整个过程中,凸显出高校思想政治教育治理以一体化视角统筹高校思想政治教育资源,以主动性思维破解高校思想政治教育难题,以反思性状态保障高校思想政治教育实效的本质属性。①

高校思想政治教育治理评价方法是思想政治教育治理评价方法在高校思想政治教育治理实践中的具体应用。思想政治教育治理评价方法以思想政治教育治理为作用对象,对思想政治教育治理的组织、实施、过程、结果等环节及要素进行评判的手段和方式的总称。"作为了解、掌握高校思想政治教育治理质量的手段与行为方式,评价方法的科学性与有效性将影响评价结论的科学性和准确性,评价方法的选用是决定高校思想政治教育治理质量评价关注点与结果呈现方式的重要因素。"② 目前,学界关于高校思想政治教育治理评价方法的研究尚处于起始阶段,现有研究主要围绕思想政治教育治理、思想政治教育治理方法、高校思想政治教育治理质量评价方法等展开。如,有学者在分析高校思想政治教育治理质量评价内涵、路径及维度的基础上,认为高校思想政治教育质量评价方法具有多样性,其随科学研究和技术能力的发展不断丰富发展,并对过程评价与结果评价、定量评价与定性评价、线下评价与线上评价等治理质量评价方法进行了诠释。现有研究成果为我们分析探究高校思想政治教育质量评价方法奠定了基础。结合高校思想政治教育治理的本质属性,我们认为高校思想政治教育治理评价方法以高校思想政治教育治理为评价对象,是治理评价主体依照一定的治理目标,对高校思想政治教育治理的组织与实施加以评价的方式和手段的统称,它涉及高校思想政治教育治理工作的一切要素,包括高校思想政治教育治理过程、结果、效能等各个环节,是深入了解、科学把握高校思想政治教育治理发展状况的重要渠道,也是一个完整的高校思想政治教

---

① 冯刚、高山等:《新时代高校思想政治教育治理论》,中国社会科学出版社 2021 年版,第 74 页。

② 冯刚、高山等:《新时代高校思想政治教育治理论》,中国社会科学出版社 2021 年版,第 238 页。

育治理评价过程的重要构成。由此可见，高校思想政治教育治理评价方法是高校思想政治教育治理评价主体作用于高校思想政治教育治理评价客体的手段和方式，这里的治理评价主体既具有个体指向，也包含党政主管部门、社会组织等团体；治理评价客体即高校思想政治教育治理评价对象。

（二）高校思想政治教育治理评价方法的特征

高校思想政治教育治理评价方法众多，一般而言，应该普遍具备方向上的科学性、理念上的人本性、内容上的多样性、手段上的现代化、实践中的灵活性等基本特征。

1. 科学性要求

高校思想政治教育治理评价方法在方向上体现出科学性要求。从指向而言，科学意味着体现本质、遵循规律，科学性是规律性的现实彰显。高校思想政治教育治理评价方法的科学性集中体现为在高校思想政治教育治理评价方法的选取与运用上应体现高校思想政治教育治理本质，遵循高校思想政治教育治理评价规律。具体而言，首先，遵循高校育人规律。十八大以来，以习近平同志为总书记的党中央围绕着"培养什么人，如何培养人"这个根本问题，高度重视高校思想政治教育工作，尤其注重从政治上、思想上促进青年学生的健康成长。习近平总书记在全国高校思想政治工作会议上的讲话中强调，"高校思想政治工作关系高校培养什么样的人、如何培养人以及为谁培养人这个根本问题。要坚持把立德树人作为中心环节，把思想政治工作贯穿教育教学全过程，实现全程育人、全方位育人，努力开创我国高等教育事业发展新局面"[①]。"立德树人"不仅是高校思想政治工作的中心环节，也是高校育人使命的重要彰显。因此，"立德树人"既是一种思想理念，也体现着高校育人工作的内在规律。高校思想政治教育治理评价方法应是这一育人规律在方法选取与运用维度的反映，方法的选取与应用应以在高校思想政治教育治理评价实践中推动立德树人实现为指向。其次，遵循高校思想政治教育治理规律。作为国家治理在高校思想政治教育

---

① 《习近平在全国高校思想政治工作会议上强调 把思想政治工作贯穿教育教学全过程 开创我国高等教育事业发展新局面》，《人民日报》2016年12月9日。

中的定位与延伸，高校思想政治教育治理不是拍脑袋的主观臆断，其内含于国家治理的整体布局，深刻体现着我国国家治理的价值导向与科学理念，具有科学性、规律性要求。同时，高校思想政治教育治理在体现国家治理的整体规划与系统思维的基础上，涉及高校思想政治教育治理的制度、机制、过程、人员等各个层面的具体要素，是国家治理普遍性与高校思想政治教育特殊性的有机结合。因此，高校思想政治教育治理评价方法需遵循高校思想政治教育治理评价内在规律，体现高校思想政治教育治理评价的独特性。最后，反映高校思想政治教育治理评价的目标指向。明确的目标指向是有目的、有计划、有方向性的治理活动的重要特征，也是治理活动针对性、效能性的内在要求。高校思想政治教育治理评价方法的选定与运用不是盲目的、偶然的，而应当体现高校思想政治教育治理评价的目标导向，凸显方向性与常态化。因此，在高校思想政治教育治理评价实践活动中，治理评价方法需回应高校思想政治教育治理实践要求，推动高校思想政治教育治理评价目标的实现。

2. 多样性凸显

高校思想政治教育治理评价方法的另一突出特征表现在内容上的多样性。自党的十八届三中全会提出"国家治理体系和治理能力现代化"命题以来，伴随我国治理实践的不断推进，治理现代化的认知持续深化，至十九届四中全会明确指出："坚持和完善中国特色社会主义制度、推进国家治理体系和治理能力现代化，是全党的一项重大战略任务。"[①] 这一决断规定了国家治理现代化的发展指向，也为高校思想政治教育治理指明了前进方向。高校思想政治教育治理在融入国家治理现代化的同时，要服务于国家治理，为国家治理现代化提供支撑力量。这决定了高校思想政治教育治理既承载着国家治理的一般化要求，也要突出高校思想政治教育治理的特殊性发展，而高校思想政治教育治理的组织情况、进展情况、治理效能情况等及时、准确地把握得益于科学、多样的治理评价方法。高校思想政治教育治理评价方法的多样性主要由以下两方面因素共同作用形成。一是高校

---

① 《中共中央关于坚持和完善中国特色社会主义制度 推进国家治理体系和治理能力现代化若干重大问题的决定》，《人民日报》2019年11月6日。

思想政治教育治理评价是一项复杂的系统工程。"教育治理是一种多元参与的教育管理形态。教育治理的显性特征是多元参与。"[①] 高校思想政治教育治理评价涉及谁评价、评价什么、如何评价等问题，既包括高校思想政治教育治理评价的主体、客体、环境等要素，也包含高校思想政治教育治理评价的组织、展开、结果等要素。总之，高校思想政治教育治理评价是一个包含若干要素的复合系统，其治理评价主体多元、内在构成丰富多样。因此，复杂的系统性的高校思想政治教育治理评价对高校思想政治教育治理评价方法的多样性提出了现实要求。在高校思想政治教育治理评价实践中，治理评价方法的多样性是准确把握、科学定位每一参与要素、每一治理环节发展状况的重要基础。二是高校思想政治教育治理评价方法是不断发展的开放性体系。高校思想政治教育治理评价方法不是既定的、静止的，而是依据高校思想政治教育治理评价实践变化不断深化发展的。"实践发展永无止境，解放思想永无止境"[②]，高校思想政治教育治理评价方法必然是一个持续发展的开放性系统。如前所言，高校思想政治教育治理评价方法具有方向科学的内在要求，而科学性在实践维度的彰显则集中表现为其持续的发展性。因此，从这一角度而言，生长于实践基础上的发展性和开放性也是高校思想政治教育治理评价方法科学性的客观要求。

3. 现代化趋向

手段的现代化趋向是高校思想政治教育治理评价方法的又一突出特征，这是由高校思想政治教育治理实践及现代科技的高速发展等决定的。如前所言，高校思想政治教育治理现代化是国家治理现代化的重要构成，是国家治理现代化在高校思想政治教育领域的具体延伸与拓展。从本质上而言，"现代化"作为一个具有特定含义的范畴，其规定了高校思想政治教育治理评价方法的基本指向。高校思想政治教育治理评价是围绕高校思想政治教育治理如何展开、在何种程度上展开及其展开效果如何的目的性评价活动，治理评价方法以科学、客观把握高校思想政治教育治理、推动高校思想政治教育治理现代化为重要旨归。因此，方法的现代化趋向是高校思想政治

---

① 褚宏启：《教育治理：以共治求善治》，《教育研究》2014年第10期。
② 《中共中央关于全面深化改革若干重大问题的决定》，人民出版社2013年版，第2页。

教育治理现代化的题中之义。其一，高校思想政治教育治理评价方法的现代化是高校思想政治教育治理现代化的推动力量。高校思想政治教育治理现代化是一项系统性工程，这种系统性既体现为高校思想政治教育治理是由多种要素共同参与、相互作用的复杂构成，也表现为其现代化是在多要素、多环节现代化的过程中最终实现的。一般而言，高校思想政治教育治理现代化应包含治理理念的现代化、治理方式的现代化、治理评价的现代化等几大方面。其中，治理理念的现代化为高校思想政治教育治理现代化提供着思想先导，治理方式的现代化是高校思想政治教育治理现代化的重要途径，治理评价的现代化是高校思想政治教育治理现代化持续深化的重要力量。我们这里所提到的高校思想政治教育治理评价方法的现代化是治理方式与治理评价现代化在高校思想政治教育治理实践中的相互耦合，是治理理念现代化指引下的评价实践。其二，高校思想政治教育治理评价方法的现代化是一个动态的发展过程。"现代化是一个发展过程，是现实的创造性活动。它一方面指由传统向现代转变的过程，另一方面指现代社会发展过程。"[1]就高校思想政治教育治理评价方法现代化而言，一方面，高校思想政治教育治理评价实践是不断发展变化的动态过程，相应地，治理评价方法的现代化也必然具有过程性特征。同时，方法的现代化往往借助大众传播媒介的现代化得以实现，而现代大众传播媒介的发展也不是一蹴而就的，其自身发展及在思想政治教育治理场域的选取与运用也具有鲜明的过程性趋向。因此，高校思想政治教育治理评价方法的现代化是不断深化、持续发展的动态过程。

4. 灵活性彰显

高校思想政治教育治理评价方法具有鲜明的灵活性特质，这种方法的灵活性来源于高校思想政治教育治理评价的本质规定。就其内涵而言，高校思想政治教育治理评价是治理评价主体依据一定的治理评价指标，运用某种或某些治理评价方法，以高校思想政治教育治理目标为导向，对其各参与要素、各构成环节进行的评价活动。高校思想政治教育治理评价内蕴

---

[1] 张耀灿、郑永廷、吴潜涛、骆郁廷等：《现代思想政治教育学》，人民出版社2006年版，第458页。

科学性与艺术性要求，高校思想政治教育治理评价方法是科学性与艺术性的有机统一。在高校思想政治教育治理评价实践中，脱离艺术性的治理评价方法是内在逻辑的罗列集合；相反，脱离科学性的治理评价方法是思维逻辑的臆想决断。因此，高校思想政治教育治理评价方法的科学性与艺术性在治理实践中相辅相成，不可顾左右而言他。其一，高校思想政治教育治理评价方法的选取与运用是一项体现综合性的技术性活动。高校思想政治教育及其治理是一项复杂的综合性活动。列宁指出，"在社会科学中（如同在整个科学中一样），所研究的是大量的现象，而不是个别的情况"①。在改革开放的过程中，综合性思维亦十分重要。"改革开放是一个系统工程，必须坚持全面改革，在各项改革协同配合中推进……要更加注重各项改革的相互促进、良性互动、整体推进、重点突破，形成改革开放的强大合力。"②具体就高校思想政治教育治理评价而言，高校思想政治教育治理评价的主体、客体、载体、环境等均具有多样性，在考量多种要素的基础上综合运用治理评价方法是精准把握、科学定位高校思想政治教育治理实况的客观要求。其二，高校思想政治教育治理评价方法的选取与运用是一项凸显针对性的艺术性活动。高校思想政治教育治理评价不仅是一项技术性活动，同时也是一项艺术性活动。这种艺术性主要表现为在高校思想政治教育治理评价中须根据治理评价对象的具体性灵活选用治理评价方法。值得注意的是，治理评价方法的灵活选用不是盲目的、任意的，治理评价目的为其规定了基本方向，"劳动过程结束时得到的结果，在这个过程开始时就已经在劳动者的表象中存在着，即已经观念地存在着。他不仅使自然物发生形式变化，同时他还在自然物中实现自己的目的，这个目的是他所知道的，是作为规律决定着他的活动方式和方法的，他必须使他的意志服从这个目的。"③

（三）高校思想政治教育治理评价方法的功能

高校思想政治教育治理的评价方法，要能够规范评价活动，保证评价

---

① 《列宁选集（第二卷）》，人民出版社2012年版，第651页。
② 《习近平谈治国理政（第一卷）》，外文出版社2018年版，第68页。
③ 《马克思恩格斯全集》，人民出版社1972年版，第202页。

顺利开展，推动评价活动取得实效的作用。

1. 对高校思想政治教育治理评价活动的规范作用

高校思想政治教育治理评价方法的功能集中表现为其对高校思想政治教育治理评价活动的规范作用。从本质内涵而言，思想政治教育活动是一项有目的、有计划、有组织的活动，因此其要"能够适应经济形势和政治形势的要求，能够有助于而不是有碍于调整工作的顺利进行"①。同样地，高校思想政治教育治理评价亦如此。高校思想政治教育治理评价作为具有特定目标导向的目的性活动，治理评价方法是充分把握高校思想政治教育治理实况、科学评判高校思想政治教育治理实效的重要途径，也是保障高校思想政治教育治理评价沿着正确方向持续发展的重要手段。在思想政治教育治理现代化语境下，"思想政治教育治理现代化打破了教育工作参与对象的二元分立，形成了多元的教育主体，促进评价主体的多元化；同时，思想政治教育治理现代化要求质量评价内容的系统化和评价方式的现代化，有力地推动思想政治教育质量评价的科学化"②。因此，从这一角度而言，高校思想政治教育治理评价方法的选用是不断认识规律、利用规律的过程。针对具体的治理评价对象，治理评价方法凸显着差异性。毛泽东指出，"凡属于思想性质的问题，凡属于人民内部的争论问题，只能用民主的方法去解决，只能用讨论的方法、批评的方法、说服教育的方法去解决，而不能用强制的、压服的方法去解决"③。具体化、差异化的治理评价方法归引着高校思想政治教育治理评价的正确方向，诠释了高校思想政治教育治理评价的科学内涵。

2. 对高校思想政治教育治理评价活动的保证作用

高校思想政治教育治理评价方法的功能集中表现为其对高校思想政治教育治理评价活动的保证作用。高校思想政治教育治理评价是学理探究与实践操作的有机统一，在高校思想政治教育治理评价活动中，为了使高校思想政治教育治理评价有组织、有目的、有效果地进行，必须采用科学、

---

① 《邓小平文选（第二卷）》，人民出版社1994年版，第363页。
② 冯刚、高山等：《新时代高校思想政治教育治理论》，中国社会科学出版社2021年版，第104页。
③ 《毛泽东著作选读（下册）》，人民出版社1986年版，第139页。

有效的治理评价方法。否则，高校思想政治教育治理评价就会有沦为纸上谈兵的风险。理论与实践、思想指导与行为实践从来都是不可割裂的统一体。在改革开放进程中，邓小平曾指出，"在中国的现实条件下，搞好社会主义的四个现代化，就是坚持马克思主义，就是高举毛泽东思想伟大旗帜"①。"改革开放是前无古人的崭新事业，必须坚持正确的方法论，在不断实践探索中推进。"② 高校思想政治教育治理评价方法是高校思想政治教育治理评价理论与高校思想政治教育治理评价实践的连接，是治理评价理论转化为相应治理评价实践的中介与桥梁。对高校思想政治教育治理评价活动而言，治理评价方法的保证作用还体现为，治理评价方法的正确运用是科学思维方式的一种体现。在高校思想政治教育治理评价活动中，科学的认识对象才能确立正确的目标，治理评价方法的运用才具有针对性，高校思想政治教育治理评价的科学性、有效性才具有真正的保障。

3. 对高校思想政治教育治理评价活动的推动作用

高校思想政治教育治理评价方法的功能集中表现为其对高校思想政治教育治理评价活动的推动作用。为预期治理目标服务，是治理评价方法的本质属性，这也是高校思想政治教育治理评价方法价值的重要体现。马克思指出，"人的依赖关系（起初完全是自然发生的），是最初的社会形态，在这种形态下，人的生产能力只是在狭窄的范围内和孤立的地点上发展着。以物的依赖性为基础的人的独立性，是第二大形态，在这种形态下，才能形成普遍的社会物质交换，全面的关系，多方面的需求以及全面的能力的体系。建立在个人全面发展和他们共同的社会生产能力成为他们的社会财富这一基础上的自由个性，是第三个阶段"③。高校思想政治教育治理是一项合目的性的活动。方法的正确运用有助于推动高校思想政治教育治理评价预期目标的实现。作为主体的人的一切活动都是有目的性的。恩格斯指出："在社会历史领域内进行活动的，是具有意识的、经过思虑或凭激情行动的、追求某种目的的人；任何事情的发生都不是没有自觉的意图，没有预期的

---

① 《邓小平文选（第二卷）》，人民出版社 1994 年版，第 162—163 页。
② 《习近平谈治国理政（第一卷）》，外文出版社 2018 年版，第 67 页。
③ 《马克思恩格斯全集（第四十六卷）》，人民出版社 1980 年版，第 104 页。

目的的。"① 高校思想政治教育治理评价目标，是治理主体在一定时期内，进行各项高校思想政治教育治理评价活动所要达到的预期结果。在高校思想政治教育治理评价实践活动中，治理评价方法纷繁多样，如何使这些方法的效果得到最大程度的发挥，需要方法的科学运用。因此，科学选用治理评价方法对高校思想政治教育治理评价具有重大的推动作用。

二、高校思想政治教育治理评价方法的主要构成

围绕高校思想政治教育治理评价方法内在构成展开研究，是高校思想政治教育治理评价方法研究的重要组成部分。这里对高校思想政治教育治理评价方法的分析不局限于对个体方法的描述和阐释，更多地致力于对方法和方法之间有机联系的探寻，致力于从整体上认识和把握高校思想政治教育治理评价方法体系的合理建构。在掌握高校思想政治教育治理评价方法科学内涵的基础上，了解高校思想政治教育治理评价方法的主要构成，是深入挖掘高校思想政治教育治理评价方法的内在要求。

（一）高校思想政治教育治理评价方法的划分依据

厘清高校思想政治教育治理评价方法的划分依据及其类型，是科学把握高校思想政治教育治理评价方法的重要前提。为进一步拓展对治理评价方法的认识视野，系统理解治理评价方法在高校思想政治教育治理评价中的地位，把握治理评价方法的本质，认识并掌握其运用规律，有效地运用诸多治理评价方法，从而促进治理评价方法的创新发展，提高高校思想政治教育治理评价的科学性，有必要对高校思想政治教育治理评价方法进行分类，把高校思想政治教育治理评价活动中经常运用的方法，按照择优运用的需要，进行系统的归纳整理，使之系统化、简明化、常态化，形成醒目的治理评价方法类型体系。"思想政治教育方法论，主要不是研究哲学方法和通用方法，而是重点关注哲学方法、通用方法在思想政治教育中的运

---

① 《马克思恩格斯选集（第四卷）》，人民出版社 2012 年版，第 253 页。

用问题以及思想政治教育实践活动中的具体方法问题。"[1] 因此,从总体上而言,高校思想政治教育治理评价方法可分为以下三类:其一,高校思想政治教育治理评价的基本方法。在高校思想政治教育治理评价活动中,基本方法体现着高校思想政治教育治理的根本理念与指导原则,其规定着其他治理评价方法的发展方向,贯穿高校思想政治教育治理评价的全过程,对高校思想政治教育治理评价起着全程性指导作用。因此,一般而言,高校思想政治教育治理评价的基本方法主要包含科学性与方向性相结合、理论与实际相结合、目标与实效相结合等原则性评价方法。其二,高校思想政治教育治理评价的具体方法。高校思想政治教育治理评价的具体方法是高校思想政治教育治理评价基本方法在高校思想政治教育治理评价活动中的具体运用。与前者不同的是,高校思想政治教育治理评价的具体方法作用范围具有条件性、场域性,其主要在高校思想政治教育治理评价的某些环节上起指导作用。例如,在高校思想政治教育治理评价活动中,较为常见的具体方法有定性评价与定量评价方法、过程评价与结果评价方法、线上评价与线下评价方法等。其三,高校思想政治教育治理评价的操作方式。高校思想政治教育治理评价的操作方式是高校思想政治教育治理评价具体方法的实际运用。"对每一种评价路径的要求、机制、步骤有充分的了解把握,是在不同评价路径中进行精准、有效选择,充分发挥不同路径评价的作用、效能的前提,也是高校思想政治教育治理现代化的内在要求。"[2] 因此,高校思想政治教育治理评价操作方式具有数量众多,适用范围广泛的突出特征,这无疑对在高校思想政治教育治理评价实践活动中科学选用治理评价方式提出了更高要求。

(二)高校思想政治教育治理评价方法的主要内容

高校思想政治教育治理评价方法纷繁多样,并伴随高校思想政治教育治理评价实践发展与科技进步不断拓展,限于篇幅有限,很难对其一一加

---

[1] 张耀灿、郑永廷、吴潜涛、骆郁廷等:《现代思想政治教育学》,人民出版社2006年版,第364页。

[2] 冯刚、高山等:《新时代高校思想政治教育治理论》,中国社会科学出版社2021年版,第225页。

以列举。这里着重对其包含的基本原则性治理评价方法加以阐述。

1. 科学性与方向性相结合的评价

科学性与方向性相结合是高校思想政治教育治理评价的基本方法之一。这里的科学性与方向性是指在高校思想政治教育治理评价实践活动中，将"科学性"和"方向性"作为治理评价的两大指标逻辑贯穿其中。对高校思想政治教育治理的评判不仅要看其"科学性"如何，也要综合考量其"方向性"。一般而言，在高校思想政治教育治理评价中坚持科学性与方向性相结合的评价，应包含以下三个方面内涵：其一，高校思想政治教育治理"科学性"的评判。如前所言，科学性是高校思想政治教育治理评价方法重要特征的彰显，这种科学性特征从根本上来说源自高校思想政治教育治理评价的科学性要求，而在治理评价实践活动中，这种科学性要求即时转化为原则性方法贯穿高校思想政治教育治理评价实践活动中，对治理评价实践起指导作用。考量高校思想政治教育治理评价各参与要素，对高校思想政治教育治理科学性的评判主要地应为：要素科学性、目标科学性、过程科学性、结果科学性的评判。其二，高校思想政治教育治理"方向性"的评判。对高校思想政治教育治理方向性的评判旨在推动高校思想政治教育治理实践始终沿着正确方向发展，从这种角度而言，方向性既是规约，也是引导。从高校思想政治教育治理评价实践需求来看，高校思想政治教育治理方向性的评判主要地应为：环节方向性和全程方向性两大方面。其三，高校思想政治教育治理科学性与方向性融合程度的评判。在高校思想政治教育治理评价实践活动中，其科学性与方向性内在关系密切，二者相互耦合，互为支撑。因此，综合考量高校思想政治教育治理的科学性与方向性变得尤为重要。高校思想政治教育治理科学性与方向性融合程度的评判以两者的相互融合度为评判指标，旨在通过治理评价方法的运用来推动高校思想政治教育治理评价科学性与方向性的有机统一。

2. 目标与实效相结合的评价

目标与实效相结合也是高校思想政治教育治理评价的基本方法之一。这里的目标即高校思想政治教育治理目标。作为一项有计划、有组织、有目的的实践活动，高校思想政治教育治理评价活动是在特定目标指引下展开的,目标的清晰界定是治理评价实践活动顺利展开的重要基础,与此同时,治理目标的明晰也为高校思想政治教育治理评价活动提供强大的内生动力。"大学生思想政治教育工作质量评价旨在回应'为谁培养人、培养什么人、如何培养人'的根本问题,首要的就是回应'培养什么人'的根本问题。高校思想政治教育质量评价应在提升人才培养质量中发挥什么作用与如何定位高校思想政治教育质量评价的关系。"① 因此,科学把握高校思想政治教育治理实效须客观评析高校思想政治教育治理目标。所谓实效即高校思想政治教育治理效能。高校思想政治教育治理效能是"高校思想政治教育治理体系和治理能力有机结合运用形成的高校思想政治教育治理实际效率和成果。高校思想政治教育治理效能可以表现为治理状态的有序、治理机制的协同,以及治理带来的高校思想政治教育铸魂育人功能效用的强大"②。就高校思想政治教育治理活动而言,治理目标与治理效能关系密切,其中,治理目标规定了治理效能的张力边界,而治理目标的实现程度又最终反映在治理效能上。因此,高校思想政治教育治理评价在把握治理目标的同时,也要充分考量治理效能,将治理目标与治理效能作为一种原则性方法贯穿高校思想政治教育治理评价实践活动中。

3. 理论与实践相结合的评价

理论与实践相结合也是高校思想政治教育治理评价的基本方法之一。理论与实践的结合是马克思主义的重要原则。马克思主义经典作家对二者的辩证关系进行了深入论证,如,马克思强调,"全部社会生活在本质上是实践的。凡是把理论引向神秘主义的神秘东西,都能在人的实践中以及对这种实践的理解中得到合理的解决"③。恩格斯指出,"世界体系的每一个思想映像,总是在客观上受到历史状况的限制,在主观上受到得出该思想映像的人的肉体状况和精神状况的限制"④。毛泽东立足具体实际指出,"实践、

---

① 冯刚、严帅:《新时代大学生思想政治教育工作质量评价的方法和路径》,《国家教育行政学院学报》2019 年第 5 期。
② 冯刚、高山等:《新时代高校思想政治教育治理论》,中国社会科学出版社 2021 年版,第 237 页。
③ 《马克思恩格斯文集(第一卷)》,人民出版社 2009 年版,第 501 页。
④ 《马克思恩格斯文集(第九卷)》,人民出版社 2009 年版,第 40 页。

认识、再实践、再认识，这种形式，循环往复以至无穷，而实践和认识之每一循环的内容，都比较地进到了高一级的程度"①。习近平总书记在学校思想政治理论课教师座谈会上强调，"要坚持理论性和实践性相统一，用科学理论培养人，重视思政课的实践性，把思政小课堂同社会大课堂结合起来，教育引导学生立鸿鹄志，做奋斗者"②。理论与实践的辩证关系在高校思想政治教育治理评价活动中具体表征为，高校思想政治教育治理评价是高校思想政治教育治理理论评价与高校思想政治教育治理实践评价的有机融合，这意味高校思想政治教育治理评价既要有理论与实践双重维度的指向标准，又要在评价活动中彰显理论与实践的相互统一，而将理论与实践作为原则性方法贯穿高校思想政治教育治理评价全过程是实现上述目的的关键所在。

（三）高校思想政治教育治理评价方法的内在结构

高校思想政治教育治理评价方法虽多样、纷繁，但其存在并不是无序、杂乱的，其内在呈现一定的逻辑关联，并在这种内在逻辑中构成一定的体系架构。目前，学界关于高校思想政治教育治理评价方法体系结构的研究十分有限，但高校思想政治教育方法体系的相关研究为分析高校思想政治教育治理评价方法结构提供了重要资源。如，有学者指出，思想政治教育方法之间的横向联系是较为普遍的一种联系方式。思想政治教育方法结构是"以马克思主义认识论为指导，按照思想政治教育运行过程建构起来的方法论体系"③ 这一体系以主体认识—实践—再认识—再实践的认识规律和活动规律为基础，在把握实践、确定目标、组织活动、深化总结的过程中实现思想政治教育活动的螺旋式发展。高校思想政治教育治理评价方法亦是如此。在高校思想政治教育治理评价活动中，可通过高校思想政治教育治理评价的认识活动、实施活动找寻思想政治教育治理评价方法之间的有机联系，从而构建起由高校思想政治教育治理评价认识方法、高校思想政治教育治理评价实践方法组成的方法体系。

---

① 《毛泽东选集（第一卷）》，人民出版社 2009 年版，第 40 页。
② 《习近平谈治国理政（第三卷）》，外文出版社 2020 年版，第 331 页。
③ 郑永廷：《思想政治教育方法论》，高等教育出版社 1999 年版，第 20—21 页。

第四章　高校思想政治教育治理评价方法论

其一，高校思想政治教育治理评价的认识方法系统。高校思想政治教育治理评价认识方法是治理评价主体在认识治理评价客体的过程中所采用的思想方法。高校思想政治教育治理评价起步于对高校思想政治教育治理评价客体的科学把握，"正确地认识和分析不同时期教育对象的思想特点和相关因素，才能做到一切从实际出发，有针对性地开展思想政治教育"①。因此，从这一角度而言，认识方法在高校思想政治教育治理评价方法体系中具有基础性作用，构成了高校思想政治教育治理评价活动的重要前提。一般而言，认识高校思想政治教育治理评价客体主要是认识治理评价客体的本质指向及其影响因素。如何客观、全面地把握治理评价客体的本质及其影响因素是高校思想政治教育治理评价所面临的首要课题。结合目前学界相关研究，我们认为可按照收集信息—分析信息—形成决策的演进逻辑，对高校思想政治教育治理评价认识方法加以归类：一是高校思想政治教育治理评价信息获取方法，如调查研究、观察预测等；二是高校思想政治教育治理评价信息分析方法，如分类综合，列表作图等；三是高校思想政治教育治理评价决策方法，如综合评分、比较分析等。对以上认识方法分别作理论上的分析有助于更好地把握高校思想政治教育治理评价认识方法的具体构成，但在治理评价实践活动中，三类认识方法彼此交织、相辅相成，共同构成了高校思想政治教育治理评价认识方法的完整体系。

其二，高校思想政治教育治理评价的实践方法系统。高校思想政治教育治理评价的实践方法是治理评价主体在高校思想政治教育治理评价实践活动中作用于治理评价客体，对治理评价客体作出评判的方法。"思想政治教育的实施方法是思想政治教育认识方法向实践方面的必然发展，是直接影响和转变教育对象思想、改造与建构教育环境的方法，在思想政治教育方法论体系中处于中心地位。"②根据方法的适应范围及其规定性，可将高校思想政治教育治理评价实践方法分为以下几方面：一是高校思想政治教育治理评价实践的一般方法。一般方法适应范围广泛，其对高校思想政治教

---

① 张耀灿、郑永廷、吴潜涛、骆郁廷等：《现代思想政治教育学》，人民出版社2006年版，第366页。
② 张耀灿、郑永廷、吴潜涛、骆郁廷等：《现代思想政治教育学》，人民出版社2006年版，第366页。

育治理评价实践能够普遍产生作用,如,对高校思想政治教育治理过程及其实效进行反馈、检测的反馈调节方法、总结提高方法等。二是高校思想政治教育治理评价实践的特殊方法。特殊方法的运用具有条件性,其仅适应于某些特殊时域中的高校思想政治教育治理评价实践活动,如,对高校思想政治教育治理目标、方案、实效进行比对分析的比较评价方法等。值得关注的是,在高校思想政治教育治理评价实践活动中,各实践方法之间存在着重合与相互作用,这主要源于高校思想政治教育治理评价活动的复杂性和系统性。因此,单一的线性评价方法不利于反映高校思想政治教育治理全貌,治理评价方法的综合运用是全面、客观地把握高校思想政治教育治理的重要路径。

三、高校思想政治教育治理评价方法的选择使用

高校思想政治教育治理具有突出的复杂性,高校思想政治教育治理评价是一项受诸多因素共同影响的系统性工程,其中,治理评价方法的科学选用对高校思想政治教育治理评价活动具有重要意义,对高校思想政治教育治理评价方法的选择使用进行学理分析是系统把握高校思想政治教育治理评价方法的题中之义。

(一)高校思想政治教育治理评价方法的选用要体现层次性

高校思想政治教育治理评价方法的选用要体现层次性强调高校思想政治教育治理评价方法的选用要从高校思想政治教育治理评价活动的特点出发,依据具体的高校思想政治教育治理状况,凸显层次性,体现差异性。具体实践活动中的高校思想政治教育治理的发展状况及其推进程度具有不平衡性。因此,从根本上来说,高校思想政治教育治理评价方法的层次性是高校思想政治教育治理评价规律的客观要求。"方法论的体系结构,与人的活动(认识的或实践的活动)所提出的任务相关,与人的活动对象的性质相关,也与方法所使用的基本工具相关。"[①] 具体就高校思想政治教育治理

---

① 张耀灿、郑永廷、吴潜涛、骆郁廷等:《现代思想政治教育学》,人民出版社 2006 年版,第 363 页。

评价方法而言，其层次性主要源于以下几方面原因：首先，高校思想政治教育治理目标的层次性要求治理评价方法的选用要具有层次性。治理目标在高校思想政治教育治理活动中至关重要，"思想政治教育服务国家治理，最为核心的就是明确目标，规划蓝图，明确自身作为一种实践活动应当'向何处去'"[1]，高校思想政治教育治理目标规定了高校思想政治教育治理实践活动的发展方向，也为高校思想政治教育治理评价提供了参照图像。高校思想政治教育治理目标不是单一的，而是由诸多目标构成的层次性目标体系。依照不同标准可将其分为不同类型，如因层次不同，高校思想政治教育治理目标有根本目标和具体目标之分；因时间不同，其又有长远目标、中期目标和近期目标之分等。高校思想政治教育治理目标的这种层次性对治理评价方法的层次性提出了现实要求。其次，高校思想政治教育治理评价活动的复杂性要求治理评价方法的选用要具有层次性。如前所言，高校思想政治教育治理评价活动是由诸多要素共同参与的复杂的系统工程，其内在既包含各要素的相互作用，也包含高校思想政治教育治理体系与治理能力的辩证关系，如，有相关研究指出"思想政治教育治理体系和治理能力也是相互依存、互为促进的，两者有机统一于思想政治教育实践。在推动思想政治教育现代化的过程中，必须促进两者协调发展，以思想政治教育治理体系的现代化保障治理能力现代化，以治理能力现代化反作用于治理体系现代化"[2]。在高校思想政治教育治理评价活动中，治理评价方法的层次性是精准定位各参与要素的现实状况，科学把握治理体系与治理能力发展成效的关键所在。再次，高校思想政治教育治理评价方法的多样性要求治理评价方法的选用要体现出层次性。高校思想政治教育治理评价方法具有多样性，而多样的治理评价方法在内在逻辑关系的作用下形成一定的方法体系。在现实生活中，同一个问题可以采用不同的方法解决，同一种方法可以用来解决不同的问题，同一种方法不可能解决所有的问题，解决一个对象的问题可以运用不同的方法。就高校思想政治教育治理评价活动而

---

[1] 项久雨：《思想政治教育服务国家治理论纲》，《思想理论教育》2021年第2期。
[2] 徐艳国：《思想政治教育治理体系和治理能力现代化探析》，《清华大学学报（哲学社会科学版）》2014年第3期。

言,要注重根据治理评价对象不同的实际状况,区别对待,因材选法。

(二)高校思想政治教育治理评价方法的选用要具有针对性

高校思想政治教育治理评价方法的选用要具有针对性强调高校思想政治教育治理评价方法,须围绕具体的高校思想政治教育治理评价活动展开,以治理评价方法的针对性提升治理评价活动的科学性与实效性。高校思想政治教育方法的创新研究为高校思想政治教育治理评价方法的针对性发展提供了重要视角。有研究指出,"随着改革的纵深发展和社会多领域出现的深刻变化,当代大学生的思想行为亦呈现出更显著多样的新特点。深入分析和准确把握当前大学生的思想行为特点,以教育对象为视角创造性地改进现有的思想政治教育方法,科学把握大学生思想政治教育方法创新的针对性,坚持方法科学化建设、综合化建设、分类化建设、系统化建设和现代化建设,有利于增进思想政治教育方法的针对性和实效性,提升大学生思想政治教育的质量和水平"[①]。高校思想政治教育治理评价方法的针对性应具有以下几方面含义:首先,根据高校思想政治教育治理的具体任务内容选用评价方法。在高校思想政治教育治理评价活动中,治理评价方法与治理任务及内容关系密切。其中,治理评价方法是完成一定治理任务的方法,治理评价方法是为特定的治理任务服务的,治理评价方法的效果也是在适应特定治理任务中得以实现的。同时,治理任务又往往以相应治理内容的形式体现出来。因此,针对高校思想政治教育治理的任务与内容选用治理评价方法是科学把握高校思想政治教育治理实况的客观要求。其次,根据具体的高校思想政治教育治理评价客体选用评价方法。从主体构成方面来看,高校思想政治教育治理是治理主体与治理客体的交互活动,"现代化的思想政治教育治理体系通过制度机制调整重塑,必然激活思想政治教育主体的职责使命,将多元主体参与的治理理念具体化为每一个思想政治教育主体的责任义务,工作机制设计、效果评价安排,使每一个应然主体都真

[①] 陈梦圆、王雪:《教育对象视角下大学生思想政治教育方法创新》,《思想理论教育导刊》2017年第8期。

正成为思想政治教育的使命担当者和责任履行者"[①]。在高校思想政治教育治理评价实践活动中，不同的治理评价客体因构成要素及生成环境的不同呈现出个性化特点。为此，评价方法只有因评价客体而异，才能实现因评价客体而宜。再次，根据具体的高校思想政治教育治理评价场域选用评价方法。一般而言，场域主要包括逻辑场域和时空场域等，这里的高校思想政治教育治理评价场域主要是指评价活动发生的时空场域。高校思想政治教育治理评价实践活动必然发生于特定的时空场域之中，如，较为常见的高校网络思想政治教育治理、高校宿舍思想政治教育治理等。有研究者强调，"网络思想政治教育与空间治理在主体与场域、路径与目标方面具有契合性，网络思想政治教育融入网络空间治理具有内在合理性"[②]。因此，在高校思想政治教育治理评价实践活动中，具体分析治理评价活动发生的时空环境，根据其场域特点选用治理评价方法是提升治理评价方法针对性的重要举措。

（三）高校思想政治教育治理评价方法的选用要凸显综合性

高校思想政治教育治理评价方法的选用要具有综合性。综合性是方法形成体系性特征的关键。苏联教育家马卡连柯强调"任何的方法也不能离开整个体系单独来分析。一般地说，任何的方法，不管哪一种方法，如果我们把它离开其他的方法，离开整个体系，离开整个综合影响来单独分析的话，那就不能认为是好的方法"[③]。思想政治教育学科也十分注重教育教学方法的综合研究，如，有学者指出，"思想政治教育方法的综合运用，其实质是，多种方法在思想政治教育过程中如何构成协调、有序的关系，形成教育合力，产生综合效果"。具体就高校思想政治教育治理评价活动而言，治理评价方法的综合性是指在高校思想政治教育治理评价实践活动中，在对高校思想政治教育治理内部各要素及其影响因素进行综合分析的基础上，选择一种以上的治理评价方法运用于治理评价过程，并对多种治理评价方

[①] 张智：《思想政治教育治理体系现代化的价值要义与基本特征》，《广西社会科学》2021年第12期。

[②] 王祎黎、黄军伟：《思想政治教育治理研究的主题演进、焦点论域及前沿识辨》，《学校党建与思想教育》2022年第4期。

[③] ［苏联］安·谢·马卡连柯：《马卡连柯全集（第五卷）》，人民教育出版社1956年版，第101页。

法加以协调,使之形成整体性优势,共同推动治理评价目标的实现。高校思想政治教育治理评价方法的选用要凸显综合性,主要是因为:其一,伴随现代科技的迅速发展,社会化和综合化是各学科领域的普遍趋势,以交叉学科的系统科学思维方式代替单一学科的单向思维方式是不可逆转的发展潮流。在此背景下,在高校思想政治教育治理评价活动中综合运用治理评价方法是推动高校思想政治教育治理深化发展的必然要求。其二,影响高校思想政治教育治理及其发展变化的因素是多样的、复杂的,"高校思想政治教育治理体系涉及高校思想政治教育治理的制度、机制和政策、决策等宏观层面的内容……高校思想政治教育治理能力涉及思想政治教育队伍的建设和思想政治教育人才培养的问题,及高校思想政治教育治理在课程建设、环境塑造、危机应对、质量评价、载体运用等具体实践中的质量和水准"[①]。因此,选择多种治理评价方法加以综合运用是有效应对诸多相互联系、互相制约的复杂因素的必要举措。其三,高校思想政治教育治理评价的涉及范围具有多重性,高校思想政治教育治理评价指标呈现多维性,这种多重性、多维性与高校思想政治教育的系统性紧密相关,"高校思想政治教育系统是由相互作用和相互依赖的若干要素所构成的有机统一整体。在高校思想政治教育系统运行过程中,每一个要素都可以视为一个高校思想政治教育资源,资源自身以及彼此之间的相互关联直接关系到系统的稳定与协调"[②]。在高校思想政治教育治理评价实践活动中,只有对多种治理评价方法加以综合运用,才能更全面地反映高校思想政治教育治理实况,把握高校思想政治教育治理全貌。

(四)高校思想政治教育治理评价方法的选用要突出创造性

高校思想政治教育治理评价方法的选用须具有突出的创造性。高校思想政治教育治理评价方法的创造性发展是治理评价主体的认识能力和实践能力在治理评价过程中充分展现的结果。从历史溯源的视角来看,高校思

[①] 冯刚、高山等:《新时代高校思想政治教育治理论》,中国社会科学出版社2021年版,第70页。

[②] 李颖、靳玉军:《网络空间视域下高校思想政治教育治理的创新发展研究》,《重庆大学学报(社会科学版)》2020年第3期。

想政治教育方法在高校思想政治教育实践发展的基础上，在不断研究新问题、把握新情况的过程中实现着教育方法的继承与发展。高校思想政治教育治理及其评价作为一个较新的学科命题，其可直接借鉴的历史性方法十分有限。这也要求我们在高校思想政治教育治理评价实践活动中，一方面要注重相关评价方法的迁移性借鉴，同时也要更加注重对高校思想政治教育治理新情况、新问题的深入研究，对高校思想政治教育治理实践经验的系统凝结，从而不断地总结和探索高校思想政治教育治理评价方法。"创新是保持高校德育工作可持续发展的不竭动力，创新也是大学生应具备的基本素质。因此，要推进高校德育治理体系现代化，激发德育教育的活力，创新是最基本的要求"①。为推动治理评价方法创新，需从以下几方面着力：其一，将创造性意识融入高校思想政治教育治理评价方法的选用过程。在高校思想政治教育治理评价方法的创新实践中，治理评价方法的创造性意识是实现高校思想政治教育治理评价方法创新的基础，其侧重解决"为何进行创新"的本源性问题，构成了治理评价方法创新发展的原动力。因此，从这一角度而言，将创造性意识融入高校思想政治教育治理评价方法的选用过程是推动高校思想政治教育治理评价方法创新发展的首要条件。其二，将创造性思维融入高校思想政治教育治理评价方法的选用过程。从思想及其行为转化的角度来看，创造性意识与创造性思维同属于"思想层面的创新"，但与创造性意识不同的是，创造性思维侧重解决"如何创造"即如何形成创造性的理论及设计、方案的问题。创造性思维在高校思想政治教育治理评价方法的创新活动中极其重要，其是高校思想政治教育治理评价方法创新发展的关键，高校思想政治教育治理评价方法创新能否实现以及在何种程度上实现的核心在于治理评价方法创造性思维的树立。其三，将创造性能力融入高校思想政治教育治理评价方法的选用过程。创造性能力侧重解决"如何实现创造"即如何把创造性的理论思维转化为现实的创新产品的问题，构成了高校思想政治教育治理评价方法"行为层面的创新"。治理评价方法的创造性能力是治理评价方法创造性意识与治理评价方法创造

---

① 李文政：《优化协同：高校德育治理体系现代化之路径选择》，《学术探索》2022年第2期。

性思维在实践维度的彰显,并为治理评价方法创造性意识与创造性思维的培养提供实践指向。因此,将创造性能力融入高校思想政治教育治理评价方法的选用过程是高校思想政治教育治理评价方法内含创造性的中心所在。

四、高校思想政治教育治理评价方法的创新发展

作为国家治理在高校思想政治教育场域的定位与延伸,高校思想政治教育治理及其评价是一项系统工程。而治理评价方法作为这一系统工程的重要一环,其直接影响高校思想政治教育治理环节的信息反馈及高校思想政治教育治理活动的动态调整,关涉高校思想政治教育治理实效的科学把握与精准定位。为更好地发挥治理评价的作用,推动高校思想政治教育治理持续深化,高校思想政治教育治理评价方法须在实践中不断创新发展。

(一)高校思想政治教育治理评价方法在继承优良传统中创新发展

继承与创新素来是一枚硬币的两个方面,二者辩证统一于实践发展。其中,继承是创新的基础和条件,创新是继承中的新发展,两者相辅相成,不可割裂开来。脱离继承的创新无异于无源之水、无本之木;脱离创新的继承是教条、守旧的变写。为此,当谈及继承时,须结合实践基础上的新情况、新形势、新问题、新特点进行创造性改造,实现创新性发展;当谈及创新时,须结合历史进程中的优良传统、优秀做法加以弘扬,实现传承性发展。高校思想政治教育治理评价方法的深化发展也是继承与创新的有机统一,在高校思想政治教育治理评价方法的创新中充分考量治理评价方法的继承具有重要意义。高校思想政治教育治理评价方法在继承优良传统中实现创新发展主要包含两层意蕴:一方面,作为学科场域的新命题,高校思想政治教育治理植根于中华优秀传统文化。从学科视角来看,高校思想政治教育治理是一个蕴含时代课题的崭新范畴,但其并非凭空而来。高校思想政治教育治理是国家治理在高校思想政治教育领域的延伸,也是国家治理现代化对高校思想政治教育的新要求与新期待,而国家治理植根于中华优秀传统文化,具有深厚的历史文化底蕴,"中国特色社会主义制度和国家治理体系是以马克思主义为指导、植根中国大地、具有深厚的中华文

化根基、深得人民拥护的制度和治理体系,是党和人民长期奋斗、接力探索、历尽千辛万苦、付出巨大代价取得的根本成就,我们必须倍加珍惜,毫不动摇坚持,与时俱进发展"[①]。因此,从这一角度而言,高校思想政治教育治理植根于传统,形成于现代。另一方面,高校思想政治教育治理实践的发展可促进治理评价方法的历史积淀。在高校思想政治教育治理评价实践活动中,当治理评价方法适应高校思想政治教育治理评价实践需求时,它能够客观地反映高校思想政治教育治理实效,有助于科学评价的形成;反之,当治理评价方法不适应高校思想政治教育治理评价实践时,就会对科学评价起到反作用,最终为治理评价实践所抛弃。但在高校思想政治教育治理实践中总有一些治理评价方法,历经实践考验,经过不断改进与发展,能够同发展中的新的实践相适应,不断焕发新的生机与活力。因此,可以说高校思想政治教育治理评价方法的创新发展就是在继承优良传统中不断深化发展的过程。

(二)高校思想政治教育治理评价方法在借鉴优秀成果中创新发展

高校思想政治教育治理评价方法要在借鉴优秀成果中实现发展。牛顿在发现万有引力时强调自己是"站在巨人的肩膀上",同样地,推进高校思想政治教育治理评价方法的创新,并不意味着平地而起,也需要"站在巨人的肩膀上"。这里的"巨人"即其他国家或地区及相关学科的优秀成果。无论是其他国家或地区高校思想政治教育治理评价方法的有益做法,抑或高校思想政治教育治理相关学科的优秀经验,均可为高校思想政治教育治理评价方法的创新发展提供重要启发。新时代背景下,高校思想政治教育治理评价方法创新的实现是在继承和借鉴的基础上、内生与外源的统一中推进实现的。具体而言,一方面,注重对其他国家或地区高校思想政治教育治理评价方法的借鉴。借鉴其他国家或地区的高校思想政治教育治理评价方法是实现高校思想政治教育治理评价方法创新发展的重要举措。在高校中有组织地进行思想政治教育不是我国的专属活动,其他国家或地区均从自身特点与需求出发直接或间接地开展思想政治教育实践,并在实践中

---

① 《习近平谈治国理政(第三卷)》,外文出版社2020年版,第121页。

积累着思想政治教育治理及其评价经验。这些经验对我们创新治理评价方法具有重要的借鉴意义。在推动高校思想政治教育治理评价方法创新发展中，将域外治理评价方法的有益经验与我国高校的具体实际相结合，实现域外经验的借鉴性转化，是推动我国高校思想政治教育治理评价方法创新发展的重要力量。另一方面，注重对高校思想政治教育治理相关学科优秀成果的借鉴。在交叉学科视域下，高校思想政治教育治理是多学科治理内涵在思想政治教育场域的投射，"治理概念所具有的巨大包容性和强大生命力，使它自产生以来就受到不同国别、不同学科和不同流派学者的广泛关注与青睐，不仅在扩散的过程中不断地与既有的知识和理论体系融合发展，而且在特定的环境和具体的实践中逐渐被赋予新的内涵和意义，为各种学术和实践研究开辟出新的思路与路径"[①]。思想政治教育治理相关学科如，政治学、社会学中的治理论、要素论、方法论等可为创新治理评价方法提供考量视角。因此，在借鉴相关学科的优秀成果中，在坚持思想政治教育学科特色与多学科协同研究的过程中，推动治理评价方法创新是高校思想政治教育治理评价方法创新发展的不二选择。

（三）高校思想政治教育治理评价方法在立足治理评价实践中创新发展

高校思想政治教育治理评价实践是高校思想政治教育治理评价方法不断创新发展的根本动力。在马克思主义实践观视域下，实践不是抽象的、空洞的，而是具体的历史的，是在现实作用中不断深化发展的。新时代背景下，高校思想政治教育治理评价是诸多因素共同作用的复杂的系统工程。因此，坚持实践导向，聚焦实践前沿，把握实践课题，在回应实践需求中推动高校思想政治教育治理评价方法的创新是马克思主义实践观在高校思想政治教育治理评价活动中的具体展开。实践为治理评价方法的创新发展提供了不竭动力。思想政治教育方法的发展，"从总的发展趋势上看，是一定的时代内容、理论内容、环境内容决定一定的方法"[②]。高校思想政治教育治理实践亦遵循这种发展逻辑，"思想政治教育实践的本质特征决定了思想

---

① 冯刚、高山等：《新时代高校思想政治教育治理论》，中国社会科学出版社 2021 年版，第 70 页。

② 郑永廷：《思想政治教育方法论》，高等教育出版社 1999 年版，第 54 页。

政治教育存在和运行的本质,也决定了思想政治教育观照和实现治理的价值和要求"①。目前,高校思想政治教育治理评价方法在实践中实现创新发展面临有利条件:首先,不断发展的高校思想政治教育治理实践对创新治理评价方法提出了现实要求。高校思想政治教育治理具有持续的发展性,以高校思想政治教育治理为作用对象的治理评价活动须以此为基,在实践过程中实现自身发展。在此背景下,高校思想政治教育治理评价不断面临实践发展基础上涌现的新情况、新问题,唯有不断创新高校思想政治教育治理评价方法才能更好地适应变化了的实践,并在此基础上更好地回应实践课题。其次,现代科学技术的迅速发展,可为高校思想政治教育治理评价方法的创新发展不断拓展空间。"互联网带来的信息革命,本质上不是单纯的科技进步事件,而是一种社会、政治与文化的现象,是'人'本身的问题。"② 现代科技在高校思想政治教育治理评价中发挥着重要作用,其在提供治理评价方法创新手段的同时,也在很大程度上拓展了高校思想政治教育治理评价的时空场域,为创新高校思想政治教育治理评价方法提供了广阔空间。再次,治理评价主体具有较强的创新思想观念,这为高校思想政治教育治理评价方法的创新发展提供了主体力量。创新实践说到底是人的实践,主体作用的充分发挥是创新高校思想政治教育治理评价方法的关键所在。高校思想政治教育治理作为思想政治教育学科的崭新命题,其治理评价主体较普遍存在新生力量的蓬勃活力,具有独特的朝新意识,这种活力与朝新意识有助于促使治理评价主体创新思想观念的树立,从而推动高校思想政治教育治理评价方法的创新发展。

---

① 冯刚、高山等:《新时代高校思想政治教育治理论》,中国社会科学出版社 2021 年版,第 118 页。

② 谢海光:《互联网与思想政治教育工作概论》,复旦大学出版社 2000 年版,第 25 页。

第五章
高校思想政治教育治理评价实践论

高校承担着立德树人的根本任务，实现高校思想政治工作治理体系和治理能力现代化，是新时代高校全面深化教育改革的重要目标，而治理关乎这一根本任务如何实现以及实现的程度和效果。质量评价是思想政治工作的重要环节，也是评判思想政治工作全面性、针对性、实效性的关键步骤。面向国家治理体系和治理能力现代化的大趋势，思想政治工作的内涵式发展和质量评价成为必然要求。治理视角下高校思想政治教育的理论与实践研究一直备受学界关注，关于高校思想政治工作评价研究的国家社科基金重大课题和专著相继出现，相关论文也层出不穷。这些研究聚焦质量评价的理念创新、指标体系构建、第三方评价机制建构、大数据评价运用等内容维度，深化了学界对思想政治工作尤其是思想政治工作质量评价体系的认识和理解。[1] 已有研究认为，构建科学有效的治理效果评价体系是衡量高校立德树人治理工作综合质量的关键所在，高校立德树人治理效果评价体系的构建可从评价理念、评价目标、评价主体、评价标准、评价指标体系和评价方法来进行完善和实施。[2] 治理评价就是对治理状况的科学衡量，这项工作的意义在于通过治理评价发现和解决治理改革发展中的重要问题，尤其是瓶颈问题，从而全面提高治理水平。有效的治理一般涉及谁来治理、治理什么、如何治理、治理得如何四个基本问题，也就是要回答好治理主

---

[1] 冯刚：《高校思想政治教育工作质量评价研究》，人民出版社 2020 年版，第 21—25 页。
[2] 冯刚、陈飞：《新时代高校立德树人的治理架构与实施路径》，《思想教育研究》2020 年第 7 期。

体、治理对象、治理工具、治理效果等问题。①因此，对高校思想政治教育治理的评价工作也是一项系统工程，涉及治理评价主体（谁来评）、评价对象（评价谁）、治理评价指标体系（用什么评）、评价结果使用（评价作用发挥）等方面内容，其中的核心是评价指标体系。

应如何评价高校思想政治教育治理，即高校思想政治教育治理应由哪些指标来评价以及如何通过这些指标来评价高校思想政治教育治理的现实水平，是当前高校思想政治教育治理研究亟待解决的关键问题。思想政治教育治理体系现代化需要科学、系统、完备的制度规范体系，以系统性、整体性和综合性的思想政治教育制度体系保证思想政治教育内涵式发展和治理效能的提升。②对于评价实践而言，梳理、总结思想政治教育制度文件是开展治理评价的实践基础，对思想政治教育制度文件的梳理、总结和转化能够确保治理评价实践工作的科学性、稳定性和可操作性。而评价路径是评价的实施进路，是实现评价目标要求的路线选择，不同的评价路径对评价方案、步骤、机制存在不同的要求。③根据评价进路的差异，可将高校思想组织教育治理评价划分为正向评价和负向评价两种方式，其中正向评价遵循传统的评价路径，将思想政治教育治理的目标要求具体化为高校思想政治教育治理评价的指标体系，通过选择评价主体、明确评价维度、设计评价指标体系、收集评价信息、作出质量评判、反馈调整结论等实施步骤对高校思想政治教育治理状态进行评判。④本章从高校思想政治教育的实践维度出发，从高校思想政治理论课教学治理、日常思想政治教育治理、网络思想政治教育治理三个方面探讨治理评价的具体实施。

一、高校思想政治理论课教学治理的评价实践

教学治理是教师、学生和相关人员为实现教学目标，依据一定的教育

---

① 冯刚、成黎明：《治理视域下高校思想政治工作体系构建的逻辑与路径》，《思想理论教育》2020年第8期。
② 冯刚、高山：《新时代高校思想政治教育治理论》，中国社会科学出版社2021年版，第225页。
③ 冯刚、高山：《新时代高校思想政治教育治理论》，中国社会科学出版社2021年版，第225页。
④ 冯刚、高山：《新时代高校思想政治教育治理论》，中国社会科学出版社2021年版，第226页。

法规，通过一定的制度设计和实践策略进行协商、审议与合作，对教学过程的诸要素进行共同管理，促进教学质量提升的动态过程。① 因此，高校思想政治理论课教学治理评价关乎整个人才培养模式的本质，是对高校思想政治理论课内涵式建设和发展的整体性评价，对治理评价的实践探索应该密切关注构成人才培养模式基本要素之间的关系和功能方面。党的十八大以来，高校思政课积极回应新时代高等教育的目标需求，课程内涵式建设取得显著成效，在课程教材体系建设、师资队伍建设以及教育教学技术手段方面均取得显著成效，逐渐构建起涵盖教学主体、教学目标、教学内容和教学工具等教学要素的教学治理机制。高校思想政治理论课教学建设和发展的历史进程中积累了卓实有效的管理实践经验，对已有的具有系统性和前瞻性经验的梳理和总结是当前开展教学治理评价的思路前提，也是开展高校思想政治理论课教学治理评价的实践基础。

（一）高校思想政治理论课教学治理评价的实践基础

通过梳理党和国家在各个时期颁布的课程指示与方案更迭的总体历程，可以反映出高校思想政治理论课在改革创新中不断增强内生动力、提高课程质量的发展诉求，方案发展日益规范成熟、执行力度明显增强，并显现出方案连续升级的继承性和发展性。

1. "05方案"的出台

党的十六大以后，在国际国内形势发生深刻变化的背景下，中共中央国务院颁发了《关于进一步加强和改进大学生思想政治教育的意见》，指出高校思想政治理论课作为大学生思想政治教育的主渠道表现出实效性不强的问题，为此提出要全面加强思想政治理论课建设，力争在几年内使课程教育教学状况明显改善。翌年发出的中共中央宣传部、教育部《关于进一步加强和改进高等学校思想政治理论课的意见》和中共中央宣传部、教育部《〈关于进一步加强和改进高等学校思想政治理论课的意见〉实施方案》，标志着"05方案"的正式出台。总体上说，"05方案"在"主渠道"定位的基础上，进一步深化了对课程内涵的理论认识，又从课程教育内容整合

---

① 郑岚、徐彬：《现代教学治理的内涵、原则与路径》，《教学与管理》2017年第22期。

、学科支撑、教材规范、队伍提升和组织保障力度等课程内涵建设的实践层面推进了课程建设。

2. 党的十八大以来高校思想政治理论课课程建设的制度梳理

在党和国家的领导和部署下，高校思想政治理论课因势而谋、应势而动、顺势而为，课程建设取得重大进展和成绩。2015年中央宣传部教育部印发了《普通高校思想政治理论课建设体系创新计划》，明确了办好思想政治理论课"三个事关"的重要地位，强调从整体上推进课程体系建设，提出逐步构建包含教材体系、人才体系、课堂教学体系、第二课堂教学体系、学科支撑体系、综合评价体系、条件保障体系在内的思想政治理论课建设体系。

2016年12月7日召开的全国高校思想政治工作会议，为新时代思政课程建设和发展厘清了方向与航道。依据会议精神，思政课程的改革创新要坚持"用好课堂教学主渠道"，及时更新教学内容，丰富教学手段，不断改善课堂教学状况，防止形式化、表面化，同时要推进各类课程与思想政治理论课同向同行，有效发挥思政课程在高校育人体系中的领航作用。

2017年2月中共中央、国务院印发《关于加强和改进新形势下高校思想政治工作的意见》，该《意见》从强化思想理论教育和价值引领，发挥哲学社会科学育人功能，加强对课堂教学和各类思想文化阵地的建设管理，加强教师队伍和专门力量建设，推进高校思想政治工作改革创新，加强和改善党对高校的领导等方面提出了明确要求，为新形势下加强和改进高校思想政治工作指明了方向，提供了政策依据。①

2017年9月，教育部印发了《高等学校马克思主义学院建设标准（2017年本）》，标准设一级指标、二级指标和具体要求三级指标体系，包括10个一级指标和21个二级指标，共56项具体要求，详细规定了教学课程、师资队伍、学院建设等方面要求。

2018年8月21日至22日召开的全国宣传思想工作会议，同年召开的全国教育大会，也分别从增强社会主义意识形态凝聚力和引领力、培养社

---

① 《中共中央国务院印发〈关于加强和改进新形势下高校思想政治工作的意见〉》，《人民日报》2017年2月28日。

会主义建设者和接班人教育目标等方面，为新时代高校思想政治理论课程建设提供了深邃的思想启示。

2019年8月14日，中共中央办公厅、国务院办公厅颁布的《关于深化新时代学校思想政治理论课改革创新的若干意见》，要求严格落实地方党委思政课建设主体责任，地方各级党委要在工作格局、队伍建设、支持保障等方面采取有效措施。该《意见》明确将思政课建设情况纳入各级党委领导班子考核和政治巡视，推动建立高校党委书记、校长带头抓思政课机制。该《意见》在保持"05方案"课程设置基本不变的前提下，要求在全国重点马克思主义学院增开《习近平新时代中国特色社会主义思想概论》课，为推进新时代的课程改革创新提供了原则遵循和政策指导。

2019年3月，习近平总书记主持召开学校思想政治理论课教师座谈会并发表重要讲话，对思想政治理论课教师提出了"政治要强、情怀要深、思维要新、视野要广、自律要严、人格要正"[①]的标准，要求思想政治理论课改革创新在思想性、理论性和亲和力、针对性上下功夫，为新时代思想政治理论课改革创新提供了基本遵循，也提供了思想政治理论课质量建设的重要观测点。

2020年1月，教育部制定《新时代高等学校思想政治理论课教师队伍建设规定》，对思政课教师的职责与要求、配备与选聘、培养与培训、考核与评价、保障与管理等进行了明确要求。《规定》指出，高等学校应当落实全员育人、全程育人、全方位育人要求，构建完善的立德树人工作体系，调动广大教职工参与思想政治理论教育的积极性、主动性，动员各方面力量支持、配合思政课教师开展教学科研、组织学生社会实践等工作，提升思政课教学效果。

2020年5月，教育部制定《高等学校课程思政建设指导纲要》，文件提出，全面推进课程思政建设是落实立德树人根本任务的战略举措，建设高水平人才培养体系，必须将思想政治工作体系贯通其中，必须抓好课程思政建设，解决好专业教育和思政教育"两张皮"问题。围绕明确课程思政

---

① 《习近平主持召开学校思想政治理论课教师座谈会强调 用新时代中国特色社会主义思想铸魂育人 贯彻党的教育方针落实立德树人根本任务》，《人民日报》2019年3月19日。

建设目标要求和内容重点、科学设计课程思政教学体系、结合专业特点分类推进课程思政建设、将课程思政融入课堂教学建设全过程、提升教师课程思政建设的意识和能力、建立健全课程思政建设质量评价体系和激励机制、加强课程思政建设组织实施和条件保障等几个方面进行了具体部署。

（二）高校思想政治理论课教学治理评价的实践路径

高校思想政治理论课教学治理评价的实践过程要参照评价理论、社会指标理论等相关理论与研究方法，按照"原则指导→确定目标，构建评价指标体系→评价实施→评价反馈与结果应用"的基本思路开展教学治理评价工作。

1. 高校思想政治理论课教学治理评价的基本原则

高校思想政治理论课教学治理评价的实施需要依据一定的评价标准，评价标准是评价工作如何开展的行动指南，也为实现评价结果的转化、改进工作效能提供实证参考和实践方案。明确评价的基本原则是实施高校思想政治理论课教学治理评价的重要前提和基础。科学性原则、系统性与独立性原则、可操作性原则是做到做好高校思想政治理论课教学治理评价的基本原则要求。

第一，科学性原则。科学化的治理评价有助于推进高校思想政治理论课教学治理现代化的进程，而治理评价科学化的关键在于评价指标体系的科学化，只有构建一套科学、严谨、适用、可操作的高校思想政治教育治理评价指标体系，方可利用一定标准和参照系对当前教学治理状况进行监测和评判，从而为高校思想政治理论课教学治理的优化和提升提供决策服务。科学性原则的实现首先需要坚持以马克思主义为指导的价值导向，突出政治性，尤其是要充分反映党的十八大以来关于高校思想政治理论课建设和发展的相关制度文件的重要精神和重大决策部署；其次，科学性原则的实现还需要加强整体设计，突出统筹性，具体落实国家教材委、教育部有关要求，科学确定目标，注重课程群的统筹布局和衔接协调，做到层次分明、重点突出、统筹兼顾、纵向有机衔接、横向协同配合。

第二，系统性与独立性原则。系统性原则表现为高校思想政治理论课教学治理评价指标体系需涵盖教学治理的关键要素，指标的设置要全面反映高校思想政治理论课教学治理的情况，不同层级的指标间要保持较强的逻辑关联。此外，在秉持系统性原则的同时，还需确保指标间彼此独立，指标体系层次分明。这是因为评价指标体系可分为不同层次，同层次的评价指标间应相互独立，且单个指标需内涵清晰、简明扼要，不可与其他指标在内涵上存在交叉重叠，如此可避免同级指标内的重复评价，规避和降低最终结果的偏误。

第三，可操作性原则。高校思想政治理论课教学治理评价指标体系的设计与选用需充分考虑所选用指标的可操作性。评价指标应可测度、可比较，确保指标简明、实用、可重复检验，突出评价的针对性和实效性。

2. 高校思想政治理论课教学治理评价的指标体系构建

高校思想政治理论课是巩固马克思主义在高校意识形态领域指导地位，坚持社会主义办学方向的重要阵地，是全面贯彻落实党的教育方针，培养中国特色社会主义事业合格建设者和可靠接班人，落实立德树人根本任务的主干渠道，是进行社会主义核心价值观教育、帮助大学生树立正确世界观人生观价值观的核心课程。高校思想政治理论课教学治理的目标导向是坚持马克思主义为指导，聚焦立德树人的根本任务，不断激发课程发展的内生动力，协同外部力量持续推进课程建设实现内涵式高质量发展。对高校思想政治理论课教学治理评价的关键环节是建立科学的指标体系，从本质上讲，建立指标体系的过程就是确定目标价值导向的过程。本研究认为，高校思想政治理论课教学治理在高校层面、二级学院层面、教师及学生层面具有不同的价值体现，就高校层面而言，教学治理有助于推进整个高校治理体系的科学发展和治理水平的现代化提升；就二级学院层面而言，教学治理有助于提高教学工作的治理绩效，促进学院整体工作布局的协同性提升；就教师及学生层面而言，有助于提高教师队伍建设水平，增强教师的积极性、主动性、创造性，提高学生学习的效能感、获得感和满意度。因此，本研究从宏观到微观，以"投入—过程—产出"为思路，构建高校思想政治理论课教学治理评价体系的理论模型。

第一，构建高校思想政治理论课教学治理评价体系理论模型。从经济学角度来看，财力资源、场地设施、活动组织、人力资源、组织保障等作为高校思想政治理论课教学治理的助推力量均属于投入系统，而思想政治理论课课程和教材建设、教师队伍建设、大学生学习兴趣和满意程度、课堂秩序和教学效果等作为高校思想政治理论课教学治理的结果反映均属产出系统。就治理的特征而言，治理是遵循一定目的和原则的系统性、动态性、发展性的过程，不能孤立地、刻板地衡量投入或强调产出，而应该重视治理过程中诸多要素的动态变化及其功能发挥，防止高校思想政治理论课教学治理评价陷入"投入—产出"的理论陷阱。因此，本研究将从高校思想政治理论课教学治理的投入（事前）、过程（事中）与产出（事后）3个维度出发进行评价，构建高校思想政治理论课教学治理评价的"投入—过程—产出"模型（图1）。

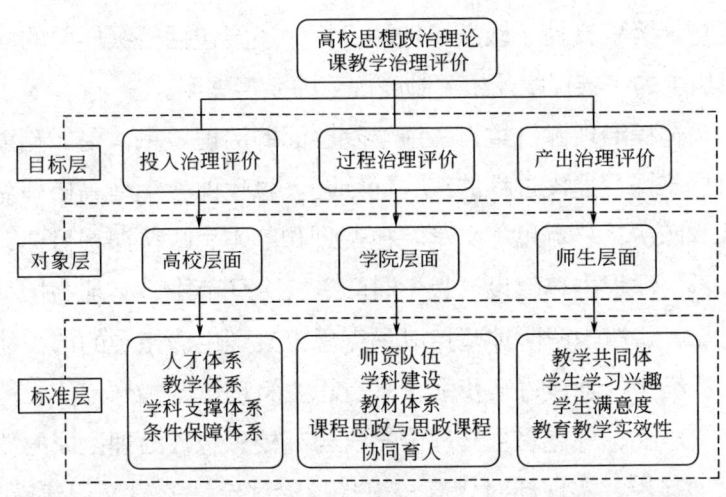

图1　高校思想政治理论课教学治理评价体系理论模型

第二，构建高校思想政治理论课教学治理评价的指标体系。高校思想政治理论课教学治理评价的指标体系的构建应包括预选、完善和确定等环节。通过梳理党和国家在各个时期颁布的课程指示与方案等资料，遴选、抽取、转换和整理其中具有代表性或可借鉴的指标，依据评价理论、社会指标理论等理论与方法，依据本研究构建的高校思想政治理论课教学治理评价体系的理论模型，从"投入—过程—产出"的维度，围绕高校层面、学院层面和师生层面的对象层对相关指标进行筛选，构建高校思想政治理论课教学治理评价的经验性预选评价指标集。通过专家函询方法对预选指标集进行咨询，完成指标的调整、增补和完善，确保指标的科学性和可操作性，其中的重要环节就是指标体系不同层级指标权重的设定。

首先，投入治理评价重点关注高校层面的治理效果，更加侧重地体现高校坚持社会主义办学方向、全面贯彻落实党的教育方针、落实立德树人根本任务方面的价值评价，是否体现了高校思想政治理论课的课程发展导向与课程教育实践的统一。高校要落实思想政治理论课在立德树人工作中的战略地位，严格落实党委思政课建设主体责任，推动建立高校党委书记、校长带头抓思政课机制，从高校治理现代化的高度加强思想政治理论课教学治理，要以教材体系、人才体系、教学体系建设为核心，以学科支撑体系、条件保障体系建设为关键。高校思想政治理论课教学治理评价的条件保障体系除了包括经费支持、教学场地建设等，还要包括校级层面的治理领导机构（小组）的完善程度及相关制度规范的完善程度。

其次，过程治理评价重点关注学院层面的治理效果，更加侧重评价课程发展目标与课程建设过程的统一性问题。思政课教学是高校马克思主义学院的基本职责，马克思主义学院在规划和落实思政课课程目标、调整创新课程体系、课程内容建设、教学时间等各个环节中，必须高扬马克思主义的精神旗帜，旗帜鲜明地坚持以马克思主义理论为指导的课程建设与发展，通过一级学科建设进一步强化马克思主义理论的指导地位，持续推进马克思主义学院、马克思主义理论学科与高校思想政治理论课的"三位一体"的发展建设，实现新时代高校思想政治理论课的科学化建设与发展。对学院层面教学治理评价要强化和凸显"马院姓马、在马言马"的鲜明导向，重点关注马克思主义学院作为重点学院、马克思主义理论学科作为重点学科、思政课作为重点课程三个方面的建设、发展和治理情况，具体来讲，可从师资队伍、学科建设、教材体系、课程内容建设、马克思主义学院领导班子建设、协同育人等方面进行评价。

再次，产出治理评价重点关注教师和学生层面的治理效果，更加侧重评价课程发展的内生动力与外源动力的统一性问题。高校思想政治理论课的内涵式建设和发展要从总体上贯穿课程建设的全局,并实现课程建设的内外互动,增强马克思主义理论教育的思想性、理论性、亲和力和针对性,给学生心里埋下真善美的种子,扣好理想信念的第一粒扣子。从课程发展的内生动力角度来看,高校思想政治理论课教学的高质量内涵式发展应是教师和学生共同在场的教学共同体构建过程,思政课教师教育教学的积极性、主动性、创造性与学生的主动学习是课程的内生动力的关键与核心。从课程发展的外源动力来看,高校思想政治理论课建设要重点做好课程体系建设的整体建设与创新发展,从全局和整体上协调人与物两方面要素的发展,重在解决和优化课程建设的诸多要素之间的协同力问题。对教师和学生层面的治理评价应该重点关注对推进课程体系内部变革和外部创新带来的教学效果的评价,具体涉及师生教学共同体构建、教学技术、方法、途径、手段和体制机制、学生满意度等方面。

第三,高校思想政治理论课教学治理评价的主体。高校思想政治理论课教学治理的评价主体就是对高校思想政治理论课教学治理绩效作出评价的评价者。从教学治理现代化的角度而言,现代化的过程就是从管理到治理的转变过程,传统的教学管理多止于表层管理,即管理者为维护教学秩序对教学各环节进行控制,而现代的教学治理在于深入教学内部进行深层治理,通过多元主体之间的协商与沟通改变教学观念、提升教学质量。[①]因此,教学治理实践中的多元主体性特征在一定程度上就决定了高校思想政治理论课教学治理评价的多元主体特征,要构建涵盖政府、社会、学校、教师、学生等多元主体参与的高校思想政治理论课教学治理评价主体,政府部门与社会机构或具备教育评价功能的企业咨询机构评价高校思想政治理论课教学治理的标准和原则,充分发挥各级各类教学指导委员会、学科评议组、专业学位教育指导委员会、行业职业教育教学指导委员会等专家组织作用,研究制订科学多元的评价治理的内容和方案,学校层面的治理评价小组评价治理的过程结果和反馈,教师与学生评价治理的教学和效果。

---

① 郑岚、徐彬:《现代教学治理的内涵、原则与路径》,《教学与管理》2017年第22期。

二、高校日常思想政治教育治理的评价实践

在高校思想政治教育理论与实践的过程中，通过构建科学的指标体系，通过多种量化和质性混合式方法开展质量评价已经成为思想政治工作理论研究者和实践工作者的共识。党中央、国务院的决策部署为思想政治工作指明了方向，提供了根本遵循，有关部门出台的系列文件，对高校思想政治工作进行了统筹性规划和制度化安排，为高校思想政治工作的扎实推进提供有力保障的同时，也为检验和评价思想政治教育治理工作的效能提供了金标准。自2016年12月全国高校思想政治工作会议在召开，中共中央、国务院印发《关于进一步加强和改进新形势下高校思想政治工作的意见》以来，以中央文件和习近平总书记关于高校思想政治工作重要讲话精神为指导，基于五年来理论和实践的发展，高校思想政治工作在守正创新中改进和加强，政策环境不断优化，队伍建设持续有力，制度保障逐渐完善，工作方式不断创新，高校思想政治工作规律形成了新共识，主要表现在牢牢把握立德树人的根本任务，更加注重理论与实践的创新融合，坚持畅通课堂教育主渠道，更加注重以文化人、以文育人，更加注重质量评价等方面。[①]高校日常思想政治教育作为高校思想政治工作格局中的重要内容之一，侧重解决大学生在学习、生活、实践中面对的思想困惑和现实问题。

新时代高校日常思想政治教育工作进入深度改革创新发展的新阶段，更加体现治理视域下的高质量内涵发展。高校日常思想政治教育治理是用"治理"的视角来分析、判断和处理高校日常思想政治教育的运行、建设与发展问题，重点关注日常思想政治教育治理工作的整体性、协同性和系统性作用与功能问题。对于高校日常思想政治教育治理的评价可以从治理体系和治理能力两个评价维度来进行。高校日常思想政治教育治理体系应具有相对独立、各司其职的主体，有明确清晰的工作任务，有行之有效的实施载体，有规范科学的评价机制，至少应当包含队伍体系、任务体系、实

---

① 冯刚：《论新时代高校思想政治工作守正创新》，《上海交通大学学报（哲学社会科学版）》2021年第5期。

践体系、保障体系四个子体系。① 治理能力评价是对高校日常思想政治教育治理主体的治理能力的评价，要针对不同层面治理主体的治理能力进行结构分析和分类评价。

（一）高校日常思想政治教育治理评价的实践基础

高校思想政治工作的政治性和意识形态属性决定了其发展必然很大程度上依靠自上而下的顶层设计和政策保障。党的十八大以来，以习近平同志为核心的党中央高度重视高校思想政治工作，尤其是全国高校思想政治工作会议召开后，党中央、国务院制定了一系列重要文件，为高校思想政治工作创新发展作出了国家层面的顶层设计和制度安排，高校思想政治工作的政策环境是开展高校日常思想政治教育治理评价的实践基础。

2017年2月，中共中央、国务院印发《关于加强和改进新形势下高校思想政治工作的意见》，提出加强和改进高校思想政治工作要做到"五个坚持"：一是坚持党对高校的领导，把党的建设贯穿始终，牢牢掌握党对高校的领导权；二是坚持社会主义办学方向，为人民服务，为中国共产党治国理政服务，为巩固和发展中国特色社会主义制度服务，为改革开放和社会主义现代化建设服务；三是坚持全员全过程全方位育人，把思想价值引领贯穿教育教学全过程和各环节；四是坚持遵循教育规律、思想政治工作规律、学生成长规律，把握师生思想特点和发展需求，提高工作科学化精细化水平；五是坚持改革创新，推进理念思路、内容形式、方法手段创新，增强高校思想政治工作的时代感和实效性，为新形势下加强和改进高校思想政治工作指明了方向，提供了政策依据。② 围绕改进和加强高校思想政治工作，强调要着力形成教书育人、科研育人、实践育人、管理育人、服务育人、文化育人、组织育人的长效机制。

2017年12月，教育部党组印发的《高校思想政治工作质量提升工程实施纲要》就"三全育人"综合改革，建设高校思想政治工作创新中心、省级高校网络思想政治工作中心、高校思想政治工作队伍培训研修中心，建

---

① 冯刚、成黎明：《治理视域下高校思想政治工作体系构建的逻辑与路径》，《思想理论教育》2020年第8期。
② 《关于加强和改进新形势下高校思想政治工作的意见》，《人民日报》2017年2月28日。

强思想政治工作队伍，成立高校思想政治工作委员会等作出制度化的部署安排。

2017年9月，为深入贯彻落实全国高校思想政治工作会议精神和《关于加强和改进新形势下高校思想政治工作的意见》，切实加强高等学校辅导员队伍专业化职业化建设，教育部修订《普通高校辅导员队伍建设规定》，进一步体现了全国高校思想政治工作会议精神，对辅导员队伍的职责定位、培训培养、管理考核和发展方向进行科学规划，为辅导员队伍专业化职业化建设和发展提供了制度支撑。

2020年4月，教育部等八部门制定了《关于加快构建高校思想政治工作体系的意见》，进一步明确党委主要负责同志落实领导责任，分管领导落实直接责任，党委书记是思想政治工作第一责任人，校长和其他班子成员履行"党政同责、一岗双责"。

2021年4月，在迎来中国共产党成立100周年之际，中共中央、国务院专门印发《关于新时代加强和改进思想政治工作的意见》，从深入开展思想政治教育，提升基层思想政治工作质量和水平，推动新时代思想政治工作守正创新发展，构建共同推进思想政治工作的大格局等方面，明确了新时代加强和改进思想政治工作的方向和遵循。

（二）高校日常思想政治教育治理评价的实践路径

评价过程是评价理论运用于评价实践的计划、组织、实施与控制的过程。与上节"高校思想政治理论课教学治理评价"的实践路径相统一，高校日常思想政治教育治理评价的实践过程要参照评价理论、社会指标理论等相关理论与研究方法，按照"原则指导→确定目标，构建评价指标体系→评价实施→评价反馈与结果应用"的基本思路开展日常思想政治教育治理评价工作。

1. 高校日常思想政治教育治理评价的基本原则

高校日常思想政治教育治理评价的实施需要依据一定的评价标准，评价标准是评价工作如何开展的行动指南，也为实现评价结果的转化、改进工作效能提供实证参考和实践方案。明确评价的基本原则是实施高校日常思想政治教育治理评价的重要前提和基础。科学性原则、系统性与独立性原则、可操作性原则是做到做好高校日常思想政治教育治理评价的基本原则要求。

第一，科学性原则。科学性原则是评价指标体系构建的首要原则，与上节"高校思想政治理论课教学治理评价"基本原则具有内在的一致性，要体现党的十八大以来关于高校思想政治教育相关制度文件的重要精神和重大决策部署，尤其是要层次分明、重点突出、统筹兼顾，充分反映高校日常思想政治教育治理过程中的坚持党的统一领导、规范有序、协同配合、持续发力等特征。

第二，系统性与独立性原则。就本节的内容具体来说，系统性原则表现为高校日常思想政治教育治理评价指标体系需涵盖治理体系和治理能力两个维度，指标的设置要全面反映高校日常思想政治教育治理的情况，不同层级的指标间要保持较强的逻辑关联。此外，还需确保治理体系与治理能力各自的纵向指标之间层次分明、彼此独立。

第三，可操作性原则。就本节的内容具体来说，系统性原则表现为高校日常思想政治教育治理评价指标体系的可操作性，对治理体系的指标分解和不同治理主体的治理能力结构的评价指标具有可测度性、比较性，确保评价的针对性和实效性。

2. 高校日常思想政治教学治理评价的指标体系构建

高校思想政治教育的创新发展离不开内外环境支持，高校日常思想政治教育不是孤立存在的，与高校的内外环境紧密相连，是高校育人系统甚至是整个社会运行系统的重要组成部分。[1] 治理相对管理而言更加强调整体性和主体的多元性、运行方式的多向性和平行性，更加强调制度建设和机制协同，这些都需要体现在科学的体系建构上。[2] 因此，对高校日常思想政治教育治理评价的指标体系构建要重点关注和考察高校坚持运用系统思维、整体思维推动高校日常思想政治教育协同育人和创新发展的具体实践。

---

[1] 冯刚：《思想政治理论课与日常思想政治教育协同育人的理论思考》，《学校党建与思想教育》2017年第21期。

[2] 冯刚、成黎明：《治理视域下高校思想政治工作体系构建的逻辑与路径》，《思想理论教育》2020年第8期。

第一，构建高校日常思想政治教育治理评价的"治理体系—治理能力"理论模型。高校日常思想政治教育是一项涉及众多要素、环节的系统性工程，从治理的角度来看，高校日常思想政治教育治理是面向教育现代化的发展目标和立德树人的根本任务，促进和实现各要素之间、与人才培养其他环节及相关工作之间的统筹协调，实现各司其职又同向同行的协同联动效应。对高校日常思想政治教育治理评价既要考虑顶层设计，又要兼顾各方力量的统筹安排，同时也要体现对不同层面的治理主体治理能力的评价，因此，本研究从治理体系评价和治理能力评价两个方面进行评价，构建高校日常思想政治教育治理评价的"治理体系—治理能力"理论模型（图2）。

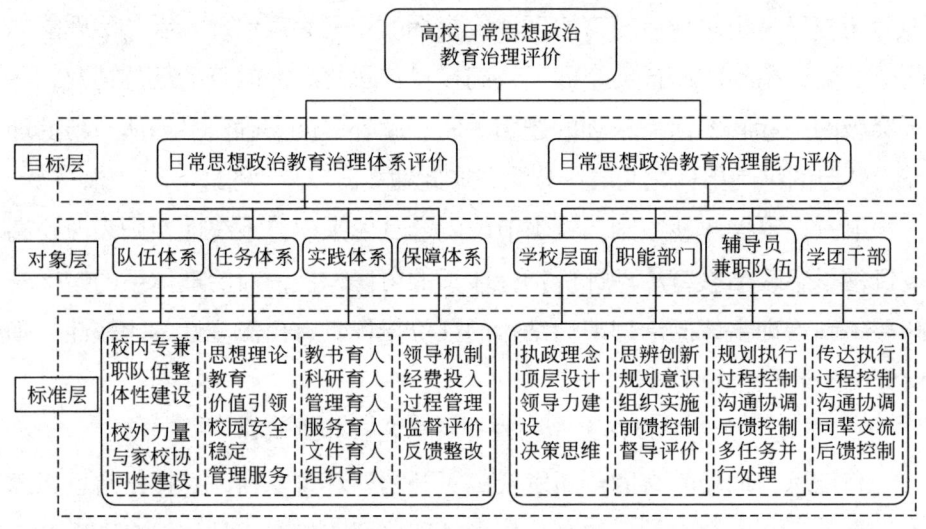

图2　高校日常思想政治教育治理评价的"治理体系—治理能力"理论模型

第二，构建高校日常思想政治教育治理评价的指标体系。高校日常思想政治教育治理评价的指标体系的构建应包括预选、完善和确定等环节。通过前文从全国高校思想政治工作会议到《关于新时代加强和改进思想政治工作的意见》一系列有关高校思想政治工作的文件梳理，遴选、抽取、转换和整理其中具有代表性或可借鉴的指标，依据评价理论、社会指标理论等理论与方法，结合本研究构建的高校日常思想政治教育治理评价体系的理论模型，从目标层、对象层到标准层的宏观—微观路径构建了指标体系。

第五章　高校思想政治教育治理评价实践论

其中，指标体系的目标层包括高校日常思想政治教育治理体系评价和高校日常思想政治教育治理能力评价两个维度。

　　首先，高校日常思想政治教育治理体系的评价路径。对高校日常思想政治教育治理体系进行评价是评价模型中"对象层"的主要内容，本研究从队伍体系、任务体系、实践体系和保障体系四个方面构建了高校日常思想政治教育治理体系评价的"标准层"。高校思想政治教育治理的队伍建设是顺利开展新时代高校思想政治教育治理工作的重要保障，针对高校日常思想政治教育治理的队伍体系评价，一方面，要重点从校内专兼职队伍的整体性建设方面进行，高校思想政治教育队伍治理建设必须遵循思想政治工作规律、教书育人规律、学生成长规律，三大规律是建设高校思想政治教育治理队伍体系的整体性标准，在治理评价的实践中，要对高校的政工队伍整体性建设成效作出评价，具体可以从队伍结构的数量规模、知识背景、职称匹配和队伍工作职责的系统协同、共同参与、过程管理等方面进行考察。另一方面，要重点关注校外力量与家校协同性建设方面，政府、社会、家庭等外部环境也是高校日常思想政治教育治理中的重要因素，在治理评价的实践中，要从多主体协同自觉、开放性动态发展等角度对思想政治教育治理的整体协同效果进行评价。高校日常思想政治教育治理的任务体系评价要重点围绕思想理论教育、价值引领、校园安全稳定、管理服务四个方面的工作内容来进行，重点考察高校对任务体系的分众分层分类的科学性、可行性和明确不同层次的组织机构，不同岗位的工作主体所承担的相应重点任务的精准性与协同性。在长期的实践探索中，高校思想政治工作方式、载体、平台和手段也在不断改革创新和丰富发展，高校日常思想政治教育治理的实践体系评价可从"七育人"的框架入手，重点关注不同育人载体、平台、路径之间的系统建设、衔接配合和协同育人成效，同时也要与时俱进，与日常思想政治教育的治理实践同步发展，不断更新思想政治教育治理评价的实践体系。高校日常思想政治教育治理的保障体系评价是从高校的组织领导、制度体系和监督评价机制等方面考察治理保障体系的科学性、稳定性，具体涉及高校思想政治工作的领导机制、经费投入、过程管理、监督评价和反馈整改等问题。

其次，高校日常思想政治教育治理能力的评价路径。对高校日常思想政治教育治理能力进行评价是评价模型中"对象层"的另一项主要内容，高校思想政治教育治理是一项系统工程，治理理念和行动的贯彻、落实、推进和反馈都需要依托个体或者群体的力量来完成，因此"能力结构"是评价高校思想政治教育治理成效的必要组成部分。高校思想政治教育治理的多层次主体构成中，既有高校党委行政、任课教师、辅导员、班主任等组织主体，也有思想政治理论课教师、辅导员、班主任等个人主体，但高校思想政治教育治理依托人的行为进行，无论是组织主体还是个人主体，都需要落细为个人的工作职责，从专业结构、职业素养等方面加强高校思想政治教育治理的人才培养，打造高校思想组织教育治理的专业队伍。① 本研究从学校层面、职能部门、辅导员及兼职队伍、学团干部等四个方面构建了高校日常思想政治教育治理能力评价的"对象层"。对高校日常思想政治教育学校层面的治理能力评价，可围绕执政理念、顶层设计、领导力建设和决策思维等指标实施评价。对职能部门治理能力的评价，可围绕思辨创新、规划意识、组织实施、前馈控制和督导评价等指标实施评价。对辅导员及兼职队伍的治理能力评价，可围绕规划执行、过程控制、沟通协调、后馈控制和多任务并行处理等指标实施评价。对学团干部的治理能力评价可围绕传达执行、过程控制、沟通协调、同辈交流和后馈控制等指标实施评价。

三、高校网络思想政治教育治理的评价实践

网络已经成为高校师生学习生活的"第一环境"，也是高校思想政治教育工作面临的"最大变量"，互联网的创新发展拓展了思想政治教育主体的思维视域和研究方法，思想政治教育方式更加灵活多样，可以使教育对象在潜移默化中接受教育，凸显了网络思想政治教育的隐喻性。随着高校思想政治工作与现代信息技术的持续深度融合，网络思想政治教育已成为一种新的思想政治教育形态，作为一种新型的教育模式，网络思想政治教育

---

① 冯刚、高山:《新时代高校思想政治教育治理论》，中国社会科学出版社2021年版，第63页。

能够以互联网技术为依托,将大学生思想政治工作通过网络媒介不断整合、延伸而不断拓展思想政治教育的广度和深度。高校网络思想政治教育治理是整个高校思想政治教育治理体系的重要组成部分,网络思想政治教育治理应遵循用户思维、平台思维、跨界思维,满足青年学生成长发展的期待,增强思想政治教育的包容性、互动性、协同性。[①] 治理价值理念下对高校思想政治教育的评价要更加侧重整体性治理创新、风险防控和危机处理等方面,虽然高校网络思想政治教育治理评价与日常思想政治教育治理评价具有本质上的一致性,但网络思想政治教育治理因互联网本身的特性而具有不同于日常思想政治教育治理的特征和规律,在教育内容、话语、媒介、方法等方面具有新的特殊性,对高校网络思想政治教育治理的评价也应充分考虑治理主体和教育要素两个大的变量,本研究重点从网络思想政治教育治理的主体系统和内部要素两个方面构建评价指标体系,为高校网络思想政治教育治理评价的实践作出初步探索。

(一)高校网络思想政治教育治理评价的实践基础

党的十八大以来,党中央高度重视互联网、发展互联网、治理互联网,统筹协调涉及政治、经济、文化、社会、军事等领域信息化和网络安全重大问题,作出一系列重大决策、提出一系列重大举措,推动网信事业取得了历史性成就。新时代网络强国战略思想中蕴含的一系列思想、观点和论断对于高校加强和改进网络思想政治教育治理工作提供了基本遵循,也为教育治理评价工作的开展提供了方向和标准,也是高校开展网络思想政治教育治理评价的重要实践基础。通过梳理有关网络强国建设、宣传思想工作等重要会议精神,能够进一步明确高校网络思想政治教育治理评价实践路径的标准和原则。

全国网络安全和信息化工作会议上,习近平总书记强调要提高网络综合治理能力,形成党委领导、政府管理、企业履责、社会监督、网民自律等多主体参与,经济、法律、技术等多种手段相结合的综合治网格局。此外,对网络治理能力也提出了要求,各级领导干部尤其是高级领导干部要主动适

---

① 冯刚:《互联网思维与思想政治教育创新发展》,《学校党建与思想教育》2018 年第 3 期。

应信息化要求、强化互联网思维，不断提高对互联网规律的把握能力、对网络舆论的引导能力、对信息化发展的驾驭能力、对网络安全的保障能力。①

全国宣传思想工作会议上，习近平总书记在讲话中指出，宣传思想工作要坚持提高新闻舆论传播力、引导力、影响力、公信力，坚持以人民为中心的创作导向，坚持营造风清气正的网络空间，坚持讲好中国故事、传播中国好声音。我们必须科学认识网络传播规律，提高用网治网水平，使互联网这个最大变量变成事业发展的最大增量。宣传思想干部要不断掌握新知识、熟悉新领域、开拓新视野，增强本领能力，加强调查研究，不断增强脚力、眼力、脑力、笔力，努力打造一支政治过硬、本领高强、求实创新、能打胜仗的宣传思想工作队伍。②

全国高校思想政治工作会议上，习近平总书记指出，"要运用新媒体新技术使高校思想政治工作活起来，推动思想政治工作传统优势同信息技术高度融合，增强时代感和吸引力"③。这为高校思想政治教育及时做到"因事而化、因时而进、因势而新"提供了行动指南，为不断开创网络思想政治教育新局面指明了方向。习近平同志主持中共十九届中央政治局第十二次集体学习时就"加快推动媒体融合发展"发表了重要讲话，指出要深刻认识全媒体时代的挑战和机遇，全面把握媒体融合发展的趋势和规律，形成资源集约、结构合理、差异发展、协同高效的全媒体传播体系，在信息生产领域进行供给侧结构性改革，推动媒体融合向纵深发展。④

（二）高校网络思想政治教育治理评价的实践路径

高校网络思想政治教育治理评价的实践过程要参照评价理论、社会指标理论等相关理论与研究方法，按照"原则指导→确定目标，构建评价指标体系→评价实施→评价反馈与结果应用"的基本思路开展高校网络思想政治教育治理的评价工作。

---

① 《论党的宣传思想工作》，中央文献出版社 2020 版，第 300—304 页。
② 《论党的宣传思想工作》，中央文献出版社 2020 版，第 337—342 页。
③ 《习近平在全国高校思想政治工作会议上的讲话》，《人民日报》2016 年 12 月 09 日。
④ 《论党的宣传思想工作》，中央文献出版社 2020 版，第 353—358 页。

第五章 高校思想政治教育治理评价实践论

1. 高校网络思想政治教育治理评价的基本原则

评价工作要反映实际、发挥作用，离不开切实有效的评价标准，明确评价的基本原则是实施高校网络思想政治教育治理评价的重要前提和基础。高校网络思想政治教育治理评价的实施需要依据一定的评价标准，评价标准是评价工作如何开展的行动指南，也为实现评价结果的转化、改进工作效能提供实证参考和实践方案。科学性原则、系统性与独立性原则、可操作性原则是做到做好网络思想政治教育治理评价的基本原则要求。

第一，科学性原则。科学性原则是评价指标体系构建的首要原则，强调指标构建的严谨性、适用性和可操作性。科学性是开展高校思想政治教育治理评价的首要原则，无论是对高校思政课教学治理进行评价，还是对高校日常思想政治教育治理进行评价，抑或是对网络思想政治教育治理进行评价，科学性原则都是开展评价工作、构建指标体系的最根本原则。对高校网络思想政治教育治理进行评价，要体现党的十八大以来关于高校思想政治教育相关制度文件的重要精神和重大决策部署，尤其是习近平总书记关于宣传思想工作的相关重要论述，要层次分明、重点突出、统筹兼顾，充分反映高校网络思想政治教育治理过程中的坚持党的统一领导、主体协同、系统规范和创新发展等特征。

第二，系统性与独立性原则。就本节的内容具体来说，系统性原则表现为高校网络思想政治教育治理评价指标体系需涵盖主体系统评价和内部要素评价两个维度。由于高校网络思想政治教育治理的实践具有不同于日常思想政治教育治理的特殊性，因此，对治理评价指标的设置要与上节"高校日常思想政治教育治理评价"保持一定程度的异质性，凸显高校网络思想政治教育治理评价的特殊针对性，同时，所构建的评价指标体系的不同层级的横向、纵向指标间要保持逻辑关联和相互独立。

第三，可操作性原则。就本节的内容具体来说，高校网络思想政治教育治理评价指标体系的可操作性表现为对主体系统评价和内部要素评价的指标要具有可测度性、比较性，确保评价的针对性和实效性。

2. 高校网络思想政治教学治理评价的指标体系构建

通过前文对系列会议重要讲话的梳理，其中蕴含的多主体参与治理、综合治理能力、推动媒体融合发展、全媒体传播格局构建等思想对于实施高校网络思想政治教育治理评价具有重要的指导性价值。本节对高校网络思想政治教育治理评价的指标体系构建从系统思维出发，重点关注和考察对治理评价的主体系统和内部要素两个方面。

第一，构建高校网络思想政治教育治理评价的"主体系统—内部要素"理论模型。高校网络思想政治教育治理与日常思想政治教育治理都是涉及众多要素、环节的系统性工程，治理的根本目的是面向教育现代化的发展目标和立德树人的根本任务，促进和实现各要素之间、与人才培养其他环节及相关工作之间的统筹协调，实现各司其职又同向同行的协同联动效应。高校网络思想政治教育治理与日常思想政治教育治理也存在教育空间、场域、方式和方法的差异，对网络思想政治教育治理的评价就要重点考察突出网络思想政治教育和教育治理的网络场域实践，更加关注对网络意识形态安全、教育内容建设、话语传播创新、媒介融合等方面工作的管理和评价，本研究从主体系统评价和内部要素评价两个方面构建了高校网络思想政治教育治理评价的指标体系（图3）。

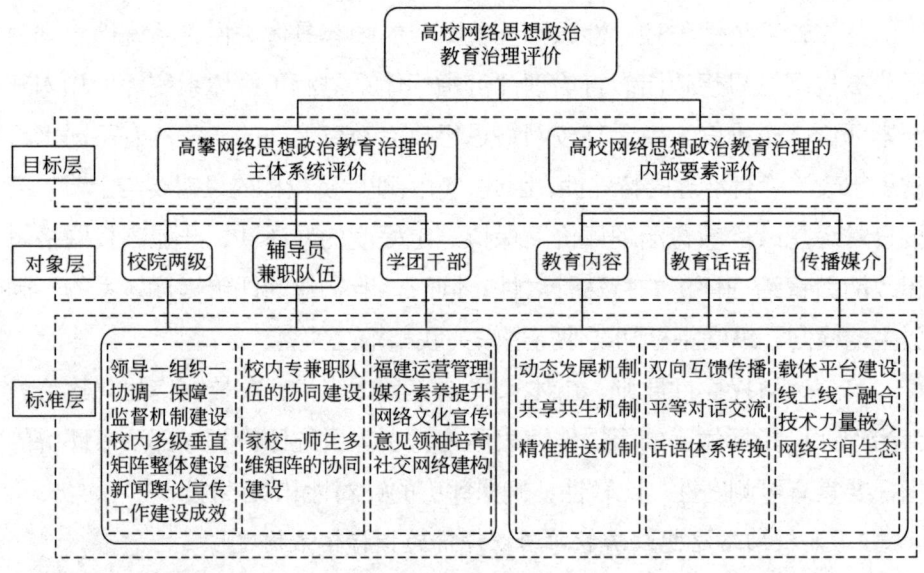

图3　高校网络思想政治教育治理评价的"主体系统 — 内部要素"理论模型

第二,构建高校网络思想政治教育治理评价的指标体系。高校网络思想政治教育治理评价的指标体系的构建应包括预选、完善和确定等环节。依据评价理论、社会指标理论等理论与方法,结合本研究构建的高校网络思想政治教育治理评价体系的理论模型,吸纳和转化相关会议重要讲话精神,如,多主体参与治理、综合治理能力建设、媒体融合发展、全媒体传播格局构建等思想,从目标层、对象层到标准层的宏观—微观路径构建了评价指标体系。其中,指标体系的目标层包括高校网络思想政治教育治理主体系统评价和内部要素评价两个维度。

首先,高校网络思想政治教育治理的主体系统评价。对高校网络思想政治教育治理的主体系统进行评价是评价模型中"对象层"的主要内容,根据主体隶属分布的不同管理层面,本研究从校院两级、辅导员及兼职队伍和学团干部三个方面构建了高校网络思想政治教育治理主体系统评价的"对象层"。学校、职能部门和二级学院所构成的组织主体处于整个治理主体系统的顶层,高校网络思想政治教育治理需要管理者提高网络工作意识,通过学校的顶层设计,加强教学单位与管理部门的沟通提高网络工作意识,建设完善的学生网络教育机制、运行机制、考核评价机制,形成多部门合作的综合治理体系。因此,对校院两级的组织主体的评价要重点围绕领导—组织—协调—保障—监督机制建设、校内多级垂直矩阵整体建设和新闻舆论宣传工作建设成效等几个方面来进行。高校思想政治课教师和辅导员、学业导师、班主任等校内专兼职队伍处于网络思想政治教育治理主体系统的中间层,在整个教育治理的主体结构中,要充分调动各部门及不同主体的积极性,为高质量开展网络思想政治教育治理构建协同机制,运用网络技术平台推动网络思想政治教育实践不断创新,加强网络新媒体教学平台、管理系统和社交矩阵建设,促进理论教育与实践锻炼的衔接、学校教育与家庭教育的协调。因此,对辅导员等专兼职队伍的主体评价要重点围绕队伍的协同建设和家校—师生多维矩阵的协同建设两个方面。学团干部是高校网络思想政治教育队伍中非常重要的构成,学团干部位于治理主体系统的基础层面,当代大学生个性鲜明、思维活跃,有较强的网络技术习得能力,作为朋辈力量,学团干部熟悉网络文化和语境,熟练运用网络语言,更能够真实了解和掌握学生的认知规律、接受特点和思想动向。对学团干部这一级主体的评价实践要围绕社群运营管理、媒介素养提升、网络文化宣传、意见领袖培育和社交网络建构等几个方面展开。

其次，高校网络思想政治教育治理的内部要素评价。对高校网络思想政治教育治理的内部要素进行评价是评价模型中"对象层"的另一方面内容，根据思想政治教育治理的构成要素，本研究从教育内容、教育话语和传播媒介三个方面构建了高校网络思想政治教育治理内部要素评价的"对象层"。自媒体时代每个人都可能成为内容的生产者和传播者，网络平台和网络资源的及时性、丰富性、泛在性和交互性要求网络思想政治教育内容也要不断动态发展，借助图片、文字、语音、视频、直播等形式创新教育内容的表达形态，凸显用户思维进行个性化的定制，因材施教为学生提供个性化的引导和帮助，可以从动态发展机制、共享共生机制、精准投送机制来评价网络思想政治教育的内容治理成效。在网络思想政治教育实践中，要坚持教师主导与学生主体相结合，突出学生参与网络思想政治教育治理的主体地位，充分利用网络的互动性特点，引导学生积极主动参与网络思想政治教育治理的过程控制和信息反馈，营造平等对话的交流氛围，可以从双向互馈传播、平等对话交流和话语体系转换来评价网络思想政治教育的话语治理成效。高校网络思想政治教育治理要不断优化和整合网络载体平台建设，建立符合学生潮流的网络阵地，增加学生的参与度和黏合度，利用网络技术及时有效地传播主流价值观和思想文化，加强网络监管，加强网络道德教育，培养正确的网络安全意识，构建健康向上的网络文化，牢牢把握网络思想政治教育的主动权，可以从载体平台建设、线上线下融合、技术力量嵌入、网络空间生态几个方面来评价网络思想政治教育的传播媒介治理成效。

高校思想政治教育治理评价是思想政治教育治理深入推进过程中不可回避的重要理论与实践问题，从某种意义上而言，高校思想政治教育治理不仅仅限于治理与高校思想政治教育概念范畴的理论延展，更是一种具有明确目标预设实践活动的存在，其治理的有效性问题不可不被追问。其中，对思想政治教育治理的评价无疑是在追求"善治"目标过程中对高校思想政治教育"治理得如何"的评判与应答。高校思想政治教育治理评价是思想政治教育评价的高阶状态,在更深层次和更高维度上体现了思想政治教育适度超越的一般规律,评价的目标和标准总是高于评价对象的实际情况,体现评价前瞻性、发展性和引领性的同时又要动态观照具象化的实践样态,因此,高校思想政治教育治理评价必须突出思想政治教育治理工作的评价重点,本章从高校思想政治教育的实践维度出发,从高校思想政治理论课教学治理、日常思想政治教育治理、网络思想政治教育治理三个方面分别构建了评价实践方案,考虑到不同评价目标之间在选择评价主体、收集信息、反馈与调整等环节具有实施步骤上的一致性,本研究只是针对性地重点关注不同评价目标的评价指标体系,在高校思想政治教育治理的中观和微观层面做了初步探讨,随着高校思想政治教育治理的科学化、系统化、制度化和效能化发展,治理评价方法也会更加科学,多元评价主体格局也会进一步完善,评价结果的导向作用也会实现螺旋上升,不断推进高校思想政治教育治理系统内部要素的优化和变革,进而更好地融入和服务于国家治理现代化,为中华民族伟大复兴培养德智体美劳全面发展的社会主义建设者和接班人。

第六章
高校思想政治教育治理评价的过程管理

思想政治教育治理评价是一个具体的实践过程。新时代赋予思想政治教育治理的全新内涵，要求治理评价工作的具体实施要逐步由一元型评价向多元型评价转变，由静态型评价向动态型评价转变，由主导型评价向协同型评价转变，由管理型评价向服务型评价转变，坚持全面性、动态性、系统性和现代性原则。在评价过程中，要树立科学的评价目标，制定科学的评价指标体系和标准，运用科学的评价方法，开展持续性的总结与反思，使评价过程更加有效地促进思想政治教育治理实践的科学性、有效性和实效性，更好地助力育人功能发挥。

一、高校思想政治教育治理评价的基本伦理

新时代背景下，高校思想政治教育治理评价要依据党和国家对高等教育新的部署，立足新形势、新任务和新要求以及教育对象呈现出的新特点，实现由一元型评价转向多元型评价、由静态型评价转向动态型评价、由主导型评价转向协同型评价、由管理型评价转向服务型评价，从而提升思想政治教育治理评价的科学性和实效性。

（一）由一元型评价转向多元型评价

随着高校思想政治工作的不断完善和深入，思想政治教育治理的主体不再只有高等院校这一单一要素，而是呈现出多元化特征，高等院校、政府、家庭、社会等参与主体共同构成思想政治教育治理的主体群，每一个主体

第六章　高校思想政治教育治理评价的过程管理

的作用和功能都有了更加丰富的内涵和实践特征，因此对思想政治教育治理开展评价要逐步实现由一元型评价转向多元型评价的转变。

1. 多元型评价要覆盖全部治理主体

2020年10月，中共中央、国务院印发的《深化新时代教育评价改革总体方案》指出，要"构建政府、学校、社会等多元参与的评价体系，建立健全教育督导部门统一负责的教育评估监测机制，发挥专业机构和社会组织作用"[①]，这也对新时代高校思想政治工作的评价过程提出了更加全面的要求。高校思想政治教育治理要坚持完善以党的领导为核心，协调各方力量共同参与的治理主体结构，形成在党的领导下，高校为主、政府指导、家庭参与、社会支持、内外联动、各方协同的主体格局。因此，思想政治教育治理评价要由以往评价高校内部思想政治教育工作的一元型评价，向高校为主、政府指导、家庭参与、社会支持的综合参与情况的多元型评价转变。

第一，对高校思想政治教育治理实践开展评价。高校是开展大学生思想政治教育工作的核心环节。当前，在思想政治教育治理的全新理念下，对高校思想政治教育治理的实践开展评价，仍然是整个思想政治教育治理评价过程中的重要环节之一。新时代背景下，对高校思想政治教育治理实践开展评价的过程要以立德树人为根本目标，以新时代大学生的新特点、新需求为出发点，以新时代高校思想政治教育治理的具体实践和具体实效为评价对象，结合思想政治教育治理过程中出现的新形势、新问题，形成的新制度、新机制，来设计和开展高校思想政治教育治理实践的评价过程。

党的十八大以来，党中央坚持把高校建设和育人工作摆在重要位置，对中管高校开展了政治巡视，以全面强化党对高校的全面领导，充分体现了以习近平同志为核心的党中央对高等教育事业特别是高校思想政治工作的高度重视。其中，立德树人根本任务的落实情况、高校思想政治工作开展情况等内容均作为重要内容进行对标检视，也是对高校思想政治教育治理情况进行评价的一个重要方式，以深入推进党的教育方针在高校教书育人的过程中落到实处。

---

① 《中共中央、国务院印发〈深化新时代教育评价改革总体方案〉》，《人民日报》2020年10月14日。

第二，对政府指导思想政治教育治理的实践开展评价。在思想政治教育治理理念中，各级党委、政府是高校思想政治教育工作主体群的重要组成部分，对各级党委、政府参与高校思想政治教育工作的实践进行评价也是评价过程的重要内容之一。习近平总书记在全国高校思想政治工作会议上指出："各级党委要把高校思想政治工作摆在重要位置，加强领导和指导，形成党委统一领导、各部门各方面齐抓共管的工作格局。各地党委书记和有关部门党组书记要多到高校走走，多同师生接触，多次去高校作报告，回答师生关注的理论和现实问题。要加强同高校知识分子的联系，多关心、多交流、多鼓励，善交朋友、广交朋友、深交朋友，多听他们的意见，真听他们的意见。"[①]习近平总书记的讲话为各级党委和政府协同开展高校思想政治教育工作提出了要求，指明了方向。全国高校思想政治工作会议后，各级党委、政府在高校开展思想政治教育工作的过程中发挥了越来越重要的作用，例如，各级政府相关部门主要责任人、专家学者，更多地走进高校、走近学生，开展专题讲座、参与实践培养，提供政策指导，对高校思想政治教育工作发挥着越来越重要的作用。2019年2月，中共中央、国务院印发《中国教育现代化2035》，对推进教育治理体系和治理能力现代化又提出了新的要求，要"提升政府管理服务水平，提升政府综合运用法律、标准、信息服务等现代治理手段的能力和水平。健全教育督导体制机制，提高教育督导的权威性和实效性"[②]。因此，在具体开展思想政治教育治理评价的过程中，也要将政府发挥的重要作用以及开展的主要实践纳入评价体系之中。

第三，对家庭参与思政教育治理的实践开展评价。家庭教育在个人成长发展过程中发挥着不可替代的作用，对个人思想道德修养的形成和建立有着深远影响。在过去的教育理念中，青年学生的成长发展和主要教育工作，应由学校主责完成。但是在近年来的思想政治教育的实践工作中，部分青年学生出现的思想问题、心理问题，往往都与原生家庭的环境和氛围以及家长对青年学生的影响有着非常深刻的关系。在传统的思想政治教育

---

① 《习近平在全国高校思想政治工作会议上强调　把思想政治工作贯穿教育教学全过程　开创我国高等教育事业发展新局面》，《人民日报》2016年12月9日。

② 《中共中央、国务院印发〈中国教育现代化2035〉》，《人民日报》2019年2月24日。

第六章 高校思想政治教育治理评价的过程管理

过程中，主要的教育职责仍然在高校和教师方面，青年学生家庭成员的参与一直处于较少甚至是缺失状态。在思想政治教育治理理念中，家庭与学校对青年学生负有同样重要的思想政治教育职责，家庭也是思想政治教育治理主体群的重要组成部分。在开展思想政治教育治理评价的具体过程中，要转变以往对家庭教育作用的认知和评判，将家庭教育作为思想政治教育治理的重要组成部分进行评价。

第四，对社会支持思想政治教育治理的实践开展评价。新时代背景下，高校思想政治教育是一项需要多方面主体共同配合才能完成好的工作。其中，社会支持也具有非常重要的作用。要"推动社会参与教育治理常态化，建立健全社会参与学校管理和教育评价监管机制"[①]。对于高校和青年学生来说，社会力量参与和支持的作用不可替代。高校思想政治教育工作系统相对而言较为独立，在一定程度上，高校思想政治教育工作与整个社会之间的联系较少，尚未形成高效联动的教育协同机制。思想政治教育治理理念尤其注重各要素之间的协同运行，在近年来的高校思想政治教育工作中，社会支持要素越来越多地走进校园，为青年学生开设讲座、提供实习就业指导，帮助青年学生提升对社会的认知度，增强学生的社会责任感，引领他们在完成学业之外，更多地思考个人与国家、社会的关系，激励当代青年认真学习、锻炼本领，成为党和国家以及社会需要的有用人才。因此，在思想政治教育治理评价的过程中，也要对社会支持的作用进行详细评价。

2. 多元型评价要明确评价指向

第一，评价过程要有利于促进思想政治教育治理主体共同参与。多元型评价涉及对高校、政府、家庭、社会等多个主体的评价，在此过程中，不仅要完成对各个主体单独的评价，还要注重评价过程能够促进思想政治教育治理各主体的共同参与，激发各个主体协调运作的合力，才能达到思想政治教育治理评价的核心要义。

第二，评价过程要有利于促进思想政治教育治理主体责任共担。在思想政治教育治理的具体过程中，教育责任需要由不同主体共同承担，形成相互

[①] 《中共中央、国务院印发〈中国教育现代化 2035〉》，《人民日报》2019 年 2 月 24 日。

配合的育人机制，从而更好地参与到思想政治教育治理过程中。因此要在评价过程的设计中，将促进各主体之间共同承担教育职责作为一项重要内容。

第三，评价过程要有利于促进思想政治教育治理主体明确责任范围。在思想政治教育治理各个主体协同配合的过程中，也需要明确各自的职责范围，形成职责清晰、运行有效的统一整体。在评价过程中，要明确各主体的组织主责，形成清晰有效的评价体系，促进思想政治教育治理有效实施。

思想政治教育治理评价过程的实践指向和最终目标，就是要协调各方力量共同参与治理主体结构，形成在党的领导下，高校为主、政府指导、社会支持、内外联动、各方协同的主体格局。始终坚持党在高校思想政治教育治理政策设计中的领导核心地位，贯彻党的方针政策和思想理念，加强党对高校思想政治教育治理的全面领导。同时，激发高校、政府相关部门、家庭、社会组织等多方力量参与高校思想政治教育治理的积极性和主动性，促进其各尽所能，形成合力育人的良好局面。

（二）由静态型评价转向动态型评价

高校思想政治教育治理遵循动态性的发展逻辑，突出治理过程的发展性、长期性和反思性，从而不断推进高校思想政治教育治理的可持续发展。因此，在思想政治教育治理评价过程中，要实现从静态型的评价方式向动态型的评价方式转变，强调评价过程的发展性、长期性和反思性。

一是强调思想政治教育治理评价过程的发展性。思想政治教育治理的评价过程与之前的思想政治教育评价过程相比，更加强调评价过程的发展性。一方面，思想政治教育治理评价过程中的各要素，包括评价主体、评价方式、评价体系等，都会由于实践的推进和主客观条件的变化发生更新。例如，随着评价对象的变化和发展，要选择适应其特征的评价主体、评价方式和评价体系，才能对评价对象作出客观、全面、科学的评价。因此要用发展的眼光看待思想政治教育治理的全过程，形成适应思想政治教育治理动态性发展逻辑的评价过程。另一方面，党和国家对治理体系和治理能力现代化的要求也在不断发展，对高校思想政治教育治理的要求也会不断更新，因此在开展思想政治教育治理评价的过程时，要坚持与时俱进，时时更新理念，对照最新的战略要求，调整思想政治教育治理评价过程，确保思想政治教育治理评价过程保持不断发展。

二是强调思想政治教育治理评价过程的长期性。思想政治教育治理评价的过程需要在长期的实践过程中，不断优化、完善和发展。一方面，思想政治教育治理过程本身是一个不断深化的过程。思想政治教育治理概念的提出是在我国长期坚持开展思想政治教育工作的基础上，按照国家治理体系和治理能力现代化的需要提出的全新理念，是对当下高校思想政治教育面临的新问题以及今后将要推进的新发展的高度概括。因此，思想政治教育治理过程必将是持续的、长期的，对其评价也是持续和长期的。另一方面，思想政治教育治理的过程必将是一个不断变化、发展和更新的过程，伴随着思想政治教育治理过程中的每一个要素的变化，对思想真的教育治理评价的过程，也需要时时更新，才能确保思想政治教育治理评价过程的科学有效。

三是强调思想政治教育治理评价过程的反思性。思想政治教育治理是一项人的工作，具有很强的实践性；同时，新形势对高校思想政治教育治理的要求也越来越高。因此，高校思想政治教育治理评价的过程也必须不断反思，时刻秉持问题导向，总结反思前一过程中出现的问题和经验，回顾梳理有效的工作经验和方式方法，及时对思想政治教育治理的评价过程进行调整和更新，以更好地推进高校思想政治教育治理工作。

（三）由主导型评价转向协同型评价

思想政治教育治理的内涵之一是由主导型工作方式向协同型工作体系转变，因此对思想政治教育治理进行评价的过程要逐步实现由主导型评价向协同型评价的转变。具体来说，就是要健全对三全育人体制机制运行过程的评价，以进一步加强对高校思想政治教育治理协同联动机制的评价。

1. 健全对三全育人体制机制运行过程的评价

党的十八大以来，党和国家高度重视高校思想政治工作，2016年12月，中共中央、国务院印发《关于加强和改进新形势下高校思想政治工作的意见》，将"坚持全员全过程全方位育人"作为加强和改进高校思想政治工作的五项基本原则之一。党的十九届四中全会对国家治理体系和治理能力现代化提出了明确的方向和要求，其中重点提出要"改进学校思想政治教育，建立全员、全程、全方位育人体制机制"①，三全育人机制的运行状况，是评价思想政治教育治理质量的重要参考。

习近平总书记指出："人才培养体系涉及学科体系、教学体系、教材体系、管理体系等，而贯通其中的是思想政治工作体系。加强党的领导和党的建设，加强思想政治工作体系建设，是形成高水平人才培养体系的重要内容。"②2017年12月，教育部党组印发的《高校思想政治工作质量提升工程实施纲要》提出，要全面统筹办学治校各领域、教育教学各环节、人才培养各方面的育人资源和育人力量，构建课程、科研、实践、文化、网络、心理、管理、服务、资助、组织十大育人体系，一体化构建内容完善、标准健全、运行科学、保障有力、成效显著的高校思想政治工作质量体系。2020年4月，教育部等八部门联合出台《关于加快构建高校思想政治工作体系的意见》，提出要健全立德树人体制机制，把立德树人融入思想道德、文化知识、社会实践教育各环节，加快构建目标明确、内容完善、标准健全、运行科学、保障有力、成效显著的高校思想政治工作体系，提出理论武装、学科教学、日常教育、管理服务等七位一体的思想政治工作体系。

要通过对各个治理主体的优化重组，形成整体性治理合力，推动思想政治教育治理体系的优化。长期以来，高校思想政治教育工作致力于专业化发展，取得了显著成效，但是专业发展有过度细化分工的倾向，把专业化片面理解为细化分工下的思想政治工作体系某一局部工作的专业化，将思想政治教育分割为多个片段，将一个整体性问题分割成多个小问题，小问题又分割为更小的问题，然后由不同的部门、不同的工作人员承担，割裂了思想政治教育的整体性，导致思想政治教育的碎片化。从学校内部系统来看，围绕不同工作任务形成了各自部门不同的分工，这

---

① 《中共中央关于坚持和完善中国特色社会主义制度　推进国家治理体系和治理能力现代化若干重大问题的决定》，《人民日报》2019年11月6日。
② 《习近平在北京大学考察时强调　抓住培养社会主义建设者和接班人根本任务　努力建设中国特色世界一流大学》，《人民日报》2018年5月3日。

种任务性分工缺乏对教育的整体性、通盘性考虑。例如，教务部门侧重教学管理可能忽视思想工作，后勤人员注重管理落实可能会忽视服务育人，专业教师注重教学内容的传授但可能忽视育人作用的发挥等。这些现象表明，高校整体的人才培养在具体实践中有可能被分割为无数片段并对每个片段进行治理，认为只要每一个片段治理好就能实现整体性治理的效能。这种以工作任务完成而不从人的发展的整体性角度系统谋划和设计思想政治教育的运行，将造成思想政治教育整体性功能的弱化。思想政治教育整体性治理必然要求思想政治教育主体的整体协同，进一步加强顶层设计，从体制机制上解决不同部门和单位之间职能交叉、职能缺位，以及决策评估、监督主体的空缺问题。作为一项系统复杂工程，思想政治教育治理要求打破以往局部的管理育人壁垒，向整体性协同育人转变，不仅要破解思想政治教育自上而下管理的单向性问题，还要求有效化解过去单一的管控模式，建立动态开放机制，激发多元主体的协同自觉。思想政治教育治理主体的整体性协同既包括家庭、学校、社会、政府的有效协同，也包括思想政治教育专兼职力量和队伍的有效协同。从高校系统内部来看，高校要着眼学生成长发展的期待和现实需求，强化顶层设计，运用系统性思维，加强对学校内部各部门之间协同的整体性设计与谋划，进一步厘清各教育主体之间的内在联系与育人功能发挥机理，加快形成各单位各部门协同育人的有效机制形成一个动态发展的育人整体系统。

2. 对高校思想政治教育治理协同联动机制的评价

治理是各种公共的或私人的个人和机构管理其共同事务的诸多方式的总和。它是相互冲突或不同的利益得以调和并且采取联合行动的持续的过程。现代治理强调利益相关者的权能分治、分工协作、共同治理。高校思想政治工作体系要发挥整体功能，必须统筹系统内外各领域、各环节、各方面的资源和力量，形成网络型多元治理模式。相较于管理，治理的主体呈现多元性、活动突出协同性、方式强调多向性，所以新时代高校思想政治教育治理从主体上讲，强调全员育人，打造育人合力；从时间上讲，强调全程育人，建构进阶式的育人时序；从空间上讲，强调全方位育人，满足人全面发展的需要。高校思想政治教育治理应是纵横双向协同联动的有机格局。

一是横向评价过程。高校思想政治教育治理在现代化发展中需要加强横向协同联动。高校思想政治教育治理体系是一项复杂的系统工程,就横向而言,包括校内各部门间的协同,也包括校内与校外相关部门、组织的协同。一方面,高校思想政治教育治理体系现代化需要加强校内各部门之间的协同。高校思想政治教育内涵丰富,既包括主渠道思想政治理论课,也包括主阵地日常思想政治教育。对于日常思想政治教育而言,又涉及党委宣传部、学生处、团委等多个部门。高校思想政治教育治理体系的现代化进程,需要积极构建制度机制,加强各部门、各项具体育人工作之间的沟通合作,形成思想政治教育育人合力。另一方面,高校思想政治教育治理体系现代化需要加强校内与校外相关部门、组织的协同。高校在大学生思想政治教育工作中扮演重要角色,但不是唯一角色,社会相关部门、家庭等在大学生思想政治教育工作中都承担重要职责。高校思想政治教育治理体系现代化要有效整合校内与校外育人资源,加强校内与校外育人资源的交流与合作,形成科学有效的全过程、全方位育人体系。要言之,高校思想政治教育治理体系要推动构建政府、社会、学校、家庭协同联动的育人共同体,任何一方的缺席都是高校思想政治教育木桶上的短板,直接影响治理效能的发挥。

二是纵向评价过程。高校思想政治教育治理在现代化发展中需要加强纵向联动。高校思想政治教育体系包括不同层级的主体,高校思想政治教育治理体系现代化进程需要加强和完善不同层级的协同联动,既包括校内各部门的协同,也包括校内和校外的合作。一方面,加强校内思想政治教育各层级的协同联动。从学校到院系、从校党委到各职能部门,需要统一思想,坚持问题导向,将思想政治教育工作融入人才培养的各个环节,完善协同攻关、联动协作的工作机制。另一方面,加强校外思想政治教育各层级的协同联动。从国家到省市、从部委到高校,需要在相关政策制定、文件落实、问题聚焦、难题解决等方面加强协同联动,为高校思想政治教育治理提供与时俱进、遵循规律、科学有效的政策支持和

第六章　高校思想政治教育治理评价的过程管理

制度保障。

（四）由管理型评价转向服务型评价

高校思想政治教育治理更加突出政策设计中的人本观念和人文关怀，将思想政治教育对象和思想政治教育工作者的实际发展需求纳入重点关注范畴。一方面，聚焦落实立德树人根本任务，切实围绕学生、关照学生、服务学生，提升人才培养的效果和质量；另一方面，不断加强高校思想政治工作队伍专业化建设，突出政策设计中供需结构的平衡。

具体而言，第一，新时代高校思想政治教育治理体系更加聚焦培养时代新人，更加注重以学生为中心的价值理念，坚持一切为了学生，一切依靠学生，发挥学生的主动性与积极性。肯定学生的主体地位，相信学生能够进行自我创造与自我发展，承认并尊重学生的主体地位和独立人格，并通过科学规范、合理明晰的治理规章，有效激发大学生自我教育、自我管理、自我服务的动力，为高校思想政治教育赢得广泛持久的自觉力量。因此，在对高校思想政治教育治理开展评价的过程中，要更多地呈现出服务学生成长需求的评价导向，以学生为中心，聚焦学生在思想政治教育工作过程中的获得和提升。

第二，新时代高校思想政治教育治理体系更加关注思政工作队伍的培养和发展，关注他们的发展进程和实际需求。作为高校思想政治教育工作中的主要力量，思政工作队伍成员的能力与专业素养影响着思想政治教育的开展及效果。构建以提升高校思政工作队伍质量为核心的动力系统，一方面积极满足队伍成员专业素质与能力提升的需要，另一方面也要着力解决其实际问题，协调其全面发展的丰富需求，培养始终能与高校思想政治教育实践工作及思政学科发展同频共振的专业化人才，形成推进高校思想政治教育治理现代化不断发展的稳定动力系统。在考虑队伍成员专业素质与能力提升需要的同时，也要着力解决其实际问题，协调其全面发展的丰富需求，培养始终能与高校思想政治教育实践工作及思政学科发展同频共振的专业化人才。因此在开展思想政治教育治理评价时，要将思想政治工作队伍成员的感受和需求纳入其中，并作为重要因素进行综合考量，为提升高校思想政治工作质量，奠定坚实的基础。

二、高校思想政治教育治理评价的主要原则

基于以上对高校思想政治教育治理评价基本伦理的探讨，要在具体的评价实践中进一步明确高校思想政治教育治理评价的主要原则，主要包括全面性原则、系统性原则、动态性原则和现代性原则。

（一）全面性原则

多元共治是国家治理现代化的重要特征。相应地，思想政治教育治理也要注重跨部门、跨组织的协同作用，积极动员校内外各种力量共同参与思想政治教育工作。从这个意义上讲，思想政治教育治理评价的主体是多元化的。一是作为传统思想教育主体，高校辅导员、思想政治理论课教师在思想政治教育治理体系中依然是思想政治教育治理评价的主体力量。二是学生。思想政治教育治理体系中，学生不再处于被动的受教育地位，其"自治"的作用得到充分发挥。作为思想政治教育治理的重要参与者，学生在思想政治教育治理评价中的地位尤为重要。三是依据思想政治教育治理现代化的需要，高校的管理干部、后勤服务人员、广大专业教师以及政府相关部门都是思想政治教育的重要力量，社会力量也被引入高校思想政治教育治理评价主体群，进一步促进了评价主体的多元化，适应了国家治理现代化的要求，促成了教育"共治"、教育成果"共享"的目的。因此，对思想政治教育治理过程开展评价要坚持全面性原则，促进传统思想教育主体、学生、高校管理队伍以及相关社会力量等评价主体的多元化，从而实现思想政治教育治理的全面性。

（二）系统性原则

高校思想政治教育治理要更加注重系统性和综合性。不仅体现在高校思想政治教育治理的顶层设计与谋篇布局上，也应体现在高校思想政治教育治理的手段选择、主体建构与方式运用上，表现出治理的综合性与协同

第六章 高校思想政治教育治理评价的过程管理

性。高校思想政治教育工作就是一项复杂的系统工程，既包括思想政治理论课这一主渠道，又包括日常思想政治教育这一主阵地；既包括思想政治教育专职力量，又包括思想政治教育的兼职力量；既包括学校和家庭，又包括政府和社会。高校思想政治教育工作中的各种要素之间具有密切的联系，相互影响，环环相扣，在实践推进中往往具有牵一发而动全身的作用。概言之，高校思想政治教育治理涉及多个领域、多个环节、多个层次，并非一项单一性、单向性工作，高校思想政治教育治理主体的多元性、运行的多向性都要求重视体系建构和协同联动。那么，在思想政治教育治理评价的过程中，也要重点关注评价的系统性和综合性，从而优化传统思想政治教育工作评价中的不足，提升评价有效性。

其中需要重点说明的是，评价指标是治理评价的重要依据，科学系统的评价指标能够全方位判断工作质量，加强质量评价的客观性、真实性和有效性。因此，要在设计思想政治教育治理评价指标体系的实践中，贯通落实系统性原则，确保评价的全面协同。根据思想政治教育治理的特点，系统化的评价指标体系通常可以分为四个方面。一是教育理念与规划方面的评价，包括指导思想、教育规划与条件保障规划等，重点判断其理念及规划是否与国家治理现代化的要求相适应，以及思想政治教育的制度建设与政策落实是否结合高校实际，做到全面、客观、富有可操作性。二是教育队伍建设的评价，除评价思想政治教育专职教师、管理干部参与的积极性、主动性及专业化素养能力外，还应重点评价学生自我发展能力的培养、作用及影响等。三是教育实施方面的评价，着重考察是否按照制度化、法制化的方式推动思想政治教育教学。四是教育效果方面的评价，重点评价思想政治教育治理现代化对全面发展的人才的培养作用，以及对意识形态的领航和道德价值的导向作用是否显著，特别是相比传统思想政治教育，在增强学生的规则意识、法治意识、良好的社会心态方面是否取得明显成效等。通过以上系统化的指标，给予思想政治教育治理以更加客观、科学的评价。

思想政治教育治理注重以制度化的建设提升教育的质量水平，通过思想政治教育各方面体系和制度的完善建立，确保决策、实施、评价各项流程的高效性及有序性，有助于形成系统化的评价指标，从而促进思想政治教育治理评价的系统化。

（三）动态性原则

思想政治教育治理评价现代化要以科学化为基本前提，这就要求思想政治教育治理评价要兼顾评价的全面普适性与个体差异性，要求评价方式以社会发展需求、高校治理工作实际以及学生成长规律为依据，充分考察思想政治教育治理能否解决当前高校师生在思想中存在的困惑及问题，能否引领高校师生紧跟时代步伐，加强思想理论的学习与道德素质的提升，自觉推动高校的建设与各项工作的开展，并为社会发展提供积极的引导力与推动力。动态化的评价方式能更好地避免以材料考核为主的传统评价方式的弊端，使评价结果更具科学性及成效性，满足治理现代化对创新性与时代性的要求。

（四）现代性原则

中共中央、国务院印发的《中国教育现代化2035》中指出，要"推进教育治理方式变革，加快形成现代化的教育管理与监测体系，推进管理精准化和决策科学化"[①]。在国家治理现代化视域下，思想政治教育治理要自觉遵循国家治理现代化的内在逻辑。根据国家治理现代化的要求，思想政治教育治理中手段和方式的多样性与时代性，反映到思想政治教育治理评价中，必然要求评价方式要体现现代化，以适应思想政治教育的现实需求。因此，要综合运用新技术开展思想政治教育治理评价。

一是区块链技术。区块链是一个信息技术领域的术语。通过区块链技术，可以建立去中心化清单，精准评估治理效果。借助区块链的去中心化优势，教育者将受教育者全程学习经历的全面、动态数据作为最终评价的重要参数。利用区块链的智能化分析，有利于克服传统思想政治教育过程中显性与隐性评价失衡的问题，实现对受教育者的全方位、全过程、立体化考核与评价，并促使教育者不断进行自我更新。教育者还可通过对受教育者信息的动态捕捉和即时分析，预测其未来思想行为变化轨迹，及时判断防控

---

① 《中共中央、国务院印发〈中国教育现代化2035〉》，《人民日报》2019年2月24日。

风险;根据反馈信息及时去除影响教育进程的不利因素,调整、改进、修复、完善、优化教育过程,促进思想政治教育治理在改进中加强。

二是大数据技术。大数据时代,思想政治教育治理评价主体发生了很大变化。第一,"多主体"并存。评价不再是传统观念下教育者的"独角戏",学生评教、评管理、评服务,教师评价学生,他们相互影响、相互制约、交替存在。第二,主体意识觉醒。无论是评价者还是被评价者,"我"的概念在互联网虚拟世界的推动下,前所未有地得到突显,主体的体验与感受是决定评价能否顺利进行、能否有效地反映问题的关键所在,对评价内容、方法与手段提出了要求。第三,主体价值诉求。传统的评价价值取向逐步被解构,大量新的多元价值取向渗透到主体行为的方方面面,必须建立起符合主体时代特点的评价体系,使评价"接地气"而易于被操作,而不是流于形式。因此,要在思想政治教育治理评价中更多地运用大数据技术,以适应新时代评价主体的群体性新特点。

三、高校思想政治教育治理评价的一般过程

我们将思想政治教育治理评价的一般过程理解为将思想政治教育治理的目标要求具体化为评价的指标体系,根据指标体系设置的标准和权重对高校的思想政治教育治理成效进行评判。评价具体分为准备环节、实施环节、反馈调整环节。评价准备环节是开展评价的前期工作,包括评价实施者的选择、评价方案的设计、评价实践的选定、指标体系的构建等。评价实施环节是评价开展的中介工作,包括评价的信息资源收集、评价的素材整理分析、治理状态效果测算、评价结果的校验等。评价反馈调整环节是评价开展的后续工作,包括评价结果的信息反馈、评价结论的综合调整、评价报告的撰写形成等。

(一)高校思想政治教育治理评价的准备环节

高校思想政治教育评价的准备环节主要包括选择评价实施者、设计评价方案、拟订评估方案和评价指标体系。有效落实思想政治教育治理评价的各个准备环节,才能提升评价过程的科学性和有效性。

1. 评价实施者的选择

结合评价侧重择取评价主体。思想政治教育党政主管部门、高等院校和科研院所、政府数据统计机构、全国党建研究会等社会组织、用人单位都可成为高校思想政治教育治理评价的主体。要根据评价的目的和侧重点选择适宜的评价主体，发挥评价主体的优势，为评价结果的准确性、有效性提供评价主体保障。

具体来讲，高校思想政治教育治理评价主体既包括个体，也包括社会群体。遴选评价工作的参与专家需根据思想政治教育治理评价过程的需要以及专家的知识结构来进行。思想政治教育治理评价是一个复杂的工程，涉及众多学科知识，包括管理学、心理学、社会学、政治学、教育学、行为学等。要遴选不同学科背景的专家学者共同形成动态的思想政治教育治理评价工作专家库，在开展具体的评价工作前依据工作侧重和需要进行遴选。确定参与专家之后，要开展相关的思想政治教育治理评价培训，主要是对评价者进行思想政治教育治理评价理论与方法的专业培训，包括系统了解思想政治教育治理评价方案，掌握按照思想政治教育治理评价方案收集评价过程中的信息、处理评价信息的基本方法与技术等。

2. 评价方案的设计

设计评价方案须遵循思想政治教育治理的内在逻辑，准确解析高校思想政治教育治理的维度构成，理顺维度间的相互关系，以及不同维度对高校思想政治教育治理整体的影响，根据评价的目的要求精确选择一个或多个维度作为评价的具体对象，增强评价的针对性和有效性。评价目标是实施思想政治教育治理评价过程管理所期望达到的结果，也就是要解决为什么要评价的问题，它决定着评价活动的全过程。高校思想政治教育治理评价过程管理的目的是评价思想政治教育治理的效果，进一步协调思想政治教育治理过程的各种资源和要素，最终提升高校思想政治教育治理效果。

3. 拟订评估评价方案

制订评价方案是高校思想政治教育治理评价过程管理准备阶段最重要的一项工作，评价方案设计得合理与否，直接关系到思想政治教育治理评价过程以及管理的成败。为此，须尤为关注以下几方面：其一，阐述高校思想政治教育治理的评价对象。只有确定好思想政治教育治理评价范围，才能更好地进行思想政治教育治理评价过程管理。其二，明确高校思想政治教育治理评价的意义。高校思想政治教育治理评价过程是一项系统工程，需要大量的人力、物力和财力的支持，更需要大量的时间和精力。因此，制订思想政治教育治理评价方案时，必须明晰思想政治教育治理评价的意义。与此同时，为了确保思想政治教育治理评价过程的顺利开展，还必须对评价过程中可能出现的问题进行分析，并提出明确的预期解决方案。

4. 制订科学的评价指标体系

在评价指标设计方面，基于对评价维度的准确选择，要将评价各维度的相应构成转化为评价要素，体现在高校思想政治教育治理评价的指标体系设计中，指标体系中的每一个指标组成和标准规定，都是对高校思想政治教育治理各维度相应构成要素的反映和要求，是对治理现状把握、健全完善、发展引领的基准。

多种评价方案提出后，要对所提出的可能方案进行仔细的分析和评价，对每个方案进行详细系统地筛选，权衡利弊，选择一个最佳方案作为最终方案。为了保证方案形成的科学性，一般问题决策，可由主管领导在职能部门提出的方案中进行比较，做出选择；重大问题的决策，应将决策的依据、过程和可供选方案的利弊向有关会议汇报，由集体作出最后决策；对于一些涉及范围广、战略性的重大决策，还应组织和聘请相关专家参与调研和方案制订，或者对已经提出的方案进行分析评价，帮助思想政治教育领导管理部门进行有效决策。

（二）高校思想政治教育治理评价的实施环节

高校思想政治教育治理评价的实施环节主要是指决策的执行过程。决策的执行过程在高校思想政治教育治理评价过程管理中具有相当重要的作用。决策方案在正式执行之前，需要做好各种必需的准备工作，如进行必要的宣传和动员，调整好决策执行的必要人力、资金和物质，协调好有关部门积极给予支持和配合等。对于一些重大决策的执行，还应制定出执行部门和人员的监督评估措施，确定责任部门和责任人。对执行决策的关键岗位、关键人员和决策执行的关键阶段、关键环节，要加强指导、监督和评估，根据需要对决策执行的情况及时进行调控，保证工作系统内部执行决策方案的及时性、协调性和有效性。在评判方面，评价主体根据收集到的受评对象信息，遵照指标体系设置的规范标准，对受评对象的状况作出评价判断，这是高校思想政治教育治理评价的关键环节和核心步骤，评价的其他环节和步骤都围绕它展开。

1. 评价信息资源收集

高校思想政治教育治理评价以受评对象治理状态的信息输入、分析为基础，基本信息的收集必须遵循治理的基本原则，灵活选择信息收集的方法和手段，充分利用不同收集方式的优点和长处，做到信息收集的准确、高效、全面、及时，以确保作出评价结论依据的可靠性和可信度。

从信息源看，主要来自评价主体和评价客体。由于评价主体的信息主要体现在评价主体所制订的评价标准及其指标体系中，因而，这里说的信息采集主要是采集评价客体，即思想政治教育治理工作的体现者、承担者的相关信息，采集信息的方法则主要依据信息的存在状态、性质以及评价的要求来具体确定。

首先，要运用新技术新方法提高信息择取效率和质量。一是基于大数据技术搜集信息。大数据时代，人们的生活工作等发生相应变化。数据是人类社会实践中记录的工具，随着数据的与日俱增，大数据成为人们研究的热点。大数据的最初概念指无法用计算机处理的大量数据集合，借助网络技术可以对海量数据进行科学挖掘分析。大数据时代强调信息多样与精确性，大数据使人类进入新的信息时代。大数据是人们获得新认知的源泉动力，具有重视相关关系、重视信息分析预测、重视信息深层次挖掘等特征。大数据时代开展思想政治教育工作，要充分注重将大数据理论技术与思想政治教育各实践环节相融合，尤其注重在思想政治教育信息收集环节有效运用大数据技术提供的便利条件，促进思想政治教育的科学性和有效性。

二是基于区块链技术收集信息。从应用视角来看，简单来说，区块链是一个分布式的共享账本和数据库，具有去中心化、不可篡改、全程留痕、可以追溯、集体维护、公开透明等特点。这些特点保证了区块链的"诚实"

与"透明",为区块链创造信任奠定基础。2019年10月,习近平总书记在中央政治局第十八次集体学习中指出:"要探索'区块链+'在民生领域的运用,积极推动区块链技术在教育、就业、养老、精准脱贫、医疗健康、商品防伪、食品安全、公益、社会救助等领域的应用,为人民群众提供更加智能、更加便捷、更加优质的公共服务。"[①] 将区块链技术引入思想政治教育领域,可有效解决思想教育过程中出现的一些新问题,能够助力思想政治教育走向精准化、科学化、高效化、现代化。例如,区块链系统中的数据块由系统中所有具有维护功能的节点来共同维护,所有用户都平等参与记录并自由书写,并且每一区块都包含系统中所有信息,形成全覆盖的集体维护的技术机制,建立广泛参与式与平等分布式的关系。思想政治教育是由教育主体、客体、载体、环境、评估等要素构成的教育系统,区块链集体维护的技术机制使思想政治教育所有要素节点实现全员参与记录、维护和共享数据,能够激发起教育主客体的内在活力;全过程、全方位育人的框架及实现路径更为系统,使"为谁培养人、培养什么样的人、如何培养人"的目标更为明确精准,形成各方协同进行思想政治教育的局面,提升思想政治教育实效性,也为思想政治教育治理评价过程中信息的收集和掌握提供了新的参考和思路。

其次要优化传统方法,提升传统方法的有效性。一是观察法。观察法是高校思想政治教育治理评价专家在进入被评价的相关单位之后,有目的、有计划地对评价对象进行系统、深入地观察以收集思想政治教育治理过程信息的一种方法。观察法是思想政治教育治理评价过程中获取信息的重要方法,是收集思想政治教育治理评价过程中个体思想动态、行为表现以及群体状态信息的重要途径,特别是在评价人的思想政治素质高低时,观察法具有重要作用,是获取第一手资料的重要途径。

二是访谈法。访谈法是指高校思想政治教育治理评价者通过有目的、有计划地与承载所需评价信息的人进行交谈来收集评价信息的一种方法。访谈法的最大特点是访谈双方交流,是在双方互动、信息双向交流过程中

[①]《习近平在中央政治局第十八次集体学习时强调 把区块链作为核心技术自主创新重要突破口 加快推动区块链技术和产业创新发展》,《人民日报》2019年10月26日。

获得评价信息，因而往往能够获得广泛、深层、丰富的评价信息。与观察法的信息单向获得不同，访谈法是处于信息双向交流的状态，对于交谈的问题可以解释、说明，还可以讨论、强调、重复等，评价者可以按照评价目的和要求，根据访谈的氛围、对象情绪表现以及心理变化等情况，有意识地引导、提示、追问，从而最大限度地获取所需信息。思想政治教育治理评价中运用访谈法采集信息具有许多优越性，主要表现为灵活性强，信息反馈及时，能够根据不同的情况随时做适当处理，以保证访谈获取尽可能多的信息。

　　三是问卷调查法。问卷调查法是社会学研究中用于收集资料的最常用的方法之一，也是思想政治教育治理评价中收集信息时，可以借用的重要方法。在高校思想政治教育治理评价过程中，问卷调查法就是思想政治教育治理评价工作者通过书面形式向被调查者提出经过精心设计的问题，从被调查者的回答来获取治理评价信息的方法。问卷调查法的基本步骤，包括确定调查总体、选择抽样方案、设计调查问卷、实施调查、汇总和录入数据、分析数据等。运用问卷调查法收集思想政治教育治理评价信息有诸多优点，主要表现在它能突破时空限制，在广阔的范围内对众多调查对象同时进行调查；匿名性强，这有利于调查那些不宜当面询问的敏感问题、尖锐问题、隐私问题；可以避免访谈偏见，排除人际交往中的各种干扰；便于定量处理和分析；节省时间、人力、物力。

　　四是文献档案法。文献档案法是通过查阅评价对象的相关文献、档案资料，以获取评价信息的方法。思想政治教育治理评价工作者到被评价者的单位调取。与思想政治教育治理评价相关的文献档案包括：一是思想政治教育治理活动开展情况档案，如，思想政治教育治理活动计划和总结、工作日记、会议记录、专题报告、大事记等。二是思想政治教育治理工作制度建设档案，如，思想政治教育治理文件通知、思想政治教育治理的相关规定、奖惩条例等。三是思想政治教育工作治理相关档案，如，思想政治教育工作的各类获奖证书、社会反响材料、媒体报道材料、各种表彰和事迹宣传材料等。此外，还包括思想政治教育的各类相关统计报表、活动图片、数据光盘等。

2. 评价素材整理分析

收集信息后要做的工作主要是处理高校思想政治教育治理评价信息以形成价值判断。通过上述方法,我们获取高校思想政治教育治理评价过程的大量信息,这些信息较为零乱、分散,各类数据的分布特点、规律以及数据之间的关系都需要进一步的整理和分类。因此,需要我们对数据和信息进行分类整理,把原始信息,加工整理成为评价管理所需要的信息。所以,处理评价信息形成价值判断包括两个方面的内容:一是对评价信息进行整理、统计、分析;二是运用评价标准对信息进行价值判断从而得出评价结论,为过程管理提供依据。思想政治教育治理评价信息分为文字信息和数据信息两类,不同信息的整理分析,方法不同。文字信息的整理应遵循真实性、准确性、完整性、统一性、简明性和新颖性的原则。文字信息的整理包括两方面工作:一是审查。仔细研究和推敲考察文字信息是否真实有效,主要解决文字信息的真实性和有效性问题。首先进行真实性审查,通过研究和考察,判断所获取的文献资料、观察和访问记录等文字信息本身的真假,包括外观审查和内含审查。其次是进行可靠性审查,通过细究和考察判断文字资料的内容是否真实地反映了评价对象思想政治素质的客观情况。最后是进行有效性审查,审查文字信息是否符合评价目的和标准的要求。二是分类。根据文字信息的性质、内容或特点,将信息进行区别分类。它是在信息审查的基础上进行的。信息分类是否正确,取决于分类标准是否科学。分类方法不同,对同一个材料可以得出不同的结论。因此,科学的分类,才能得出正确的结论。评价信息中的数字信息的整理也包括两个方面的工作:首先,核验。即检查、验证各种数字信息是否完整和正确。具体过程是先进行完整性检验,即检查应该搜集的信息是否齐全;检查每张表格的答数是否完整等。在此基础上进行正确性检验,看信息的内容是否符合实际和计算是否正确。这主要通过经验判断、逻辑检验和计算审查。其次,分组。主要包括根据数字信息的特征选择分组标志和确定分组界限等,这是对信息进一步统计分析的前提。

在对评价信息进行整理的基础上,还需要对评价信息进行统计分析。也就是运用统计学原理对所获取的评价信息进行定量研究、判断和推断,以提示事物内部数量关系及其变化规律。统计分析主要分为两种：集中趋势分析。经常使用的包括：平均数，即一组观测值的平均数等于所有观察值的和除以观测值的个数；中位数，即依据一定的顺序排列的一组观测值中间的数据；众数，即一组观测值中出现次数最多的那个数据。离中趋势分析。一是全距，一组数据中最大值与最小值之间的差。二是标准差，各观测值与其算术平均数的离差的平方和的算术平均数的平方根。三是四分位差，是相对于中位数的平均离散程度的离中量数。四是异众比率，是相对于众数的平均离散程度的离中量数。

3. 治理状态效果测算

评价信息经过整理分析后，评价人员据此对照评价标准体系逐项作出定性和定量评价，最后按照具体的评价目的和要求，作出综合评价。第一是求和。当评价指标体系各指标已计算权数赋值时，综合评价结果即为各指标得分简单求和。视具体的评价目的和要求，综合评价结论可以是分数，也可以依据此分数进行定性描述，或者两者结合。一般而言，综合评价时评价人员总是由多人组成，可以采取以下三种方式：一是在"简单求和"的基础上对所有评委的结果直接计算算术平均数；二是去掉最高分和最低分计算算术平均数；三是按评委组成情况（如专家、群众、评价对象）配置权重后计算加权算术平均数。为了能对评价对象的每一要素或每一具体方面作出评价，上述三种方式一般在对末级指标结果进行整合时施行。第二是等级分数加权求和。当评价指标体系各级指标配置权重，末级指标标度为模糊等级并赋分，综合评价结果为等级分数加权求和。视具体的评价目的和要求，综合评价结论可以是分数，也可以将分数转换成相应等级进行定性描述，或者两者结合。第三是模糊等级计数。当评价标准指标体系末级指标为观测点形式（定性描述为主、部分指标计量），标度以模糊等级形式时，综合评价结果为模糊等级计数，对照评价方案设计的标准得出最终评价结论。根据评价目的和要求，最终评价结论等级可展开转换成定性描述。第四是模糊综合评判。高校思想政治教育治理评价往往是综合性的、涉及的评价内容项目多、参与评价的人员多，因此，无论是评价信息的前期处理，还是最后得出评价结论，一般要借助模糊数学的方法，也就是模糊综合评判法。除以上方法之外，思想政治教育治理评价的方法还有很多，这要根据具体评价目的而定。

（三）高校思想政治教育治理评价的反馈调整环节

反馈调整环节的任务是对高校思想政治教育治理评价的决策和具体执行情况作出评价，为思想政治教育治理评价过程管理的协调、领导以及以后的决策提供客观依据，以保障高校思想政治教育治理评价结论的客观性、公正性、受接纳性，是充分发挥评价治理功能效用的重要举措。反馈调整环节在高校思想政治教育治理评价管理过程中具有承上启下的作用，既关系到前一个决策方案执行效果的评价、经验教训总结，又关系到下一轮决策所要针对的问题与目标的确定，其信息对下一个决策的形成、执行与总结反馈有重要意义。因此，强化高校思想政治教育治理评价过程管理的总结反馈环节，完善高校思想政治教育治理评价过程管理信息反馈系统，有利于不断改进高校思想政治教育治理评价的督导机制，对不断提高思想政治教育治理评价过程的管理水平，使其从经验型管理逐步过渡到科学型管理具有非常重要的意义。

1. 对治理评价的再评价

思想政治教育治理评价过程管理的总结反馈，是高校思想政治教育治理评价过程管理的一个重要环节，它直接关系到高校思想政治教育治理评价过程管理决策方案是否得以落实。对思想政治教育治理评价过程管理的这种评价的再评价一般包括以下内容：第一，对高校思想政治教育治理评价体系的指标体系的评价。在思想政治教育治理评价实践的基础上，对思想政治教育治理评价的指标体系进行二次评价。如指标体系中的各项指标是否符合完备性等要求，各指标的权重配置是否反映了高校思想政治教育治理工作的客观实际与政策导向要求。第二，对高校思想政治教育治理评价过程的再评价。即对高校思想政治教育治理评价过程进行二次评价。集中评价高校思想政治教育治理评价过程的各构成因子，如收集的评价信息的全面性、准确性和真实性，以及信息分类整理的准确性与合理性，运用评价方法与计算程序的正确性等。第三，对高校思想政治教育治理评价结果的再评价。即以宏观思维和底线思维对已获得的高校思想政治教育治理评价结果进行二次评价。高校思想政治教育治理评价不可逾越的底线是高校思想政治教育治理评价结论与高校思想政治教育治理工作的客观实践相符。对其评价结果的再评价即是从整体上对高校思想政治教育治理评价结论是否反映高校思想政治教育工作客观现实及在何种程度上反映这一客观现实进行判断，并据此反观高校思想政治教育治理评价环节，完善高校思想政治教育治理评价过程。

2. 反馈评价结论

为充分发挥高校思想政治教育治理评价的作用，评价活动结束后，还应采取一定的形式将思想政治教育治理评价的结论及时反馈给高校思想政治教育工作有关职能部门和相关人员。首先，向高校思想政治教育工作的相关职能部门汇报评价结果，为其进行思想政治教育治理评价过程管理的决策提供依据，提高决策的科学性。其次，在一定范围内向同行公布各院校思想政治教育治理评价结果，推动不同院校及部门间的横向比较，促进行业间的相互学习与借鉴。再次，向评价对象或被评价部门反馈思想政治教育治理工作评价结果，必要时要对结论作出解释，并向其提出今后改进的建议，引导、激励评价对象不断改进、完善自己的工作，或主动加强自我修养，提高自身思想政治素质与能力素质，推动高校思想政治教育治理工作的不断完善。

3. 撰写评价报告

撰写高校思想政治教育治理评价报告，是指以书面的形式报告高校思想政治教育治理评价的过程及其结果。评价报告形式具有多样性，依据不同的分类标准可划分为不同类型。如根据评价主体的不同，可分为自我评价报告和他人评价报告；根据评价对象和内容的不同，可分为综合评价报告、单项评价报告或专题评价报告等。高校思想政治教育治理评价过程管理报告的主要内容一般包括评价的时间、评价结构和人员、评价的实施步骤与基本方法、评价的结果与最后的评价结论等。需要指出的是，重视思想政治教育治理评价过程管理的总结与评价过程管理报告的撰写，是促进高校思想政治教育治理评价过程管理科学化、制度化的重要条件。

第七章
高校思想政治教育治理评价的学科借鉴

思想政治教育学是一门交叉性学科,在理论和实践中广泛借鉴教育学、社会学、传播学、管理学、生态学等多学科的理论成果和实践经验。在对高校思想政治教育治理开展评价时,有必要不断拓宽学科视野,以跨学科的视角来审视高校思想政治教育治理过程和治理效果。

一、教育学视角下的高校思想政治教育治理评价

教育是一项系统工程。为了使教育能达到预定的目标,人们常对教育系统的各个环节、各个组成部分进行管理和监控。评价是教育管理的手段之一,管理者通过评价、监督、反馈促使被评价对象开展和改进工作。每一次具体的评价活动都是对教育系统具体环节的一次调控。

"高校思想政治教育治理在本质上是一种站位于高校思想政治教育整个有机系统的宏观性战略。这种本质属性的外在表现就是高校思想政治教育治理的整体性和系统性。"[①]高校思想政治教育治理的整体性和系统性与教育的系统性有诸多相似性,高校思想政治教育治理各个要素、各个环节之间密切联系,相互影响,牵一发而动全身,因此在治理的实践中要关注这些联系,通过评价等手段,及时监督、调控和改进。

教育评价功能的发挥通过评价的实践活动体现出来,有赖于有组织、

---

① 冯刚、高山等:《新时代高校思想政治教育治理理论》,中国社会科学出版社2021年版,第82页。

有计划、连续系统的收集信息，分析信息，利用信息。教育评价作为教育管理和推动教育发展的重要手段之一，其评价的功能和评价活动不是一一对应的关系，而是在评价活动过程中综合产生影响。但由于评价目的不同，特定的评价会侧重某种评价功能的发挥，这些具有不同侧重点的评价方式各有其独特优势，对于高校思想政治教育治理评价也具有一些借鉴意义。

（一）诊断性、形成性与总结性评价

从评价的功能及用途来看，教育评价可以分为诊断性评价、形成性评价和总结性评价。在高校思想政治教育治理评价中将三者结合起来使用，可以更好地发挥三种评价方式各自的优势，达到更好的评价效果。

1. 诊断性评价

诊断性评价是指在活动进行之前，为更有效地实施预定计划而进行的预测性、测定性评价，或对评价对象的基础、现状作出鉴定。它的主要目的是了解评价对象的基础概况，判断其是否具备进行某项活动的条件，为解决问题收集必要的资料，找到解决问题的办法，以便进行指导。

"高校思想政治教育治理在本质上是一种建立在积极主动思维模式上的有序高效的运行系统，这种本质属性映现在高校思想政治教育治理的过程中，呈现出治理的回应性与长效性特征。"① 高校思想政治教育治理需要考虑其所面的现实，包括时间、空间、人、物、信息等，基于现实情况进行治理，回应现实需求。因此，对高校思想政治教育治理的评价可以借鉴诊断性评价的方法。比如，在高校思想政治教育治理开展之前，运用诊断性评价，了解高校思想政治教育治理的条件和需求，以便有针对性地确定活动的目标、形式、内容、方法等，或者通过诊断性评价，对高校的思想政治教育治理效果进行辨别和分置。在治理前或开始的某个时间点，对高校思想政治教育治理情况进行诊断性评价，了解某一、某类高校思想政治教育治理的开展情况，以便为治理的推进做好准备。通过诊断性评价，在治理展开过程中了解当前治理是否正在达成目标要求，如果是，就正常实施计划，

---

① 冯刚、高山等：《新时代高校思想政治教育治理理论》，中国社会科学出版社 2021 年版，第 86 页。

如果没有，就要调整计划。

诊断性评价可以为发现问题，修订方案提供依据。"诊断"一词多用于医学领域，因此对诊断性评价的理解要注意两点：一是"诊断"，即对现有状态和效果进行判断；二是"治疗"，即对发现的问题加以改进。如果只诊断而不进行治疗，评价很可能流于形式，缺乏实际意义。在高校思想政治教育治理的评价中，我们也应该注意将诊断和治疗二者有效结合起来，将诊断获得的信息作为线索，据此对现有的治理进行适当的处理和调整，发挥评价的作用，指导后续工作，有效提升高校思想政治教育治理的效果。

2. 形成性评价

1967 年，哈佛大学的斯克里文在课程研究中提出形成性评价的概念。同一时期，芝加哥大学的布鲁姆将其引入教学领域，20 世纪 80 年代，形成性评价运用到我国整个学校教育领域，通过适时或定期检查学校各项计划的执行情况，分析工作上的问题，及时加以改进，以便建立和完善学校指挥系统和反馈渠道，进而实现对学校工作进程的有效调控。

形成性评价是指在活动进行过程中评价活动本身的效果，用于调节活动过程，保证目标实现而进行的评价。这种评价也可称为发展性评价、过程性评价或即时评价。形成性评价的对象是活动进程中某一阶段的情况，这种评价的目的不是为了预测或评定成绩，而是为了及时获取反馈信息，了解工作过程中的情况，进而总结经验教训，适时调节控制，及时改进工作进程，使整个评价工作处于动态之中，缩小工作过程与目标之间的差距。

就高校思想政治教育治理而言，首先，高校思想政治教育治理的回应性要求对治理实践与理论研究中的问题积极探寻、主动及时回应，进而进行周密分析和妥善解决。对于治理过程的精准定位是回应、调整和解决的基础，形成性评价即是了解阶段性情况、及时获取反馈信息的重要手段。其次，高校思想政治教育治理的长效性也可以通过制度化建设和形成性评价来获得有效保障。形成性评价应该有目的、有计划地实施。评价的目的性和计划性可以通过制度建设来实现，利用科学合理、系统完备的制度体系尽可能避免频繁使用考评方式带来的不必要的或过重的负担。再次，高校思想政治教育治理具有动态性。通过动态性监测能够不断认识困境、找出难题，找出摆脱困境、破解难题的方法并反思其中蕴含的规律和思路。形成性评价是一个长期过程中的阶段性评价，其结果并不等同于最终的成绩。形成性评价可以及时探寻影响质量和目标实现的原因，从而对评价中反映出来的问题快速响应，采取补救措施。

3. 总结性评价

总结性评价也称终结性评价，是指在某项活动告一段落时，对最终成果作出价值判断，以预先设定的目标为基准，对评价对象达成目标的程度及最终取得的成就或成绩进行评价，为结论和决策提供参考依据。

总结性评价可以应用于各种活动中，其评价对象是综合的。就高校思想政治教育治理而言，高校思想政治教育治理系统内部资源包括高校思想政治教育队伍、思想政治理论课程主渠道与日常思想政治教育主阵地等。高校思想政治教育队伍由高校党政领导、共青团干部、思想政治理论课教师和辅导员、班主任等多种类别的人员构成；思想政治教育治理的课程按照内容可以分为马克思主义原理、近代史纲要、毛泽东思想与中国特色社会主义概论、思想道德修养与法律基础等，按照学段可以分为本科生、研究生等不同层次；思想政治教育主阵地则涉及党委宣传部、组织部、学工部、团委等多个部门和教务、人事、科研、后勤等多个机构。因此，对高校思想政治教育治理进行总结性评价可以通过对其中的要素：教师队伍、课程、阵地等不同维度展开。这种评价的优点在于简便易行，也较为直观，容易被人们理解和接受，在各项活动中有广泛的应用。

在实践中，评价者有时会将总结性评价作为一种后测评价，仅发挥其事后检验的功能，对评价对象在活动过程中的改进和完善缺乏实质性的帮助，只看结果，不问过程，不寻原因，容易造成评价现状和改进工作脱节，这就窄化了总结性评价的功能。总结性评价并不仅限于活动结束之后进行，在活动之中进行的旨在对活动效果的评价同样具有总结性评价的意义。换言之，对评价对象进行总结性评价也并不一定意味着一项活动的完全终结。对于高校思想政治教育治理的总结性评价，既要贯穿过程中，又可以作为阶段性的总结来运用。因为"高校思想政治教育治理在本质上就是一种以内在的反思性状态保障自身处于不断修正、改进和完善的螺旋式上升的过程。这种本质属性反映现在高校思想政治教育治理过程中，呈现出治理的动态性与开放性特征。"① 每一次总结性评价带来的不是治理的终结，而是下一个阶段治理的开启，因为高校思想政治教育治理不是一成不变，或者是一蹴而就的暂时性的活动，而是一个复杂演进和相互调适的过程。

总的来说，以上三种评价在实际活动中是相互联系和协同作用的，诊断性评价一般来说是活动初始时的准备性评价，但是任何一项工作都是连续性的，阶段的划分也是相对的，形成性评价和总结性评价都带有诊断的性质。由于评价的根本目的是促进工作开展，促进治理进步，所以这些评价都带有形成性的性质。对于高校思想政治教育治理的科学评价应该将以上三种评价方式合理结合起来。

（二）常模参照评价、目标参照评价与个体内差异评价

按参照标准划分，评价可分为常模参照评价、目标参照评价与个体内差异评价。在高校思想政治教育治理评价中将三者结合起来使用，可以更好地发挥三种评价方式各自的优势，达到更好的评价效果。

1. 常模参照评价

常模参照评价又称相对评价，是指在被评价对象的集合总体中选取一个或若干个对象作为标准，然后将其余评价对象与该标准进行比较，或者是用某种方法把所有评价对象排成先后顺序的评价。常模参照评价的标准是根据被评价对象的整体状况来确定的，通常是整体中的平均数或标准差，评价标准因被评价对象的整体状况而异，通过比较，可以确定被评价对象在集合中所处的相对位置。

常模参照评价的优点在于应用性广、便于比较，主要用于选拔性和竞赛性活动。在任何一个团体中，无论这个团体中个体状况如何，都可以确定一个相对标准进行比较，个体在这个群体中总可以找到自己的相对位置，从而了解自己在团体中的优劣状况。就高校思想政治教育治理而言，这一评价方式可用于对同类高校思想政治教育治理效果的评价，通过评比、评

---

① 冯刚、高山等：《新时代高校思想政治教育治理理论》，中国社会科学出版社 2021 年版，第 88 页。

优等方式帮助其中的各个学校认识到自己与其他高校的差距，有利于激发各个高校在思想教育治理理论与实践方面发展和前进的意识。

常模参照评价也存在一定的弊端。第一，尽管评比的方式可能产生一定的激励作用，但在评价活动中，无论评价对象的实际水平如何，在这个群体中总能找到自己的相对位置，处于相对较差的位置上的个体有可能总是处在那个位置上，所以评价有可能使处于不利位置上的个体丧失信心。如何在评价中鼓励和帮助这些高校是应该考虑的重要问题。第二，相对评价的结果并不表示评价对象的实际水平，只能显示其在群体里的相对位置，有可能是在整体水平较低的群体中选出较优的个体，这个相对较优的个体并不一定是真的好。因此，在高校思想政治教育治理的评价中应该考虑到地域、学校层次等问题，同类高校比较之外更应该全面认识整体情况。第三，虽然能评定个体在群体中的相对位置，却没有重视目标的实现程度，对评价对象如何改进其活动状况没有提供实质性的指导意见。因此，对于个体的实际情况要结合其他评价方式进行细致的了解，为各个高校提供思想政治教育治理的改进建议。

2. 目标参照评价

目标参照评价也称绝对评价，是在被评价对象集合之外，预先确定一个客观标准，将评价对象与该客观标准进行比较，判断其达到标准的程度。在这种评价活动中，评价标准是固定的，是由目标所决定的绝对标准，评价对象只与此标准相比较，相互之间不进行比较。在评价时，通过将评价对象的实际达成效果与既定标准相比较，可以确定评价对象达到目标的程度，从而做出价值判断。这样的评价主要用于合格性和达标性的活动。例如，高中毕业会考就属于绝对评价，只要达到合格标准的毕业生都可获得毕业证书。

由于目标参照评价可以考查目标的完成度，而且有一个预先设定好的固定的、明确的评价标准，操作性强，容易被大多数人理解、接受和掌握，所以在评价工作中应用比较广泛。评价对象只要与这绝对标准相比较，就会了解到自己与目标之间的差距如何。就高校思想政治教育治理而言，当前高校思想政治教育治理工作正在相关制度安排和规则规范下有序开展，

第七章　高校思想政治教育治理评价的学科借鉴

制度体系中对于高校思想政治教育治理有目标要求，在评定高校思想政治教育治理是否符合要求时，检测高校思想政治教育治理的结果是否达到了治理目标即可。

目标参照评价的优点是可以使被评价对象了解自己与标准之间的差距，认识不足，激励其积极上进。但其也存在一定的局限性，例如，客观标准的制定比较困难，很难做到完全客观和合理。各个高校在思想政治教育治理方面的水平不一，而目标参照评价需要以一个外在的、统一的标准评定治理的效果。这样的统一标准难免会忽视由地域、学校类型、学生层次等差别带来的思想政治教育治理的差异，由此也可能影响高校思想政治教育实力的发展的全面性、连续性，因此，评价标准如何与诸多高校类型丰富、层次多样的实际情况结合起来是一个值得思考的问题。

3. 个体内差异评价

个体内差异评价是把被评价对象集合总体中的每个个体的过去和现在相比较，或者将某个个体的若干侧面相互比较，个体内差异评价尊重个体的个性发展。每个评价对象都可以分别设定标准，让自己同自己比，从而判断自己的学习情况。运用这种评价方式通常有两种情况，一种是做纵向比较，即以时间为依据，用自己现在在某方面的情况同过去在某一方面的情况做比较，从而判断自己的进步与发展状况。例如，第二种是进行横向比较，即对评价对象的某几个侧面进行相互比较，进而了解自己哪些方面较强，哪些方面较弱，以便进行自我调节，明确需要着重努力的方向。对思想政治教育治理的评价可以将高校思想政治治理在各个时段前后工作的变化进行纵向比较，也可以将高校思想政治教育治理各方面的工作情况进行横向比较，确定其日后改进的方向。

个体内差异评价建立在尊重个性的基础上，充分考虑到不同个体的差异，在评价中不会给被评价对象造成压力。但其也有明显的缺点，首先，评价者各有标准，使得评价标准的客观性不强，无法评价其在群体中的优劣和达到治理目标的程度；其次，由于个体内差异评价基部与客观标准比较，又不与其他被评价者比较，很容易使被评价者自我满足。所以，个体内差异评价常常与常模参照评价和目标参照评价结合起来使用。

上述三种评价类型各有其优缺点，在实际使用过程中，有时候需要单独使用某一种评价，有时候则需要几种方式并用，以避免单一评价的弊端。从确定评价标准的角度，目标参照评价的标准选取是在评价对象之外，是依据目标制订的相对固定的标准；常模参照评价的标准是在评价对象中选择一个或若干个对象，是变动的标准；个体内差异评价的标准是个体的自己。固定不变的标准不考虑个体甚至群体的变化和发展需要，容易操作，但缺乏灵活性，而过多考虑个体的标准，则容易闭关自守，开放性不足。在高校思想政治教育治理的评价中将三者结合起来使用，尽可能避免单一评价的缺点，可以更好地发挥三种评价方式各自的优势，达到更好的评价效果。

（三）量化评价与质性评价

按评价方法划分，评价可分为量化评价与质性评价，在高校思想政治教育治理评价中要采取量化与质性相结合的评价模式。

1. 量化评价

量化评价是力图把复杂的现象简化为数量，用一定的数学模型和数学方法，对收集到的数据资料进行处理，进而从数量的分析与比较中推断评价对象的成效。量化评价方法的认识论基础是科学实证主义，本质上受"工具理性"的支配，追求对评价对象的有效控制。以量化形式表征事物的性质被视为科学化的特征之一，其背后隐藏的是教育学对科学化的追求。

就思想政治教育治理而言，可以运用量化的方式，对评价对象表现出的一些可以量化的关系进行整理分析，如，理论课程学习、实践活动参与的时间长度、参与人数、开展次数的量化评估，思想政治教育治理队伍数量、人员构成、学历程度等也可以通过量化方式进行评估。

但是，量化评价方法也存在一些缺陷：第一，许多因素是不可量化的，忽略了评价对象中那些不可测量的重要方面。第二，量化评价往往以预定目标为评价标准，容易排斥对评价对象的持续性再开发，造成评价主体和评价对象之间的目标背离甚至冲突。第三，由于量化评价的目标性非常明确，标准非常清晰，倾向于支持确定的结果，容易忽视评价对象呈现的其他结果。因此，对于这些内容的评价就需要求助于质性评价。

2. 质性评价

质性评价也称自然主义评价，就是力图通过自然的调查，全面充分地揭示和描述评价对象的各种特质，以彰显其中的意义，促进理解。它主张评价应全面反映现象的真实情况，为改进实践提供真实可靠的依据。质性评价方法追求"实践理性"和"解放理性"，依据的是对事物的质的理解，分析所涉及的质性数据包括叙事数据、谈话（口头、书面）数据等，强调评价对象的真实经历。

思想政治教育治理的质性评价，是通过把握评价对象获得某一具体思想政治教育治理的反映、状态、结果等信息，来判断其知识、情感、思想和行动等方面的接受情况。例如，对学生参与思想政治教育课程某一环节的学习状况进行评价，可以观察学生的思想表现和行为反馈，同时，也可以对教师和家长进行进一步访谈，全方位了解学生在该环节学习的情况，从而对思想政治课程治理的效果获得更加全面的评判。

3. 量化评价与质性评价结合

量化评价方法和质性评价方法出现在评价发展的不同时期，代表着不同的认识理念，作为具体的评价方法，两者各有优势，分别适用于不同的评价目标和对象。比如，量化评价方法具有简单明了的特点，能够直接反映评价对象的特质，适合于某些简单、单纯的教育活动和教学过程；质性评价方法具有全面、深刻的特点，在某种程度上，它是评价者对教育教学现象的某种解读，更适用于对复杂现象的评价。因此，高校思想政治教育治理评价需要把二者有效地结合起来，依照评价目的和评价对象的不同特点，选择适当的评价方法，以获得全面、准确的评价信息。

在思想政治教育治理中，既要对评价对象进行整体和性质的分析，以鉴别和判定思想政治教育治理的效果，又要对评价对象表现出来的一些数量的关系进行整理分析，相对精准地把握思想政治教育治理的实际效果和状况。数学、统计学和计算机科学的发展为思想政治教育治理的量化评价提供了更多可能，量化评价被越来越多地采用，同时，伴随着对思想政治教育治理的规律性认识，质性评价也更加深入，在评价中将二者结合起来，才可能获得更加全面真实的信息。

二、管理学视角下的高校思想政治教育治理评价

高校思想政治教育与管理学有着密切的关系，有学者认为，思想政治教育作为系统，本身就有领导、组织和管理活动。①而在国家治理体系与治理能力现代化建设的大背景下，思想政治教育系统内部具有多元主体参与的变化趋势，因此，也需要用治理理念来更新传统意义上的对思想政治教育系统的管理。同时，从指涉的活动内容来看，高校思想政治教育治理的内容与管理的活动内容有相近之处，管理学视域中的评价模式对于高校思想政治教育治理具有借鉴意义。对高校思想政治教育治理的评价，一定程度上是对治理效果的评价，其中重要的内容便是对治理组织中个体绩效进行评价，管理学中的绩效考评理论便可以作为依据。绩效考评是人力资源管理的重要内容，也是管理领域的重要研究主题。一般来说，绩效考评主要是通过考评以期提高组织内个体的效率，确保组织目标的实现。梳理以往研究绩效考评方式，大致分为三类：特性取向型考评、行为取向型考评、结果取向型考评。其中，特性取向型考核主要考核员工的个性等，考核内容侧重抽象的个人品质而非工作结果。在此主要介绍行为取向型和结果取向型两种考评模式在高校思想政治教育治理评价中的应用。

（一）行为取向型考评

行为取向型绩效考评重点评价组织内个体在工作中的行为表现，即完成工作的行为举措。在高校思想政治教育治理评价中，需要对相关治理组织内的个体进行评价，换言之，需要对治理主体采取了何种方式、举措完成治理任务、实现治理目标进行评价，因此，可以借鉴行为取向型考评的相关方法。高校思想政治教育治理能力和治理体系现代化意味着思想政治教育将形成完备的政策法规体系，推动思想政治教育制度化、系统化发展。②一般来说，行为取向型绩效考评适合绩效难以量化的情形，或者需要以规

---

① 孙其昂、张宇：《论思想政治教育与治理——基于"推进国家治理体系和治理能力现代化"》，《思想政治教育研究》2015年第2期。
② 张建东、邓倩：《思想政治教育治理：国家治理现代化的重要维度》，《思想理论教育》2016年第2期。

范化行为来完成任务的职业，这恰恰契合了高校思想政治教育治理的特征，行为取向型绩效考评的应用有利于规范相关主体的治理行为，推动高校思想政治教育治理的规范化、制度化发展。

行为取向型方法的优点在于能够向组织内个体提供明确的绩效指导与反馈，具有较高的接受性。在高校思想政治教育治理中，需要将其与组织治理的战略目标紧密配合，以提升评价的效果与作用。本文主要介绍行为取向型考评三种最为常用的方法：关键事件法、行为锚定等级评价法和行为观察法。

1. 关键事件法

关键事件法也被称为重要事件法。在具体的工作中，组织内个体一些行为导致了成功，而另一些行为导致失败，这些成功或失败的任务都被称为"关键事件"。在关键事件法考评中，考评者需要记录和观察关键事件中背景与行为的相关性，这样，在评定一个人的具体行为时，就有了可以作为考评的指标和衡量的尺度。需要注重的是，关键事件法以事实为依据。考评者要对行为本身进行评价，同时将行为发生的情境作为考量内容，因此能够为员工的行为的积极与消极提供依据。该考评方式主要特点包括：为考评者提供了客观的事实依据；考评的内容不是短期表现，而是较长时间内的整体表现；可以较为全面地了解考评对象是如何改进和提高绩效的。

2. 行为锚定等级评价法

行为锚定等级评价法也被称为行为决定性等级量表法。这一方法将关键事件和等级评价有效地结合在一起，通过在同一个绩效维度中设定一系列的行为，每种行为分别表示特定的绩效水平，从而将绩效按等级量化。评价的主要步骤包括：进行岗位分析，获取本岗位的关键事件；设定绩效评价的等级；由另一组管理人员对关键事件进行重新核验，确定关键事件的最终类属；审核绩效考评指标等级划分的正确性；建立行为锚定法的考评体系。一般来说，设计过程中收集的关键事件可以组成个体工作表现的全部范畴，如思想政治素质、应急处突能力等。

3. 行为观察法

行为观察法可以由多种具体的方式进行，包括民意检测法、个人判断法与专家小组考评法等。高校思想政治教育的"协同治理""整体治理""公共治理""多中心治理"等理念得到理论研究者和实践工作者的关注与认同，目的在于构建高校"大思政"的整体性管理模式，增强政府、社会、学校、家庭、大学生主体之间的协同治理能力。① 行为观察法能够较好地呈现不同主体的态度、观点和意见等。如，民意测验法一般人员根据自己平时的反复观察印象进行考评的一种方法，这种方法的优点是群众性和民主性较强，能够很好地综合群众的想法，相较于专家小组考评法能够避免一定的偏见，并且可以更好地提供与工作有关的反馈。在对高校思想政治教育治理评价过程中，民意测评法的应用一定要秉承平等与开放的原则，保证多主体参与的机会。

（二）结果取向型考评

结果取向型考评模式更强调组织成员的工作成果，而非行为过程，其着眼于产出和贡献。结果取向型考评模式适用于客观可指标化的工作内容，同时也有利于高校思想政治教育治理评价体系的标准化构建。从高校思想政治教育治理的角度，高校思想政治教育工作涉及高校党建、思政工作队伍建设、思政课程建设、环境塑造、制度保障等多个领域与丰富场景，而这些领域又在现实中互相交叉、彼此嵌套，呈现出复杂性与多变性。② 因此，在实际过程中，组织中的成员在处理问题与协调相关主体的过程中，采取的行为与方法可能具有特殊性与多样性，没有特定的解决过程，采取结果取向型考评，能够聚焦高校思想政治教育治理的结果，评价的可行性较高。但该方法也存在明显的不足，例如，过于重视结果，容易导致不择手段；过于关注结果也不利于产生良性竞争；同时结果的发生也受制于社会环境，因此无法客观评价。

1. 目标管理法

在结果取向型考评模式中，最常使用的是目标管理法。1954年，管理学家彼得·德鲁克在《管理的实践》中首先提出了"目标管理和自我控制

---

① 蔡如军、金林南：《试论现代社会的思想政治教育治理》，《思想理论教育》2018年第1期。
② 冯刚、高山等：《新时代高校思想政治教育治理理论》，中国社会科学出版社2021年版，第84页。

的主张",认为"企业的目的和任务必须转化为目标。企业如果无总目标及与总目标相一致的分目标,来指导职工的生产和管理活动,则企业规模越大,人员越多,发生内耗和浪费的可能性越大"。概括来说目标管理也即是让企业的管理人员和员工亲自参加工作目标的制订,在工作中实行"自我控制",并努力完成工作目标的一种管理制度。简单来说,目标管理法是一个设置和评价目标的过程,在这个过程中要制订组织和个体成员的目标,并以这些目标作为对组织成员评估的基础。需要注意的是,在目标管理法中形成的是一个目标体系,其至少包括三个层级:整体组织目标、单位组织目标、成员个人目标,这三者的确定具有先后关系,正是在总目标的层层分解的过程中,最终保证总目标的实现。这种方法的最大特点为上下级共同协商确定,具体完成目标的方法由下级决定并定期提供反馈,体现了现代管理的系统思想,是领导者和下属之间双向互动的过程。对于高校思想政治教育治理而言,需要高校思想政治教育治理在把握高校思想政治教育工作全局的基础上,重视对高校思想政治教育治理格局的系统性建设,围绕思想政治教育治理的目标体系,构建各层级有序互动、多层级协同联动、稳定高效的治理体系与治理格局。因此,目标管理法的考评方式有利于在多层级的模式下,推进治理目标的实现。

在高校思想政治教育治理过程中,目标的设定要注重鲜明的政治性。新时代思想政治教育治理主体现代化,是增强治理主体全面贯彻执行党和国家教育方针政策的主体性,提升治理主体贯彻落实立德树人根本任务的自觉性的题中应有之义,思想政治教育治理主体要聚焦"培养什么人、怎样培养人和为谁培养人"的根本问题,坚持不懈地用习近平新时代中国特色社会主义思想铸魂育人。[①] 要对立德树人这一根本任务和战略目标进行层级任务分解,对照目标管理法,可以按照如下步骤实施:战略目标设定、组织规划目标、实施控制与自我调节四个部分。第一步,考评期内的目标由组织的最高层领导设定,并制订总体的战略规划,明确总体的发展方向,提出工作计划;第二步,在总方向和总目标确定的情况下,分解目标,逐

---

① 王学俭、阿剑波:《思想政治教育治理现代化的内涵、特征与发展路径》,《思想理论教育》2020年第2期。

级传递，建立被考评者应该达到的目标；第三步，目标实施过程中，负责人对成员提供客观反馈，帮助组织成员达到目标的程度，比较成员完成目标的程度与计划目标；第四步，负责人要协调自身的工作目标，并能够与下属一起根据他的能力和发展水平对其目标进行必要的调整。

2. 绩效标准法

绩效标准法与目标管理法基本接近，它采用更直接的工作绩效作为衡量指标，通常适用于非管理岗位的员工，衡量所采用的指标要具体、合理、明确，要有时间、空间、数量、质量的约束限制，要规定完成目标的先后顺序，保证目标与组织目标的一致性。绩效标准法比目标管理法具有更多的考评标准，而且标准更加具体详细。依照标准逐一评估，然后按照各标准的重要性所确定的权数，进行考评分数汇总。绩效标准法为下属提供了清晰准确的努力方向，对员工具有更加明确的导向和激励作用。在高校思想政治治理评价中也可以运用此类评价方法，实现高校思想政治教育治理评价过程中全员参与评价的制度机制。同时要注意到，绩效标准法的局限性是需要占用较多的人力、物力和财力，需要较高的管理能力和管理成本。

三、传播学视角下的高校思想政治教育治理评价

在网络信息时代，当代大学生作为"网络原住民"已经习惯了"网络化生存"。高校思想政治教育治理面临着前所未有的机遇和挑战，海量的信息与复杂的传播渠道影响着高校思想政治教育治理的效能发挥。因此，在传播学视角下探讨对高校思想政治教育治理的评价尤为重要。首先，高校思想政治教育活动具有传播过程的特征。拉斯韦尔认为传播过程包括五个基本要素：传播主体、传播内容、传播渠道、传播对象和传播效果，同时也提出相应的研究范畴，即控制分析、内容分析、媒介分析、受众分析、效果分析。作为一种广义的传播活动，高校思想政治教育活动同样具备一般传播过程的五个基本要素，其实践活动部分地遵循传播学的基本原理和规律。具体而言，思想政治教育的实践过程包括：思想政治教育主体、教育客体、教育介质、教育环境。这与传播学中的五个基本要素具有一定的

第七章　高校思想政治教育治理评价的学科借鉴

相似性。教育者也是传播者，包括个人或者群体、组织把教育内容通过某种教育介体渠道或载体向教育客体进行有目的有计划的影响，从而使受众获得教育。其次，传播的各要素是高校思想政治教育治理评价的重要切入。教师和学生既是网络信息的传播者，也是传播的接受者，网络时代既对传播者提出了更高要求，也对传播的接受者有了更深刻的分析，其互动的逻辑与效果有待评价和改进；同时，高校思想政治教育的传播内容与传播方法都较为传统，面对网络时代的快速迭代，亟待革新。因此，高校思想政治教育治理必须强化网络空间的问题意识，贯彻立德树人根本任务，维护高校意识形态安全，从网络空间这一个全新的层面去寻求解决办法，提出更具解释力、影响力和说服力的高校网络思想政治教育治理构图。[①]

（一）面向传播教育者信息技术素养与传播媒介的治理评价

进入 21 世纪，网络空间的快速发展催生了许多新型的传播媒介，对思想政治教育产生了深远的影响。一方面，这些新兴媒体具有即时性、互动性、广泛性、丰富性等特点，受到人们的普遍喜欢和使用，新兴媒体的应用是思想政治教育研究的热点问题。[②] 新型传播媒介为高校思想政治教育治理奠定了新环境。另一方面，新兴媒体中也衍生出意识形态网络渗透、教育主体关系异化、现实空间与网络空间教育对接举措不足等诸多问题与困境。信息化时代中，大众传播的迅速发展形成一个全方位的开放平台，人们获取信息变得更加便捷，但海量信息也可能混杂着一些不健康的信息，对传播主客体双方在信息甄别中造成一定的困难。同时，高校思想政治教育治理的结构需要变革转型。现代信息传媒途径蓬勃发展，师生双方都可在信息共享的平台获取有效知识，缩小了双方在知识与信息等方面的距离，部分思想政治教师因为缺乏系统的信息和传播能力，难以适应这一节奏，导致在与学生交流、沟通的过程中处在缺位状态。因此，在传播学视角下审视高校思想政治教育治理评价，就要充分体现现代传播的相关要素，对高

[①] 李颖、靳玉军：《网络空间视域下高校思想政治教育治理的创新发展研究》，《重庆大学学报（社会科学版）》2020 年第 3 期。

[②] 鲁杰、边卫军：《思想政治教育传播学：领域、内容与方法》，《教学与研究》2016 年第 6 期。

校思想政治教育治理中的传播媒介运用水平进行评价,同时以评价促进高校思想政治教育治理中新传播媒介的运用。

要对教育传播者的信息技术素养的治理评价。高校思想政治教育队伍涵盖学校党政领导、共青团干部、思想政治理论课教师和辅导员、班主任等多类人员,他们是高校思想政治教育治理的基本要素。在新时代背景下,信息技术素养是其专业能力的必要组成部分,需要强化对其信息技术素养的评价,并以评价提升其相关素养,最终提高"网络化生存"能力,掌握新型传播媒介。

要对传播媒介进行治理评价。传递信息必须采用合适的组织形式,就如能量传播必须要有介质,载体对教育对象起作用,使其产生内在的思想矛盾运动,从而实现教育预期目的。因此传播载体的选择一定程度上影响着传播效能的发挥。在众多传播媒介中,官方媒介和社群媒介尤为重要。首先,官方传播媒介具有权威性,是开展思想政治教育的主要阵地和正式渠道,也是传递信息和释疑解惑的重要信息源。其次,社群媒介是师生交往互动的主要网络空间。人们通过社群媒介宣泄情绪、表达观点、维护权益,将个人利益的价值诉求投射到公共利益,由此产生巨大的感染力和号召力,在公共领域与私人领域的辗转中凝聚成网络群体,形成网络社会的群体意识。[①]因此,在评价体系的设定中,若想充分发挥新媒介的载体作用,就要对相关主体管理运行官方媒介和社群媒介的情况进行评价,以适应高校思想政治教育的载体需要。

(二)面向意识形态安全、舆情治理效果与制度建设的治理评价

当今世界面临百年未有之大变局,从国际形势来看,全球新冠肺炎疫情仍然肆虐蔓延,单边主义、保护主义、排外主义有所抬头,民粹主义、自由主义、霸权主义较为活跃,借助强大的互联网先发优势实施思想渗透和政治争夺,利用各种社交媒体在网上炮制有害思想观点,刻意抹黑中国

[①] 李颖、靳玉军:《网络空间视域下高校思想政治教育治理的创新发展研究》,《重庆大学学报(社会科学版)》2020 年第 3 期。

形象、散布政治谣言、攻击我国抗疫举措等等。① 同时，网络空间的发展对于信息传播产生极大影响，日渐兴盛的草根文化、网红文化与精英文化逐步构成网络舆情文化的重要内容，在舆情文化生产和构成部分，普罗大众的知识结构和思维能力被赋能释放，逐步成为社交文化链接的基本单元。② 高校网络意识形态治理体系与治理能力在有效应对挑战、防患化解网络风险方面还存在诸多不足。传播学视角下的意识形态安全建设与网络舆情处理，成为高校思想政治教育治理评价中的两个重要维度。

首先，应加强对网络意识形态安全的现状与制度建设进行评价。意识形态治理是国家治理的文化表征，是对我国社会主义社会的意识形态领域进行治理和用我国社会主义意识形态进行国家治理的有机结合。③ 因此，在高校思想政治教育治理中，网络空间的意识形态安全治理是重要内容与构成，应当对当前高校思想政治教育治理体系的风险防范能力进行真实评价。要加大对网络意识形态责任制落实情况的监督检查，不断创新载体、丰富形式，坚决守稳网络意识形态阵地。具体来说，高校思想政治教育治理的风险防范体系应当包括以下构成：治理风险的识别因子、治理风险的识别程序、治理风险的描述程序。其中，治理风险的识别程序是一个发现、辨认、描述、清单输出的完整过程，其既能为高校思想政治教育治理风险的识别提供可量化的依据，也可以为风险分析提供可量化的标准。④ 总的来说，对高校思想政治教育治理的风险防范体系的评价可以此为标准。

其次，应加强对网络舆情治理效果与制度建设的评价。当前部分高校在网络舆情治理方面的不足与考评的缺乏息息相关。在解决实际矛盾问题的操作路线上缺失必要的考核监督方法，使得高校舆情治理工作的很多事情不能够扎实开展并落实下去。⑤ 具体来说，这方面的评价主要包括两个方

---

① 李治勇、王建波：《高校网络意识形态领域面临的新风险新挑战及其应对》，《学校党建与思想教育》2021年第16期。

② 姚翼源：《高校网络舆情治理的关键问题与实践向度》，《西南民族大学学报（人文社会科学版）》2021年第3期。

③ 蔡如军、金林南：《试论现代社会的思想政治教育治理》，《思想理论教育》2018年第1期。

④ 陈元、黄秋生：《新时代高校思想政治教育治理风险评估》，《学校党建与思想教育》2021年第8期。

⑤ 徐鹏：《新时代高校舆情治理优化路径研究》，《中国高等教育》2019年Z1期。

面。第一，对学校运用媒介处理舆情的行动与内容进行评价。在媒介聚焦下的高校舆情事件中，媒介成为连接高校形象与公众认知的重要桥梁，学校官方能否及时、有效、合理进行回应，让公众乐于接受回应内容，是学校塑造良好形象、进行网络舆情引导的重要渠道之一。[①] 第二，对高校建立的网络舆情预警与调控机制进行评价。在异质意识形态相互交锋的时代，高校网络舆情事件频发，高校在应对与引导舆情风险的机制是否完备与有效也应该是考核的重点内容之一。为此高校要建立行之有效的网络舆情识别、引导、解构的全流程制度，以技术赋能为支撑，以学生思想引领为目标，增强高校网络舆情治理能力。要注重新技术新方法新手段在构建高校思想政治教育治理体系中的重要作用，充分借助互联网、大数据、人工智能等新技术，改进和变革思想政治教育治理方式，促进思想政治教育治理方式现代化。

四、生态学视角下的高校思想政治教育治理评价

依据生态学的原理，可以考察高校思想政治教育治理系统内部诸要素与周围环境的相互关系、相互作用和相互适应，研究各种现象和问题及其成因，探讨科学评价高校思想政治教育治理的方式。

一方面，高校思想政治教育治理着眼高校思想政治教育工作的全局，对高校思想政治教育工作进行顶层设计，体现了整体性。另一方面，高校思想政治教育工作的各要素之间是有机联系的，各因素的规范引导与互动衔接，体现了系统性。高校思想政治教育治理的整体性与系统性有机地统一于高校思想政治教育实践工作之中。因此，需要在思想政治教育的背景下探讨思想政治教育治理。思想政治教育是现代教育的一个子系统，同时又是相对独立、自成体系的一个生态系统，它受到诸多内外部环境因素的影响。因此，要使思想政治教育治理顺利进行，在对其评价中也必须坚持"全面协调可持续""统筹兼顾"的生态观。

---

① 周媛媛、王保华：《高校网络舆情治理的形象修复与舆情应对话语策略》，《现代教育管理》2021年第11期。

（一）生态学视角下的高校思想政治教育治理

生态学按照研究对象分为四个层次：个体生态、种族生态、群落生态和系统生态。参考教育生态系统，对思想政治教育系统而言，也有开发者、被开发者、管理者三个功能团，思想政治教育生态系统以教育及其结构层次为主体，以这三个功能团为纽带，围绕几种生态环境的圈层，形成多因子综合影响、相互作用的系统。教育生态系统是一种耗散结构系统，其远离平衡态的开放性和各要素之间的非线性作用，使得我们可以采用耗散结构的理论和方法去研究它，以获得对系统动态情况的了解和多种启示。

教育的生态环境是以教育为中心，对教育的产生、存在和发展起制约和调控作用的多元环境体系。由此，思想政治教育的生态环境是以思想政治教育为中心，对思想政治教育的产生、存在和发展起制约和调控作用的多元环境体系。大致分三个层次：一是以思想政治教育为中心，综合外部自然环境、社会环境和规范环境组成的单个的或复合的思想政治教育生态系统；二是以单个学校或某一教育层次为中心构成的，反映思想政治教育体系内部的相互关系；三是以学生的个体发展为主线，研究外部环境包括自然、社会和精神因素组成的系统。此外，还需考虑思想政治教育对象内在的生理和心理环境。

（二）生态学视角下的高校思想政治教育治理评价

思想政治教育治理的实现过程是治理主体需要不断获得动力并产生新的行动的过程，也是治理客体的属性不断向着主体需要的方向运动并与治理主体需要的层次、结构和内容相对接的过程。在这一运动过程中，治理主体处于核心的位置并决定着运动的性质和方向。思想政治教育治理要根据治理主体合理的需要创设治理内容、方法、环境等。当治理内容与治理主体的接受图式成功对接，对治理客体产生积极的肯定的意义，思想政治教育治理的价值获得实现，评价才有了前提和基础。同时治理主体需要实现的目标也决定着价值的大小。因此，从治理主体需要出发才能更好地理解价值内容，顺利实施评价。人的思想政治品德是社会环境和内在精神世界共同作用的结果。把教育的先进性和广泛性结合起来是思想政治教育本质规律的重要体现。一个社会总是在不断提出思想政治教育治理的更高要求，如何确认其达到了既定要求并确定更高层次的要求，可以借助思想政治教育治理评价来判断。

思想政治教育治理的客体属性是管理者、开发者根据社会的性质和要求赋予思想政治教育治理客体的导向、凝聚、激励、开发、管理等功能，它以促进治理客体的全面发展为核心目的，借助于载体的传导抵达治理客体的主观世界；治理客体在接受动力系统的驱动下通过思维操作把教育信息因子纳入接受图式系统，最后转化为一定的思想政治品德素质和能力。思想政治教育治理的客体属性能否对治理主体发生意义，关键在于这种属性是否与治理主体的发展需要相一致、相接近、相符合并通过客体主体化运动促进主体思想政治品德素质与能力的跃升。思想政治教育治理客体属性主要具有以下三种特征。

一是政治性、意识形态性特征。思想政治教育治理总是从属于一定的阶级利益和政治目的，其目的是用一定的思想观念、政治观点、道德规范武装人、塑造人，培养出符合社会需要的个体。这种特性与教育规律性相结合，共同致力于人的思想政治品德的开发和建设。二是主体性特征。思想政治教育治理客体属性是一种主体性事实，它本身不能呈现价值内容，只能通过主体的统摄、选择、吸纳并促进主体发展来形成价值事实。这种功能属性是一定社会思想政治品德要求的转化和具体化，是思想政治教育治理本质的外在显露。三是多维性特征。思想政治教育治理要关注主体需要的多向性和层次性特点，力求蕴含丰富的内容，从多层次满足主体的发展需要。

思想政治教育治理价值由潜到显的实现过程，也是为评价提供前提、基础和内容的过程。评价主体直接指向的是一定的价值事实。评价主体在考察主体需要和客体属性的统一时，也包括对二者相对独立的考察。因此，评价主体通常要间接地考察客体属性对评价的意义。客体属性的哪些功能在哪些方面通过何种途径与主体需要的哪些层次哪些方面实现了融合对接，需要评价主体去逐一探求。这种探求又必须以充分把握主体需要和客体属性的具体状况为基础。

第八章
高校思想政治教育治理评价的成果使用

党的十九届四中全会通过的《中共中央关于坚持和完善中国特色社会主义制度 推进国家治理体系和治理能力现代化若干重大问题的决定》指出:"坚持和完善中国特色社会主义制度、推进国家治理体系和治理能力现代化,是全党的一项重大战略任务。"[①] 高校思想政治教育治理作为国家治理体系的题中之意,其价值遵循与国家治理体系和治理能力现代化的要求高度一致。推进高校思想政治教育治理是对国家治理体系和治理能力现代化的现实回应。在推进高校思想政治教育治理现代化的过程中,对高校思想政治教育治理的评价则是保障高校思想政治教育治理成效落实的重要方式。高校思想政治教育治理评价成果的合理使用更是发挥其评价功能的重要环节。坚持正确的评价成果使用导向,厘清成果使用的途径方式和机制保障有利于高校思想政治教育治理评价体系的高效运行,以确保高校思想政治教育以评促改、以评促建的功能实现。

一、高校思想政治教育治理评价成果使用的原则导向

2020年10月,中共中央、国务院印发的《深化新时代教育评价改革总体方案》提出,新时代教育评价改革要坚持立德树人,牢记为党育人、为国育才使命,充分发挥教育评价的指挥棒作用,引导树立科学的育人目标,

---

① 《中共中央关于坚持和完善中国特色社会主义制度 推进国家治理体系和治理能力现代化若干重大问题的决定》,《人民日报》2019年11月6日。

确保教育正确发展方向。高校思想政治教育治理评价成果使用应当坚持的原则包括导向性、针对性和有效性。其中，导向性原则是评价成果使用的首要原则。只有坚持明确的目标导向，才能达到以评价促进思想政治教育治理体系、治理能力和治理效能提升的总体目标。针对性原则又称精准性原则，即价值在于确保评价成果使用的准确性。在针对性原则之下，评价成果使用才能有针对性地精准提升高校思想政治教育的治理水平和治理能力。有效性原则是确保评价成果使用切实有效的重要保障，只有评价成果使用的途径方式得当、保障机制完善才能确保评价成果使用的价值得以顺利实现。

（一）坚持评价成果使用的导向性原则

高校思想政治教育治理评价成果使用的导向性是指评价结果的使用可以实现高校思想政治教育治理的高效和有序运行，实现以评价促进高校思想政治教育治理水平和质量提升的价值目标。高校思想政治教育质量评价是对思想政治教育的治理功能、治理内涵的价值判断，这种价值判断本身包含着治理评价标准的判断和价值方向的引领，以此保障高校思想政治教育治理水平的切实提升。在导向性原则下，评价成果的正确和有效使用始终要确保思想政治教育治理体系、治理能力和治理效能方面达到国家治理现代化对高校思想政治教育治理的要求。

首先，高校思想政治教育治理评价成果使用要体现服务于国家治理体系和治理能力现代化的需求导向。在推进国家治理体系和治理能力现代化的背景之下，高校思想政治教育治理评价的成果使用应当体现服务于国家治理现代化的需求导向。在思想政治教育治理评价中应当摒弃的是为了评价而评价的导向，应树立通过评价结果的反馈审视思想政治教育治理过程中存在的优势与短板，以便反思与改进，保证思想政治教育符合国家治理现代化的现实需求。与此同时，高校思想政治教育治理评价的目标具有层次性，大致呈现三个层级的效应状态：把握治理现状、推动治理体系的健全完善、引领治理工作的发展。① 因此，高校思想政治教育治理评价结果使用的原则也就是要保持以上三个方面的引领性和导向性，通过评价成果的

---

① 冯刚、高山：《新时代高校思想政治教育治理论》，人民出版社2021版，第222页。

应用,更好地厘清和把握目前高校思想政治教育治理水平的现状、推动高校思想政治教育治理体系的健全完善、以达到推动高校思想政治教育治理水平和治理工作能力提升的终极目标。

其次,高校思想政治教育治理评价成果使用要体现对高校立德树人落实成效的检验导向。高校肩负着为党育人、为国育才的神圣使命,其立身之本在于立德树人。在高校开展思想政治教育治理评价的一个重要目标是提升高校的人才培养质量,促进青年大学生的成长和发展。高校思想政治教育"立德树人"使命的落实成效检验需要建立在科学的教育评价基础上,这与高校思想政治教育治理评价成果使用的导向性原则相一致。通过对高校思想政治教育治理评价的成果有效使用达到促进高校思想政治教育治理水平提升和质量改进的价值目标。通过高校思想政治教育治理评价的成果使用,切实保障高校思想政治教育立德树人使命的践行。因此,在评价成果使用的过程中,需要聚焦落实立德树人根本任务,围绕立德树人成效落实的检验导向,提升人才培养的效果和质量。

最后,高校思想政治教育治理评价成果使用还要体现高校思想政治教育科学化水平的提升导向。在推进高校思想政治教育治理现代化过程中,找准发展过程中的优势,继续发扬;找准发展过程中的现实困境和问题加以改进,以此回应社会发展新形势对思想政治教育改革发展的新要求。通过对思想政治教育治理进行评价,从高校思想政治教育治理体系、治理能力、治理效能等方面审视其发展现状与问题,反思其困境、落实改进是提升高校思想政治教育科学化水平的重要保障。通过高校思想政治教育评价活动的有序开展能够促进高校思想政治教育的科学化水平。评价结果的使用是评价活动中的重要环节,通过评价结果的合理规范化使用,可以有效提升思想政治教育学科建设和教学活动的科学化水平。通过高校思想政治教育治理评价成果的发布、反馈、监管、整改能够促进思想政治教育治理水平和教育教学质量的持续改进。

(二)坚持评价成果使用的针对性原则

通过开展高校思想政治教育治理评价,从根本上说是要实现思想政治教育治理固其根基、扬其优势、补其短板、强其弱项的功能目标。这也是高校思想政治教育治理评价成果使用应当坚持的根本遵循。高校思想政治教育治理评价不同于传统的教育管理评价，其评价侧重点在于治理二字。这既是评价的核心内涵，又是评价必须把握的方向和标准。

高校思想政治教育治理评价成果使用应体现国家治理现代化的具体要求。党的十九届四中全会提出，"我国在国家治理一切工作和活动都依照中国特色社会主义制度展开，我国国家治理体系和治理能力是中国特色社会主义制度及其执行能力的集中体现"。这一重要论断为我们准确把握中国特色社会主义制度与国家治理体系和治理能力的关系提供了遵循。思想政治教育治理质量评价的成果使用的最终目标是通过思想政治教育治理水平的提升，最终实现国家治理体系和治理能力现代化。

习近平总书记强调："国家治理体系和治理能力是一个国家制度和制度执行能力的集中体现。国家治理体系是在党领导下管理国家的制度体系，包括经济、政治、文化、社会、生态文明和党的建设等各领域体制机制、法律法规安排，也就是一整套紧密相连、相互协调的国家制度；国家治理能力则是运用国家制度管理社会各方面事务的能力，包括改革发展稳定、内政外交国防、治党治国治军等各个方面。国家治理体系和治理能力是一个有机整体，相辅相成，有了好的国家治理体系才能提高治理能力，提高国家治理能力才能充分发挥国家治理体系的效能。"[①] 高校思想政治教育治理评价的结果应当呈现的是高校思想政治教育治理水平的现实状况，而非传统的质量评价或管理评价。它们之间可以有交叉，但所指并不完全一样，各有侧重。尤其是治理所蕴含的内容具有更加鲜明的针对性。较之于思想政治教育管理，思想政治教育治理更加强调体系的完善性和体系化、体制机制的联动性和灵活性、治理主体的多元参与性、治理方向的多向度等。因此，评价成果使用理应遵循治理的基本价值和内涵，评价活动的效用也应体现治理上述方面内涵的改进和提升。

高校思想政治教育治理评价成果使用应当坚持以评价促改进的价值取

---

① 《习近平谈治国理政（第一卷）》，外文出版社 2018 版，第 91 页。

向。通过高校思想政治教育治理评价活动的开展，既可以掌握高校思想政治教育治理的基本情况，发现存在的问题和不足，推动高校治理工作的健全完善，又能以评价的指挥棒引领高校思想政治教育治理的发展方向。高校思想政治教育治理评价涉及的领域较为广泛，从治理体系、治理能力和治理效能三个维度出发，涵盖高校思想政治教育治理主体的评价、治理的制度机制评价、治理的方式方法评价、治理的过程效能评价等方面。无论是其中哪个方面的评价，其评价结果的运用都应当体现"以评促改"的功能导向。评价过程需要关照全面提升思想政治教育质量的价值目标、精准实现高校思想政治教育为党育人、为国育才使命这一终极目标。由于思想政治教育活动的特殊性，其教育目标存在复杂性和抽象性的特点，这也决定了教育目标达成过程的艰巨性和漫长性。在评价成果使用过程中坚持针对性原则可以通过对高校思想政治教育治理中所存在问题的管窥，达到提升高校思想政治教育治理水平的目标。对高校思想政治教育治理的主体权责、治理的制度机制保障、治理的方式方法运用、治理的效果效能等方面的评价最终要实现的是提升高校思想政治教育治理水平和治理能力的终极目标。

（三）坚持评价成果使用的有效性原则

所谓有效是指事物能达到预期目的，能够产生效果。在高校思想政治教育治理评价的成果使用中坚持有效性原则，即是通过评价成果的使用达到评价的预期目的，使评价结果产生实际效果。习近平总书记指出："每个时代总有属于它自己的问题，只要科学地认识、准确地把握、正确地解决这些问题，就能够把我们的社会不断推向前进。"[①]

高校思想政治教育治理评价成果应确保使用过程和使用方法的有效性。要保证评价成果使用的结果有效，需要建立在方式方法有效的基础之上。评价结果为谁所用？通过何种渠道和方式进行应用？对这些问题的思考和解答，都是对评价成果使用有效性的过程性回应。高校思想政治教育治理

---

① 《习近平新时代中国特色社会主义思想学习纲要》，学习出版社、人民出版社2019年版，第248页。

评价的结果可以为高校思想政治教育主管部门、高校开展思想政治教育的部门、高校思想政治教育工作者等提供参考。评价结果反馈到不同层面的主体，对高校思想政治教育治理水平和思想政治教育质量的提升势必产生积极助推作用。从多元化的主体视角出发，进行反思和改进，有助于高校思想政治教育治理水平的切实提升。同时，评价成果使用的渠道和方式也需要坚持有效性的原则。这就要求评价成果所体现的问题需要精确反馈到相关方，并且要通过适宜的方式和途径对涉及的相关问题进行反思和改进。

此外，高校思想政治教育治理评价的成果使用要发挥其价值，必须建立在完善的机制保障基础之上。建立相应的评价成果发布机制、反馈机制和监督机制是确保评价成果使用有效的重要条件保障。评价成果发布的周期、范围、程序等都需要在发布机制中有明确规定。只有周期合理、范围适宜、程序科学的发布机制才能有效保障成果使用的效果得以实现达成。评价成果向不同层面相关方进行反馈，如何确定其内容边界，权责边界也是发布机制有效运行的重要保障。此外，发布的程序如何进行科学合理的安排也会在一定程度上影响成果发布的效果。反馈机制是确保评价成果使用有效性的重要环节。针对评价中出现的问题明确权责、层层反馈、对照落实，保障了评价成果使用有效性的落实见效。监督机制即是关于评价成果使用过程中需要通过监督来规约的重要保障。监督机制在很大程度上决定了评价成果使用效用的发挥。缺乏监督机制则无法保障成果使用的有效性。

高校思想政治教育治理评价成果使用应发挥有效提升高校思想政治教育治理水平的作用。通过高校思想政治教育治理评价成果的正确使用，回应和解决高校思想政治教育治理各环节存在的问题，并加以改进，以最终实现高校思想政治教育治理水平教育质量的有效提升。高校思想政治教育治理评价需要建立科学有效的评价指标体系和监测体系，以保持治理过程的高效性的实现。治理评价的过程体现的也是对治理效率和效果的监测。高校思想政治教育治理评价活动的开展，既是对治理过程复杂性的应对，又是从根本上检验思想政治教育治理实际成效的重要方式。通过科学的测评和监测，及时发现在思想政治教育治理中存在的问题与不足，并进行及时反思与调整，有助于迅速化解问题，确保治理效果的发挥。通过对高校思想政治教育治理的评价,分析思想政治教育各个环节要素的治理结果的实际效益,评价成果更可以通过宣传推广的方式,对治理中出现的示范性成效进行正向鼓励。同时,评价结果中体现的低效治理部分则可以通过备案和反思的方式进行问题查找与改进。高校思想政治教育治理评价成果使用需要坚持有效性原则,通过评价成果使用切实提升高校思想政治教育的治理水平。

综上所述,导向性、针对性和有效性是高校思想政治教育治理评价成果使用应当坚持的原则导向。原则导向的确立为高校思想政治教育治理评价成果使用提供了导向性指引,也为实现高校思想政治教育治理现代化水平的提升提供了原则遵循。

二、高校思想政治教育治理评价成果使用的途径方式

高校思想政治教育治理评价成果使用需要坚持导向性、针对性、有效性原则。通过评价活动的有序开展和评价结果的正确使用达到提升高校思想政治教育治理水平,提高高校思想政治教育质量的目标。在此过程中,评价成果使用的途径方式会在一定程度决定以评价促进思想政治教育治理水平和教育质量的目标达成度。只有建立在科学合理的使用去向和途径方式之上的成果使用方式才能最大程度发挥以评价促质量提升的评价功能。

(一)高校思想政治教育治理评价成果使用的去向

高校思想政治教育治理是一个不断运行、循环往复的过程。构建新时代高校思想政治教育治理体系,要以持续性、动态性、反思性的视角全面审视整个体系的现代化建设过程,充分发挥质量评价的激励(任务导向)和反思(问题导向)功能,以不断完善的质量评价体系,破解实践发展瓶颈。[①] 高校思想政治教育治理评价成果使用的去向主要在于两个层面:一是从理论层面完善了思想政治教育评价体系,二是从实践层面为思想政治教育质量评价提供了操作性指引。

---

① 冯刚:《构建新时代高校思想政治教育治理体系》,《中国教育报》2021年9月13日。

首先，评价成果的使用从理论层面完善了思想政治教育评价体系，绘制完善了高校思想政治教育评价活动闭环。高校思想政治教育治理评价是对运用治理理论和方式推进思想政治教育改进发展状况的评估和判断。[①] 对高校思想政治教育治理的评价是保障思想政治教育育人功能实现的重要前提。而评价的过程又可以划分为若干要素环节，包括评价目标、评价标准、评价指标、评价方法、评价过程、评价机制、评价成果等。任何一个环节要素都不是孤立存在的，而是一个协调一致的整体，只有各要素共同推进才能保证评价工作的顺利开展。评价成果在此过程中应当不仅仅被视为一种终结性成果状态，而应该将其视为一种持续性改进和反思的状态。在此过程中，评价活动的各个环节要形成闭环才能实现评价活动的实际功能。评价成果形成后，通过正确的渠道和途径进行使用，可以向思想政治教育实施和参与的相关方进行及时反馈，以督促高校思想政治教育治理现代化水平中优势的继续发扬、问题的持续改进。因此，高校思想政治教育治理评价成果的发布和使用实际上是评价活动中重要而不可忽视的一个环节。评价成果使用的逻辑价值也体现于此，即是实现了评价过程的完善，将评价过程完整绘制了一个闭环，保证了评价过程的科学性。

其次，评价成果的使用为高校思想政治教育质量评价提供实践指导。高校思想政治教育是贯彻党的教育方针，落实立德树人根本任务，培养社会主义建设者和接班人的最主要的途径。高校思想政治教育的开展过程是多元主体共同参与，协同推进的教育过程。在此过程中，涉及宏观、中观和微观层面多方主体的共同推进。高校思想政治教育治理评价的成果只有反馈到不同层面的主体，才能有助于以评价促改进的功能导向的实现。教育部等八部门联合印发的《关于加快构建高校思想政治工作体系的意见》提出，要强化高校思想政治工作协同保障。推动形成学校、家庭和社会教育协同育人机制。相应地，高校思想政治教育治理评价的成果使用需要反馈到教育主管部门层面、高校层面、教师层面、社会层面、学生层面等多个主体层面。

[①] 冯刚：《构建新时代高校思想政治教育治理体系》，《中国教育报》2021年9月13日。

第八章　高校思想政治教育治理评价的成果使用

教育主管部门层面可以通过高校思想政治教育治理评价的成果使用为高校思想政治教育相关政策制订提供参考依据。高校思想政治教育治理评价对象涵盖了治理主体、治理制度、治理机制等多个方面。高校思想政治教育治理从宏观上涉及教育主管部门、高校党委行政、院系党政工团、二级学院等单位组织。其治理主体涉及高校思想政治教育管理者、高校思想政治理论课教师、辅导员班主任、专业课教师等。高校思想政治教育治理主体还包括了课程思政、社团活动、校园文化、教学平台等多个要素。因此，从上述层面可以全方位为教育主管部门制订高校思想政治教育治理政策提供决策参考。参与高校思想政治教育治理过程的单位组织承担的职能和具体工作、主体人员应当具备的核心能力素养、各个要素环节各自职责发挥过程中的优势与短板均能通过思想政治教育治理评价的结果有所体现。

高校层面通过高校思想政治教育治理评价的成果使用更加精准开展思想政治教育管理，加强思想政治教育督导，把握思想政治教育质量。高校是用好思想政治教育治理评价结果的关键。高校思想政治教育治理评价成果首先可以为高校思想政治教育工作部门进行评价理论的学习提供实践依托。同时可以帮助高校思想政治教育的实施者和管理者，如，教师、辅导员、党政管理者等更新新时代思想政治教育质量观和评价观。高校通过思想政治教育治理评价成果的认识和使用，把握思想政治教育整体质量。基于治理评价成果，学校能够从学校层面建立思想政治教育教学质量监控体系、成立以思想政治教育管理部门、思想政治理论课教师、专业教师、辅导员班主任等为主体的治理评价成果应用的协作团队。团队成员在进行整体诊断、分析研判之后，在高校思想政治教育治理过程中扬优势、补短板。

高校思想政治理论课教师、专业教师、辅导员等作为思想政治教育教学活动开展的具体实施者，借助高校思想政治教育治理成果反思其教育教学过程，提升自身思想政治教育教学能力和素养。从事思想政治教育教学的各类教师是高校思想政治教育治理评价成果的具体使用者。教师通过对评价成果中定性描述和定量数据的解读分析掌握评价成果反映出来的现实问题与困境，了解学生的思想政治教育学习状态以及在课前备课、上课、课后辅导等环节出现的问题。在此基础上，教师也可通过评价成果的分析，精准查找问题出现的原因，如，通过评价结果的分析发现学生的学习兴趣、学习动机等非智力的要素的影响作用，从而使得对学生的评价更加公平。思想政治教育成效的评价不是整齐划一的标准化模式，而是建立在每个学生个体的进步状态之上，以动态性和全面性为关注导向，让教育评价的关注点发生实质性的变化。与此同时，教师也会在此过程中反思其教育教学方法的有效性、适切性等问题，通过问题的查找和分析，有利于思想政治教育目标的合理有效达成。

高校思想政治教育治理过程也需要学生及家长的参与。学生及家长对于治理评价成果可以运用于发现和改进自身问题，并在反思的基础上促进改进和提升。高校思想政治教育要实现的是青年学生在思想、政治、道德、心理和审美等方面综合素质的提升，通过对治理评价成果的分析，学生和家长可以及时发现自身能力素质提升的幅度，并对于其中的短板进行反思和改进。这也是高校思想政治教育治理评价必须坚持的"立德树人"和"以生为本"的功能价值导向。

高校肩负着为党育人、为国育才的神圣使命，其立身之本在于立德树人。大学生思想政治教育治理评价在人才培养质量中体现了"立德树人"成效落实的价值导向，以此提升高校的人才培养质量，促进青年大学生的成长和发展。从学生和家长层面进行的学习反思和改进需要建立在对高校思想政治教育治理评价的结果分析的基础上，以达到主动反思和积极改进学校教育教学效果的目标。家长层面通过对评价成果的了解和分析，可以及时发现学生在思想政治教育过程中的学习收获和学习困境，在此基础上，通过家长的督促和协同配合共促学生的学业进步。

因此，高校思想政治教育治理评价成果使用从理论和实践层面将评价成果的功能实现最大程度的发挥。无论是从理论层面对评价活动的完善性建构，还是从实践层面对多方主体参与下的思想政治教育治理活动提供的现实指引，都能促进以评促改、以评促建的教育评价功能实现，为高校思想政治教育治理现代化水平的提升产生积极影响。

（二）高校思想政治教育治理评价成果使用的形式

高校思想政治教育治理评价成果需要依赖一定的载体加以使用。丰富多样的形式才能保证评价成果效用最大程度的发挥。如前所述，高校思想政治教育治理评价的成果可以从理论和实践两个层面体现评价成果促进高校治理现代化水平提升的作用。

首先，高校思想政治教育治理评价成果可以通过理论研究的形式加以使用。习近平总书记指出："国家治理体系和治理能力是一个国家制度和制度执行能力的集中体现。国家治理体系是在党领导下管理国家的制度体系，包括经济、政治、文化、社会、生态文明和党的建设等各领域体制机制、法律法规安排，也就是一整套紧密相连、相互协调的国家制度；国家治理能力则是运用国家制度管理社会各方面事务的能力，包括改革发展稳定、内政外交国防、治党治国治军等各个方面。国家治理体系和治理能力是一个有机整体，相辅相成，有了好的国家治理体系才能提高治理能力，提高国家治理能力才能充分发挥国家治理体系的效能。"[①] 高校思想政治教育治理评价成果的应用使评价过程绘制完善形成了闭环，从理论逻辑层面完善了思想政治教育治理评价的要素环节。目前针对高校思想政治教育治理进行评价的研究较少，尤其缺乏对评价主体、评价环节、评价要素、评价指标、评价机制等方面的专门研究。但对思想政治教育治理评价的研究又具有极强的理论意义和现实意义。实现思想政治教育治理是实现国家治理体系、治理能力现代化的重要环节。要保障思想政治教育治理现代化的实现，必然要求思想政治教育治理的质量水平得到显著提升。而对于它的评价则是保障其质量提升的重要前提。因此，高校思想政治教育治理评价成果就成了治理评价的重要载体，这一载体实际上也在逻辑层面丰富了思想政治教育治理研究的内涵，拓展了思想政治教育治理研究的范围。高校思想政治教育治理评价成果可以作为对思想政治教育治理这一理论研究的重要拓展和补充。

其次，高校思想政治教育治理评价成果还可以通过决策咨询的形式加

---

① 《习近平谈治国理政（第一卷）》，外文出版社 2018 年版，第 91 页。

以使用。评价成果通过决策咨询报告的形式提交给教育主管部门为高校思想政治教育政策的制订提供决策参考。教育主管部门可将高校思想政治教育治理评价的成果作为高校优化思想政治教育管理的参考依据,以及时调整相关政策、优化决策、完善资源配置、推进思想政治教育专项建设计划。参与高校思想政治教育治理过程的单位组织承担的职能和具体工作、主体人员应当具备的核心能力素养、各个要素环节各自承担的功能中的优势与短板均能通过思想政治教育治理评价的成果进行体现。以上各个方面的现状与问题查找都能够为高校思想政治教育咨询决策提供参考依据。高校思想政治教育治理评价结果能改进思想政治教育管理和决策等方面发挥重要作用。

在高校进行思想政治教育治理评价的过程中,通过相关信息数据的采集分析对高校思想政治教育治理的现状水平进行评价,并根据思想政治教育发展的趋势对高校思想政治教育治理过程中出现的问题提出诊断性的意见和建议。这是评价结果通过决策咨询的方式发挥其功能的具体体现。在此过程中,教育主管部门可以从中发现问题,并通过相应对策的制订和政策的出台加以改进,以实现优化思想政治教育管理,提升思想政治教育治理现代化的目标。正如习近平总书记在2018年9月10日的全国教育大会上的讲话中所指出:"要把立德树人融入思想道德教育、文化知识教育、社会实践教育各环节,贯穿基础教育、职业教育、高等教育各领域,学科体系、教学体系、教材体系、管理体系要围绕这个目标来设计,教师要围绕这个目标来教,学生要围绕这个目标来学。凡是不利于实现这个目标的做法都要坚决改过来。"① 通过决策咨询的形式体现高校思想政治教育治理评价结果的使用价值,是从实践层面发挥以评价促改进功能的重要体现。对高校思想政治教育治理的评价实质上也是对高校思想政治教育"立德树人"成效的检验,是从宏观层面的决策咨询更是发挥评价指挥棒作用的重要方式。2020年10月,中共中央、国务院印发的《深化新时代教育评价改革总体方案》提出,新时代教育评价改革要坚持立德树人,牢记为党育人、为国育才使命,

---

① 《习近平在全国教育大会上强调 坚持中国特色社会主义教育发展道路 培养德智体美劳全面发展的社会主义建设者和接班人》,《人民日报》2018年9月11日。

第八章　高校思想政治教育治理评价的成果使用

充分发挥教育评价的指挥棒作用，引导树立科学的育人目标，确保教育正确发展方向。因此，通过咨询决策的形式使用高校思想政治教育治理评价成果与新时代教育评价改革的方向一致，有利于实现新时代教育评价改革的总体目标。

第三，高校思想政治教育治理评价的成果还可以通过周期性评价报告的形式加以使用。为评价而评价是在思想政治教育评价中应当摒弃的一种取向。从根本上说，评价的目的是促进教育质量的持续改进。高校思想政治教育治理评价的成果通过评价报告的方式反馈给高校，可以促使高校将评价成果与思想政治教育活动的开展紧密结合，发现和诊断思想政治教育各个环节要素中出现的问题，并采取改进措施对问题进行及时纠正。同时，对于思想政治教育治理过程中体现出的优势继续保持和发扬，真实体现扬优势、补短板的评价功能。参与高校思想政治教育治理的各主体通过周期性评价报告均可对各自的职能责任、核心素养等进行审视，查找在此过程中出现的问题，以体现高校思想政治教育治理现代化过程中的主体能动性。

评价报告作为反馈给高校的重要评价成果，其发布是高校思想政治教育治理评价过程中的重要环节。一次完整的评价活动涵盖了评价活动启动、评价过程实施和评价结果报告等关键环节。评价报告应当通过完善的发布机制进行发布，反馈到相关参与主体。其中，向高校思想政治教育管理和思想政治教育开展运行部门反馈的评价成果，能够为高校持续改进思想政治教育活动，提升思想政治教育现代化水平提供直接参考。通过周期性的评价活动的开展，能够促进高校建立思想政治教育治理长效机制。周期性高校思想政治教育治理评价报告涵盖治理体系、治理能力和治理效能等多个方面内容，能够从全方位多维度为高校提供质量提升和治理改进的参考。

第四，高校思想政治教育治理评价成果还可以通过教育教学反思研讨的形式加以使用。高校思想政治教育治理过程中，除了思想政治教育主管部门、学校思想政治教育管理部门等层面的参与者之外，广大思想政治理论课教师、专业教师、辅导员班主任、心理咨询师等也广泛参与到了治理过程之中。因此，高校思想政治教育治理评价成果在广大一线思想政治教育教学工作者层面也能发挥重要的功用，其评价成果可以通过高校思想政治教育工作者的教育教学反思研讨的方式进行使用,以此反思思想政治教育教学过程中的现实问题,推进思想政治教育教学质量的提升。日常教育学校活动中,高校思想政治教育工作者们虽然也会开展常态化的思想政治教育教学工作研讨,但研讨的问题和范围大多是按照教育教学目标进行的落实细化,以及对日常教学活动中自我诊断的问题进行的反思。从问题发现的全面性和针对性来看,十分有必要通过评价的方式进行呈现。高校思想政治教育治理评价涵盖的内容较为全面,且会针对不同的治理参与者进行评价,因此从诊断与反思的过程全程性和内容全面性来看,通过评价结果反馈的方式进行的教育教学研讨更具有导向性和针对性。

高校思想政治理论课程的改革创新也需要依托思想政治教育治理评价成果有效应用而持续推进。党的十九届四中全会通过的《中共中央关于坚持和完善中国特色社会主义制度 推进国家治理体系和治理能力现代化若干重大问题的决定》指出:"加强和改进学校思想政治教育,建立全员、全程、全方位育人体制机制。"①这是治理现代化对新时代思想政治教育提出的全新要求。作为高校思想政治教育的主渠道,高校思想政治理论课改革创新也应体现出全员、全程、全方位育人的课程改革创新理念。在落实"三全育人"教育理念的过程中,治理现代化对高校思政课建设的总体要求体现在课程建设的整体协同性、系统科学性和现实针对性。以上原则可通过高校思想政治教育治理评价的成果进行体现,高校思政课程建设基于评价成果,可以为新时代课程体系建设的改革创新提供思路。

第五,高校思想政治教育治理评价的成果还可以通过学生学业成就报告的形式加以使用。新时代高校思想政治教育治理体系,更加聚焦培养时代新人,更加注重以学生为中心的价值理念,坚持一切为了学生,一切依靠学生,发挥学生的主动性与积极性。肯定学生的主体地位,相信学生能够进行自我创造与自我发展,承认并尊重学生的主体地位和独立人格,并通过科学规范、合理明晰的治理规章,有效激发大学生自我教育、自我管理、

---

① 《中共中央关于坚持和完善中国特色社会主义制度 推进国家治理体系和治理能力现代化若干重大问题的决定》,《人民日报》2019 年 11 月 6 日。

自我服务的动力,为高校思想政治教育赢得广泛持久的自觉力量。[①] 立足学生现实的思想政治教育是治理现代化的必然要求。高校思想政治教育的治理效能提升需要建立在思想政治教育教学实效性有效发挥的基础上。高校思想政治教育应当采用灌输性与启发性相结合的方式开展教育教学。对于新生代大学生的学习需求和学习方式的变化,高校思想政治教育应当坚持问题导向,促进学生在启发教学的环境中自主学习,以提升新时代高校思想政治教育的实效性。在此过程中,通过将评价成果形成学生学业成就报告的形式,有助于针对学生在学业过程中的实际问题,产生持续改进的效应。学生学业成就报告是对高校思想政治教育过程中学生获得感的检验,也是对高校"立德树人"成效的检验。将其作为高校思想政治教育治理评价成果的重要方式具有较强现实意义。

高校思想政治教育过程中学生的学业成就不仅体现在考试成绩上,还体现在情感、态度和价值观的养成,以及思想政治素养的提升等多个方面。除此之外,是否能够做到"知行合一"也是检验学生学业成就的重要维度。当前面临着纷繁复杂的社会环境,高校青年学生处于人生发展的重要阶段,在学习生活和思想状况中面临各种选择与考验。学生是否有能力在千丝万缕的社会实际问题中验证马克思主义理论的科学性是校验学生学业成就的重要标准。通过高校思想政治教育治理评价,明确在"知行合一"的导向下推动思想政治教育理论性与实践性相结合的系统性和整体性是国家治理现代化对思想政治教育提出的新要求。通过评价成果的使用,可以让学生从个体层面出发,反思其学习获得,改进其学习方式方法。

综上,高校思想政治教育质量评价可以通过理论研究、咨询决策、质量报告、教育教学研讨反思、学生学业成就报告等多种形式进行运用。这是从参与思想政治教育治理的相关主体全方位多层面的反思性建构。从理论和实践层面的反思性建构有利于在推进国家治理体系和治理能力现代化的背景下,切实提升高校思想政治教育的治理现代化水平。

[①] 冯刚:《构建新时代高校思想政治教育治理体系》,《中国教育报》2021 年 9 月 13 日。

（三）高校思想政治教育治理评价成果使用的路径

教育评价的成果使用是评价过程的最后一个环节，也是评价过程中极其重要的环节。高校思想政治教育治理评价成果通过何种路径使用，使用的程序是否科学等问题关系到评价的价值功能能否最大程度的发挥。评价成果使用的路径包括了成果使用的规范、成果使用的流程、成果使用的渠道等方面。

首先，高校思想政治教育治理评价的成果的使用应当坚持路径设计的科学性和规范性。评价成果应当在相对保密的前提下，通过有效的发布渠道反馈给治理相关方以作为后续改进的参考依据。在此过程中，还要体现出评价成果应用的激励性和高效性原则。高校思想政治教育质量评价成果在使用过程中首先应当坚持是以正向激励为主，肯定被评对象的优势。对于高校思想政治教育治理环节的优势需要及时反馈给相关主体，以促进被评对象不断强化工作理念、探寻自身优势和潜力，进一步增强其对高校思想政治教育治理评价工作的接受度。与此同时，对于评价过程中发现的问题也需要在激励原则基础上进行必要反馈，以促进相关方改进后续工作。高效性原则主要体现在评价成果反映的问题要有针对性指出治理环节的关键性问题，为相关方的改进提供有针对性的决策参考。此外，评价成果使用过程的风险防控也需要重视。在制定评价成果使用的实施流程时，尽量发现和规避相关风险，避免出现风险事件影响评价的效度。从高校思想政治教育治理评价成果使用的流程、外在环境风险点等方面设计相对合理科学的方案，最大程度地减少对评价成果使用效力的影响。

其次，高校思想政治教育治理评价成果的使用应当制订标准化的使用流程。从治理评价成果使用的发布、反馈和监管等环节都应制订科学合理的流程确保评价成果使用的高效和顺畅。在评价成果使用的过程中，高校思想政治教育治理评价方在适宜的时机发布评价结果。发布的评价结果涉及参与高校思想政治教育治理评价的各个主体和相关环节。对于评价结果中反映出的优势和短板，应在发布环节及时告知相关单位和个人。而后，相关单位和责任主体应当对于评价中体现的问题进行分析研判，扬优势，补短板，确立巩固或改进的工作预案，以此形成完善的反馈链条。在此过程中，也需要建立相应的监管措施对于反馈环节进行必要把控。以上任意环节都不可忽视，任意环节的缺位都可能导致评价成果的使用效果打折扣，无法完全实现以评促改的评价目标。

最后，高校思想政治教育治理评价成果应当确立沟通协作的使用渠道。整体协同性是治理现代化的应有之义。高校思想政治教育治理评价成果的使用需要发挥其整体协同性功能。在评价成果使用的过程中，需要建立多方沟通协作的使用渠道。思想政治教育主管部门、高校思想政治教育管理部门、思想政治理论课教师、专业课教师、辅导员班主任、学生等层面需要在成果使用过程中形成沟通协作效应。评价成果中反映的一些问题具有较强的辨识度，责任主体较为明确，但评价成果中的一些问题却不单是某一方的责任，涉及多部门多主体。因此，在评价结果的发布和反馈过程中就需要各方的沟通协作，共同查找问题、诊断问题、解决问题。比如，在高校思政课程建设环节存在的问题就涉及思想政治教育主管部门、二级学院、思想政治理论课教师和专业课教师等多个环节。任何一个环节的问题都会牵一发而动全身，需要多方沟通协作，落实责任才能从根本上基于评价所发现的问题，能及时精准地施策并加以改进。

综上，高校思想政治教育治理评价成果的使用应当坚持激励性和高效性等科学规范的原则，在此基础上制定科学合理的评价流程，并严格按照流程进行评价成果的发布、反馈和监管。评价成果使用的过程中还应当体现各环节多主体的沟通协作，体现评价成果使用的整体协同性。

三、高校思想政治教育治理评价成果使用的机制保障

事物的各要素之间的结构关系和运行方式即为机制。机制中所包含的结构关系和运行方式是事物发展的重要保障。高校思想政治教育治理评价成果的使用需要建立在一定的机制保障基础之上。通过有序的结构关系和运行方式，提升高校思想政治教育治理的整体协同性，确保高校思想政治教育治理评价成果的科学使用，以发挥评价成果使用的最大功效。

(一)高校思想政治教育治理评价成果使用的发布机制

常态化和协同性相结合的发布机制是高校思想政治教育治理评价成果使用的重要保障机制。除了涉密性的信息和数据之外,高校思想政治教育治理评价应当建立"即评价即发布"的常态发布机制。此外,发布机制还应当体现高校思想政治教育治理多元化主体参与的协同联动。

健全高校思想政治教育治理评价"即评价即发布"的常态发布机制。中共中央、国务院印发的《深化新时代教育评价改革总体方案》中指出,教育评价事关教育发展方向,有什么样的评价指挥棒,就有什么样的办学导向。要提高教育评价的科学性、专业性、客观性,增强改革的系统性、整体性、协同性。对高校思想政治教育治理评价而言,要发挥好评价的指挥棒作用,需要建立常态化的评价结果发布机制。通过常态化的发布机制,有利于高校思想政治教育治理工作的提质增效。"即评价即发布"的发布机制具有较强的时效性,有利于高校思想政治教育的决策者、管理者、实施者等及时诊断和发现问题。同时,对思想政治教育治理过程中的优势继续保持和发扬,切实起到扬优势、补短板的作用。

在高校思想政治教育治理评价活动需要厘定其评价周期。评价周期的长短会在一定程度上决定评价的成效。常态化的评价成果发布机制强调的是评价的及时性,但是评价周期也并不是越频繁越好。《深化新时代教育评价改革总体方案》中也提出,要严格控制教育评价活动数量和频次,减少多头评价、重复评价。因此,"即评价即发布"的常态化发布机制也需要建立在对评价周期的科学研判的基础上,通过周期合理的常态化评价活动的开展保障评价成果的合理发布。在此过程中需要摒弃的是为了评价而评价,评而不发,发布周期长等现实问题。通过常态化的评价机制的发布,切实体现以评促改的功能导向,提升高校思想政治教育治理现代化水平。

健全高校思想政治教育治理评价多元化主体参与的协同发布机制。构建政府、学校、社会等多元参与的评价体系是新时代教育评价改革的现实诉求。高校思想政治教育的参与主体具有多元化的特征,涉及思想政治教育主管部门、高校党政部门、二级学院、教师等多个主体。在进行评价成果发布时,需要建立起由各方主体广泛参与的协同性发布机制。协同性是结构元素各自之间的协调、协作形成拉动效应，导致事物间属性互相增强、向积极方向发展的相干性，表现了元素在整体发展运行过程中协调与合作的性质。高校思想政治教育治理评价成果发布机制的协同性强调发布机制主体之间的共同协作。通过多元化主体的协同参与，形成协同发布机制，有助于评价成果运用的效果发挥。

多元主体的参与是现代治理理论的重要内涵。现代治理理论强调的是利益相关者共同治理观，该观点认为，大学的全体利益相关者都应当参与到大学治理中。"多元共治"作为现代治理理论的核心要义，它强调政府不再是唯一的管理主体，被管理者、社会民间组织、中介机构以及普通民众都应共同承担管理的主体职责。在此理念之下，多元主体互动协商代替了单一固化主体的管理模式。因此，在"多元共治"的理念之下，高校思想政治教育治理评价成果发布的价值取向的嬗变模式也需要从典型的"单边治理"到"多边治理"过程转变。高校思想政治教育治理评价成果发布应当实现治理相关方的全员参与和齐抓共管。构建政府、高校和社会"三位一体"的思想政治教育治理共同体是构建高校思想政治教育治理多元共治体系的基础。

（二）高校思想政治教育治理评价成果使用的反馈机制

反馈机制是确保高校思想政治教育治理评价有效使用的重要保障。在成果使用的过程中，能否有效对评价成果进行反馈，直接影响评价成果的使用效度。由于现实中存在的评价成果反馈机制欠缺、反馈方式单一、反馈过程流于表面等问题，有必要建立规范化与灵活化相结合的评价成果反馈机制。

首先，建立标准化与灵活化相统一的总体反馈机制框架。所谓标准化，即是为了在一定的范围内获得最佳秩序，对实际的或潜在的问题制订共同的和重复使用的规则的活动。标准化包括制订、发布及实施标准的过程。标准化的重要意义是改进过程，提高质量和效率。评价成果通过何种渠道和方式进行反馈、各环节反馈的时间节点、反馈到哪些主体等问题都需要通过标准化的反馈机制的建立加以明确。评价过程中发现的问题应当得到及时反馈，才能作为后续持续改进的依据。在反馈机制的标准制订上首先就应当体现标准化的制订思路，将标准化的要求融入反馈机制的标准制定过程中。在具体的反馈实施过程中，也应当贯彻标准化的原则，将反馈的范围、形式、对象等进行统一规约，以确保反馈过程的有效性。与此同时，针对不同主体层面的问题，在反馈方式上也应当体现出一定的灵活性。针对不同主体的反馈范围和形式允许存在一定的差异。

其次，建立多元化和多样化相结合的多维反馈机制。针对评价成果中的不同问题，制订出针对不同层面的多维度反馈机制。针对教育主管部门、高校思想政治教育主管部门、二级学院、教师、学生等不同层面的问题应当制订多维度的反馈机制。各个维度和层面各有侧重，便于不同主体在自己的权责和业务范围内解决各自面临的主要问题。多元主体的广泛参与是治理现代化的重要标准。高校思想政治教育治理的参与方具有多样化的特点。因此，在制订和实施评价成果的反馈机制时，应当将多维度的反馈机制作为重要考量。从评价成果的反馈方式来看，其形式也可以是多样化的，以弥补传统单一化的反馈方式的弊端，提升反馈形式的丰富性，整体提升反馈效果。如前所述，高校思想政治教育质量评价可以通过理论研究、咨询决策、质量报告、教育教学研讨反思、学生学业成就报告等多种形式进行运用。在运用的过程中，反馈是其中的重要环节。基于不同的成果应用形式，将反馈融入相关载体中，可以让反馈机制更加多样，提升反馈环节对高校思想政治教育治理评价成果使用的实际功用。反馈形式可以是正式的咨询决策和质量报告等书面形式，也可以是通过研讨会、交流会等面对面交流方式进行。多样化的反馈渠道有利于将结果更加精准有效地反馈到相关主体，为后续的查找问题和解决问题提供基础参考依据。

最后，建立持续性和高效性相结合的长效反馈机制。在为了评价而评价的思路下，高校思想政治教育治理评价成果的反馈过程中，也容易走入为了反馈而反馈的形式主义功能误区中。反馈本身不是目的，反馈的终极目标在于基于反馈的问题，扬优势补短板，切实提升高校思想政治教育的治理水平和思想政治教育的质量水平。在评价结果反馈的过程中，只有从本质上扭转观念、落实到反馈实际中，才能避免反馈过程流于形式、浮于表面，以持续的发展眼光，落实反馈工作，提升思想政治教育治理评价成果使用的实效性。高校思想政治教育治理评价成果使用的发布机制、反馈机制和监管机制均是保障机制中的重要环节。其中任何一个环节的疏漏和问题，都有可能影响到其他环节作用的发挥。反馈机制作为这一长链条中的一个环节，必须确保反馈环节与其他环节发挥协同和统整功能。反馈的过程是否客观、真实、有效直接影响到评价成果使用的实际效果。因此，建立持续性和高效性的高校思想政治教育治理评价成果使用的反馈机制是确保评价成果正确使用的重要保障。

综上，反馈机制是高校思想政治教育治理评价成果使用的重要保障机制。通过建立标准化与灵活化相统一的高校思想政治教育治理评价成果使用的总体反馈机制框架、多元化和多样化的高校思想政治教育质量评价成果使用的多维反馈机制、持续性和高效性相结合的高校思想政治教育治理评价成果使用的长效反馈机制等途径可以提升反馈机制的实际效用，为高校思想政治教育治理评价成果使用提供制度层面的重要保障。

（三）高校思想政治教育治理评价成果使用的监管机制

有效的监管能够保障评价成果的有序使用，提高成果使用及成果转化的效率。在高校思想政治教育治理评价的成果运用中有必要建立协同监管机制、监督问责机制、后期监管机制等多种监管机制，以确保监管机制最大程度地发挥保障功能。

首先，建立多元参与、协同服务与问题干预相结合的协同监管机制。高校思想政治教育治理评价成果的使用过程中要发挥好整体协同性功能，不仅在发布和反馈机制层面需要体现协同性，也需要在监管环节体现出整体系统性。这里的协同不仅体现在监管主体单位之间的协同配合，还体现在监管单位在参与监管过程中的具体工作任务上。高校思想政治教育治理评价成果使用的监管单位需要体现出协同配合的工作思路。无论是教育主管部门、还是高校思想政治教育主管部门以及相关学院和部门，都应当在对评价成果的发布、反馈和整改等环节切实发挥监督管理功能，履行监督管理职责。评价成果在使用中，体现多元参与、协同服务和问题干预的工作思路，并将这一协同监管工作思路贯穿评价结果使用的全过程。

其次，多元参与侧重强调的是在监管主体层面的多元化协同参与。只有各相关主体实现了协同配合，高校思想政治教育治理评价成果的使用才能更加有序。多元主体的协同参与也契合了治理现代化对治理主体多元参与的客观需求。多部门多主体的协同监管才能保证监管的实际效果。协同服务即是参与监管的主体需要树立的主动服务意识，通过各方的协同配合，为高校思想政治教育治理评价的成果使用提供服务保障。这体现的不是行政命令式的执行，而是积极主动参与监督环节。只有监督到位，才能发挥评价指挥棒的作用。从长远来看，高校思想政治教育治理现代化水平的提升，思想政治教育质量的提升能够促进参与主体各方治理能力和水平的提升。问题干预是指对评价成果中反映出的问题，相关主体应当从各自层面积极探寻解决问题的途径和方法。在问题干预层面的协同配合是为了保证监督的有序开展，确保监督机制是评价成果正确和规范使用的重要保障。

再次，建立整改落实导向下的激励与问责机制。所谓监督即是对现场或某一特定环节和过程进行监视、督促和管理，使其结果能达到预定的目标。高校思想政治教育治理评价在评价成果使用过程中的激励机制和问责机制是为了保证以评价促进高校思想政治教育治理现代化水平和教育质量改进和提升这一目标的实现。在评价结果发布和反馈的基础上，高校思想政治教育治理评价成果的整改落实到位直接关系到评价的实际效果。在此过程中，除了高校思想政治教育治理参与相关方的主动配合，积极落实，还需要建立相应的监督激励与问责机制以确保整改到位，落实见效。激励机制和问责机制的建立需要首先明确相关方的职责和整改范围。不同主体层面的问题反馈给不同的主体，主体在落实整改的过程中是否对标对表逐项落实相关整改建议，需要通过激励机制的完善加以规约。对于未按照要求落实整改的相关方建立必要的问责机制，以确保整改责任落实到位，监管到位。

问责是为了确保高校思想政治教育治理评价预定目标的实现，也是监督环节中重要环节。问责的终极目的在于保证监督的效力和执行力。在整改落实的过程中，没有履行或没有完全履行整改职责的相关方需要被追究责任。在整改问题的归属问题上首先就应当理清思路，责任明确的问题归属哪方负责，应当明确进行规约。对于那些需要多方共同整改的问题，也应建立多方协同参与的可行性方案，尽可能将落实整改措施进行细化，确保责任落实到具体相关方。若未在规定时间内完成整改则应对相关方追究责任，并敦促其尽快完成整改。对于整改环节中涉及的一些长期性问题，如，教育主管部门、高校内部都应建立相应的长效机制，制定整改时间表，将长期任务分解为中期或短期任务。

最后，建立后期研究、分类指导和追踪服务的后期监管机制。首先，在高校思想政治教育治理评价成果使用的后期监管过程中，通过后期研究的开展能够对评价后期出现的问题进行进一步的分析和研究，为今后的评价工作开展提供有益借鉴与参考。理论研究、咨询决策、质量报告、教育教学研讨反思、学生学业成就报告等多种形式都是高校思想政治教育治理评价成果形式。无论是哪一种成果都有必要在评价成果使用过程中通过后续的观察和研究，对前期研究进行补充和完善，以确保研究的延续性，并为下一次评价活动的开展提供理论和实践层面的参照。其次，通过分类指导的方式进行后期监督也是评价成果有效使用的保障。针对不同的主体制订有针对性的分类指导方案，在评价成果使用中进行反馈和整改等层面的实际指导，有利于评价成果的应用与转化，提升成果使用效率。针对不同类型的问题也可以制订不同的分类指导方案，如，从高校思想政治教育管理、高校思想政治理论课教学、高校思想政治教育学科建设等多个方面进行有针对性指导。最后，追踪服务也是后期监管机制的重要组成部分，评价成果的发布不是终结，反馈和整改的环节需要后续的追踪服务才能使评价成果使用形成闭环。并且，周期性评价活动的开展，是为了获得持续性的质量提升，因此从评价活动的延续性角度来看，也需要进行评价活动和评价成果的追踪。上一轮评价成果使用中的经验和教训能够为下一轮评价活动的开展提供参考。

综上，在高校思想政治教育质量评价成果使用过程中需要建立多元参与、协同服务与问题干预相结合的高校思想政治教育治理评价成果使用的协同监管机制；建立整改落实导向下的高校思想政治教育治理评价成果使用的激励机制和问责机制；建立高校思想政治教育治理评价成果使用的后期研究、分类指导和追踪服务的后期监管机制。通过以上监管机制的监督和约束，确保评价成果使用的科学、合理和高效。

高校思想政治教育治理作为国家治理体系中的重要组成部分，推进高校思想政治教育治理现代化是对国家治理体系和治理能力现代化的现实回应。在进行高校思想政治教育治理评价的过程中，应当摒弃的是为了评价而评价的传统思维，建立持续性、发展性和反思性的评价思路。评价成果的合理和有效使用使评价过程形成了完整的闭环，也使评价活动的价值得到最大程度的发挥。坚持评价成果运用的导向性、针对性和有效性是高校思想政治教育治理评价的原则导向。在此基础上依托科学化、规范化和精准化的使用途径，以及全方位多维度的保障机制的建构，确保评价成果的有序规范和持续高效使用，以达到提升高校思想政治教育治理现代化水平的目标。

第九章
高校思想政治教育治理评价发展展望

在中国共产党的领导下，高校思想政治教育质量评价、高校思想政治工作质量评价、高校思想政治教育管理效能评价的专业化、科学化、规范化程度越来越高，为构建新时代高校思想政治教育治理评价理论体系和实践框架打下了坚实基础。高校思想政治教育治理评价的未来发展是确定性和不确定性的辩证统一。我们既要充分认识其确定性以明确方向、对标对表，也要科学把握其不确定性以防范风险、提质增效，全面助推高校思想政治教育治理评价现代化。

一、高校思想政治教育治理评价未来发展的基本方向与样态

高校思想政治教育治理评价的未来发展内嵌于国家治理体系和治理能力现代化的整体进程，从属于教育治理体系和治理能力现代化这一系统工程。"现代化"是未来高校思想政治教育治理评价的必然趋势和方向，蕴含着未来高校思想政治教育治理评价的基本样态，具体包括治理评价制度现代化、内容现代化、主体现代化、手段现代化等。

（一）高校思想政治教育治理评价制度的现代化

社会学家吉登斯曾讲："不管我们生活在哪，也不管我们是如何有权有势或者一无所有，许多新危险和不确定性无不对我们产生影响，它们是与全球化紧密联系在一起的。"[①] 全球化与现代化是当前和今后高校思想政治教

---

① 安东尼·吉登斯：《失控的世界》，周红云译，江西人民出版社 2021 年版，第 21 页。

育治理评价置身其中的宏大时代背景和实践进程,二者自身的不确定性孕育着高校思想政治教育治理评价的不确定性因素,这些不确定性必将以这样或那样的形式对高校思想政治教育治理评价的未来发展带来风险和挑战。那么,如何有效防范高校思想政治教育治理评价发展中的各类风险?现代化虽然充满各种各样的不确定性因素,但也蕴含着克服这些不确定性的多种力量。日趋完备的制度便是其中的重要力量之一。"思想政治教育治理体系的现代化进程,离不开系统完备、科学规范、运行有效的制度机制建设。"①我国高校思想政治教育治理以持续性、动态性、反思性的视角全面审视整个体系现代化建设的过程,②思想政治教育治理评价的现代化自然也不是局部的、狭隘的,而是一项全面的、多维度的系统工程,用以规制未来高校思想政治教育治理评价的制度必定是环环相扣、密切关联、权责清晰,兼具全面性、系统性和可操作性的一套制度体系。

(二)高校思想政治教育治理评价内容的现代化

现代性内涵主体性。高校思想政治教育治理评价现代化的过程,是人的主体性建构、主体性实现、发挥的空间更加完善的过程。主体性的彰显不仅体现在高校思想政治教育治理评价主体上,也体现在高校思想政治教育治理评价内容上。"高校思想政治教育治理质量评价不是为评价而评价,而是通过治理评价最终实现思想政治教育的育人功能"③,"主体性问题是人的现代化问题在逻辑上的必然延伸。从某种意义上说,人的现代化也就是人的素质的现代化,是适应现代化实践发展需要的人的主体意识、主体能力的现代化"④。人的素质指的是哪些素质、其现代化有哪些现实体现,这是把握未来高校思想政治教育治理评价内容现代化要思考的关键问题。有学者指出,"在现代社会条件下,人的素质已不仅限于学知识、学技术,更为重要的是个人的创造力、健康丰富的情感生活和审美能力,创造、开拓

---

① 冯刚:《推进新时代思想政治教育治理体系现代化》,《中国教育报》2020年3月19日。
② 冯刚、高山等:《新时代高校思想政治教育治理论》,中国社会科学出版社2021年版,第7页。
③ 冯刚、高山等:《新时代高校思想政治教育治理论》,中国社会科学出版社2021年版,第7页。
④ 郑永廷等:《人的现代化理论与实践》,人民出版社2006年版,第242页。

精神和主动性、进取心，等等"。新时代高校思想政治教育治理评价内容建设要加强对主体性、价值性、发展性要素的关照，适当增加创造力、情感因素、审美能力、积极性、主动性相关评价指标，凸显未来高校思想政治教育治理对师生现代化意识和能力的重视和考察。比如，考察受教育者依据马克思主义理论和党的路线方针政策认识问题、分析问题、解决问题的主体能力，考察受教育者作为现代公民的民主参与意识、制度规则意识等，考察高校思想政治教育治理评价体系本身的客观性、自洽性、合目的性等。

（三）高校思想政治教育治理评价主体的现代化

马克思提出，"生产者也改变着，炼出新的品质，通过生产而发展和改造着自身，造成新的力量和新的观念"①。恩格斯也强调，"人只需要了解自己本身，使自己成为衡量一切生活关系的尺度，按照自己的本质去估价这些关系，真正依照人的方式，根据自己本性的需要，来安排世界，这样的话，他就会猜中现代之谜了"②。为推进高校思想政治教育治理评价现代化，预判高校思想政治教育治理评价的未来发展提供了重要线索和依据。高校思想政治教育治理评价的现代化不仅是物的现代化，更是人的现代化。"人，既是现代化建设的主体，又是现代化建设的目标。作为主体，只有现代化的人才能担当现代化建设重任；作为目标，只有实现人的现代化才能真正体现现代化的价值。"③"人的发展是可持续发展的实质和核心。当代中国的发展过程也就是社会主义现代化的实现过程，而人的现代化则是关键。"④高校思想政治教育治理评价现代化绝不仅限于评价内容、指标体系、方式手段的现代化，更指向"人"的现代化，即包括相关各级党政机关、教育部门、高校学工部、马克思主义学院、思想政治教育队伍、学生、用人单位等多元评价主体的现代化。"人"的现代化不仅是高校思想政治教育治理评价现代化的重要内容，也是推进高校思想政治教育治理评价现代化的根本因素，为高校思想政治教育治理评价现代化提供主体动力。分析高校思想政教

---

① 《马克思恩格斯全集（第四十六卷）（上册）》，人民出版社1979年版，第494页。
② 《马克思恩格斯全集（第一卷）》，人民出版社1972年版，第651页。
③ 郑永廷等：《人的现代化理论与实践》，人民出版社2006年版，第1页。
④ 韩庆祥：《"当代人类发展与中国人学研究"笔谈》，《中国社会科学》1998年第1期。

育治理评价主体、客体，实质上都是对"人"的认识。未来大学生在思想认识上、政治观点上、道德品质上会有什么样的新问题、新特点、新习惯，对此应采用什么样的新方式、新手段、新形态开展高校思想政治教育，未来的师生关系会发生什么变化，给高校思想政治教育治理评价带来什么样的新挑战、新要求，都要从人的现代化视角对师生现代化作出深刻剖析。因此，师生主体素质的现代化是人的现代化在教育领域的必然体现，也是高校思想政治教育治理评价现代化的重要课题之一。而师生主体素质的现代化指向现代人的意识、能力和现代人的心理素质。[①] 高校思想政治教育治理评价如何服务于现代人的培养？这是未来高校思想政治教育治理评价面临的根本问题，也是推进高校思想政治教育治理评价现代化的关键。

（四）高校思想政治教育治理评价手段的现代化

科学技术是实践主体的创造性成果。治理评价手段的现代化是治理主体本质力量的对象化和主体性的确证。评价手段的现代化是未来高校思想政治教育治理评价现代化的必然特征。提及手段的现代化，人往往会想到新媒体新技术的使用和融入，这是技术促进教育发展的基本形式。当前我们高校思想政治教育质量评价充分利用区块链等新技术辅助数据存储与验证，在思想政治教育质量评价过程中实现数据交互可视化，比如有的高校已经面向在校学生实施覆盖学习、生活、工作多种场景的大数据监测，及时了解学生思想动态、消费习惯、学习动态等，必要时进行及时的教育干预和介入；有的学校将弹幕实时互动吸收到日常课堂教学中，教师与学生的互评互动更加便捷高效。这些都大大提高了高校思想政治教育治理过程性评价的实际应用效果，使得教育者能及时调整思想政治教育实践工作，同时也为有针对性地开展思想政治教育理论研究提供了有力的信息技术辅助。事实上，无论是过去还是当下，相关主体对高校思想政治教育治理评价技术支持的探索从未停止，学者们不断尝试汇聚多门学科的智慧和力量，攻关高校思想政治教育治理评价过程中的技术难题，建构融合新媒体新技术的高校思想政治教育治理评价体系。目

---

① 郑永廷等：《人的现代化理论与实践》，人民出版社 2006 年版，第 4 页。

前，已有学者提出是否可以尝试利用脑电波测谎仪等设备和技术来筛除思想政治教育评价过程中的不实反馈；有学者指出在思政课教学过程监督与评价中，可利用眼球追踪等技术全程监测师生课堂注意力集中情况；等等。这些都将在高校思想政治教育治理评价现代化的过程中得以验证和实现。

值得注意的是，科技创新活动本身也拥有共同的价值观念、承担着对应的社会责任、恪守着共同的行为规范。随着国家治理体系和治理能力现代化的不断推进，人们在关注科技发展的同时也更加关注科技伦理的问题。2022年3月，中共中央办公厅、国务院办公厅《关于加强科技伦理治理的意见》(以下简称为《意见》)强调，我国科技创新快速发展，面临的科技伦理挑战日益增多，但科技伦理治理仍存在体制机制不健全、制度不完善、领域发展不均衡等问题，已难以适应科技创新发展的现实需要，应进一步完善科技伦理体系，提升科技伦理治理能力，有效防控科技伦理风险。《意见》的印发非常及时地指出了科学技术的快速发展已经或者可能带来的价值观念、伦理道德、社会责任等方面的问题，同时也为正在探索高校思想政治教育治理评价手段现代化的理论研究者和实践工作者敲响了警钟。高校思想政治教育治理评价需要新技术的支持，但绝不能罔顾伦理。从新技术的研发到使用，用严格遵循科技伦理原则，增进人类福祉，尊重生命权利，坚持公平公正，合理控制风险，保持公开透明。要防止高校思想政治教育治理评价由于过于追求工具理性，而导致工具理性与价值理性相分离，或者重工具理性、轻价值理性的现象。众所周知，工具理性是一把双刃剑，一旦与价值理性相分离，便会摆脱价值理性的制导与驾驭，成为一匹脱缰的野马，造成负面效应。总而言之，未来高校思想政治教育治理评价手段的现代化发展，既包括评价技术的现代化，也内含评价技术伦理的现代化。

二、未来高校思想政治教育治理评价对既有评价的继承与超越

高校思想政治教育治理评价的未来发展即是对既有思想政治教育评价

积极因素的继承发展和消极因素的摒弃与改革。那些规定着我国高校思想政治教育治理评价本质特征和属性的因素是我们要继承发展的,而那些制约现有评价能力和水平提升的因素则是我们要在未来发展中努力克服和超越的。

(一)未来高校思想政治教育治理评价对既有评价的继承

高校思想政治教育治理评价,始终坚持党的领导,围绕立德树人根本任务,立足高校实际,持续深化学理研究,形成了明确的政治方向、价值取向、实践导向和科学路向。

1. 政治方向:始终坚持中国共产党的领导

中国特色社会主义制度的最大优势是中国共产党的领导。高校思想政治教育治理现代化作为国家治理现代化在高校思想政治教育工作中的特殊实践形式,同样也应该积极转化和有效运用国家制度和国家治理体系的优势。充分体现中国特色社会主义的制度优势,坚定不移地坚持中国共产党的根本领导地位,这既是对高校思想政治教育治理评价"为谁服务"这一问题的根本回答,也是对我国高校思想政治教育优良传统的继承。首先,从"为谁服务"的角度看,我国高等教育的根本任务是"立德树人","立"的是以为人民服务为核心的社会主义道德,"树"的是中国特色社会主义事业的建设者和接班人。把党的路线、方针、政策贯彻到高校思想政治教育治理评价全过程方面,以党对青年人的思想道德品质要求和人民对美好生活的需求为标准,确定高校思想政治教育治理评价的内容、指标和方法,是确保高校思想政治教育治理及其评价的社会主义方向,提升高校思想政治教育治理现实效果的关键。其次,从传承思想政治教育优良传统的角度看,中华人民共和国自成立以来,多次强调政府、学校各级党委对思想政治工作的领导责任,组织、参与高校思想政治教育评价工作。早在1987年颁布的《关于中共中央改进和加强高等学校思想政治工作的决定》就明确要求地方党委每年专门讨论一两次师生的思想政治状况。此后,《中国教育改革和发展纲要》(1993)、《关于中共中央进一步加强和改进学校德育工作的若干意见》(1994)、《关于中共中央加强和改进思想政治工作的若干意见》

(1999)、《关于中共中央、国务院进一步加强和改进大学生思想政治教育的意见》(2004)、《关于中共中央、国务院新时代加强和改进思想政治工作的意见》(2021)等重要文件都规定了各级党委在高校思想政治教育工作中的重要地位和作用。从思政课角度重申了形成党领导下多元主体参与的思想政治教育治理体制机制的重要性。对于高校思想政治教育而言，坚持了中国共产党的领导，就是坚持了社会主义方向，就是坚持了中国特色社会主义制度优势。

2. **价值取向：始终瞄准立德树人根本任务**

高校思想政治教育的根本目的是为中国特色社会主义事业建设者和接班人的培养把好思想政治素养关口，培养真正意义上全面而自由发展的人。为此，我国坚持五育并举、德育为先的教育方针，把培养个体的社会主义道德放在育人工作的重中之重。高校思想政治教育治理评价作为思想政治教育治理的一个重要组成部分和构成环节，也是服务于高等教育"立德树人"这一根本任务的，这就决定了我国高校思想政治教育治理评价不能为了评价而评价，忽视了评价的导向功能、诊断功能；也不能为了改革而改革，忽视了评价的现实依据；而要着眼高校思想政治教育从管理到治理的发展要求，立足新时代高校思想政治教育实际，从优化高校立德树人机制、提升高校立德树人质量、增强高校立德树人实效的视角出发，去思考高校思想政治教育治理为什么要评价，未来高校思想政治教育治理到底评什么、怎么评价等根本问题。避免高校思想政治教育治理评价脱离思想政治教育治理实践，或者以错误的方式服务实践，出现"想要什么样的评价结果，就有什么样的评价结果""没有不通过的评价"等现象。总之，高校思想政治教育治理评价是服务于高校思想政治教育治理及其现代化的，这种"服务"可能在起始阶段表现为追逐和适应，但不应停留于此。高校思想政治教育治理评价本身所具有的积极引领和主动引导功能，应得到更充分的发挥。

3. **实践导向：始终立足高校思想政治教育实际**

高校思想政治教育治理评价现代化是一个实践命题。高校思想政治教育治理是一个在实践中发展，在发展中评价，在评价中改进，在改进中趋于完善的不断螺旋上升的渐进性、动态性过程。①高校思想政治教育治理实践的复杂性和系统性,要求它的现代化进程必须以高校思想政治教育实践为导向,聚焦实践前沿,把握实践需求。②没有任何科学的评价能从实践中抽离出来,脱离实际的评价工作更是没有任何意义的。无论何时何地,高校思想政治教育治理评价都要立足实际,坚持实践导向。新中国成立以来,高校思想政治教育质量评价内容的不断完善、评价主体的多元化发展、评价手段的不断进步正是立足高校思想政治教育治理实践,不断完善高校思想政治教育治理评价体系的成果。无论是立足当下,还是展望未来,我们都要继承和发扬这一优良传统,牢固树立高校思想政治教育治理评价的实践导向,根据社会主义建设者和接班人的根本使命和具体要求,确定思想政治教育治理评价的标准;根据新时代大学生的思想行为表现确定思想政治教育治理评价的内容指标;根据新时代社会发展客观情况,确定思想政治治理评价的方式和手段;根据思想政治教育治理评价现实需求,调整评价改革的侧重点和着力点。总之,要时刻立足变化发展的实际,确保思想政治教育治理评价的实践导向性。在推进高校思想政治教育治理评价现代化的进程中,我们应始终牢记,未来不是现实生活的重复和简单再现,而是创意和更新,是丰富和拓展,是希望和可能。而可能的未来不是空中楼阁,它发端于人生活的特定现实。正所谓,我们碰到的困难和瓶颈都是前进中的问题,不断实践本身就是一种主动出击。

4. 科学路向:持续深化思想政治教育治理评价学理研究

在政治方向正确、价值取向明确、实践导向坚定的前提下,高校思想政治教育治理评价的创新发展离不开学术研究的持续推进。学理研究是高校思想政治教育治理评价创新发展的关键。高校思想政治教育治理评价现代化是一个理论命题,必须加强理论分析和理论研判,在理论研究中分析解决一系列现实问题。如,高校思想政治教育治理评价的理论支撑、基本内涵、价值意蕴等。科学回答这些理论问题,准确把握其中的理论蕴涵,

---

① 冯刚、高山等:《新时代高校思想政治教育治理论》,中国社会科学出版社2021年版,第73页。

② 冯刚、高山等:《新时代高校思想政治教育治理论》,中国社会科学出版社2021年版,第5页。

就要求我们在发展中不断深化思想政治教育治理评价学术研究。事实上，人们在实践中遇到的问题、困难、经验和教训是短时的、具体的、多样的，随着现实矛盾的转移、实践的发展而转移和变化。学术研究是连接理论与实践的桥梁。学者们通过对过往经验的总结、对当下问题的分析、对未来发展的预判，使人们的每一次实践都能创造出更多超越时空的、相对稳定和永恒的价值，当此时的实践终有一天成为彼时的历史，学术研究的成果便以思想政治教育经验和规律的形式得以流传。聚焦高校思想政治教育治理评价，实践中遇到的困难和问题、积累的经验和教训必须以合理的形式转化为较稳定的学理性认识，即高校思想政治教育治理评价理论，才能在更广的时间场域、更大的空间场域、更高的指导层次上发挥作用。如果没有经验教训向理论的转化与升华，高校思想政治教育治理评价便只是"原地打转"而非"螺旋上升"，是很难向前发展的。因此，学术研究使我们从实然流变的高校思想政治教育治理评价复杂现象中，抽象出一定的内在规定性成为可能和现实。而实现高校思想政治教育治理评价实践、秩序、理论的相互转化，促进理论与实践的有效互动，是高校思想政治教育治理评价发展改革的科学进路。

（二）未来高校思想政治教育治理评价对既有评价的超越

发展是具有指向性的。相较于以往和当下，高校思想政治教育治理评价的未来发展是向上向好的，在继承我国高校思想政治教育评价工作的优良传统的同时，又克服了过往思想政治教育评价的一些局限性，解决了实践中出现的一些新问题，高校思想政治教育治理评价整体水平和质量得到提升。

1. 对高校思想政治教育治理评价规律的认识将会更加深刻

马克思主义认为，对规律的认识和把握属于理性认识范畴，从感性认识到理性认识会经过一定的阶段，这一特定阶段中内含着人们对实践现象和问题的研究。无论是过去还是当下，学界对高校思想政治教育质量评价、思想政治教育评价、思想政治教育治理评价的研究源源不断，这些研究主要聚焦中国思想政治教育质量评价史研究、中外高校思想政治教育质量评价比较研究、高校思想政治教育质量评价理论基础研究、高校思想政治教育质量评价指标体系研究、高校思想政治教育质量评价应用在具体领域的研究五大方面。[①] 其中既有描述思想政治教育治理评价现象的、有分析思想政治教育治理评价现实问题的、有建构思想政治教育治理评价实践体系的、有描述思想政治教育治理评价特征的、有总结思想政治教育治理评价经验规律的，也有探索思想政治教育具体评价路径方法的。无论是从何种视角和切入点展开的，这些研究终归是为了把握思想政治教育治理评价的规律性认识而存在的。新的历史条件下，党和国家相关教育部门对高校思想政治教育治理及其评价的重视程度越来越高，领导方式越来越科学，思想政治教育专业人才培养规模合理扩大，硕博士人才培养质量不断提高，为高校思想政治教育治理评价研究提供了强有力的组织保障、充实的基础条件、高水平的人才队伍，高校思想政治教育治理评价学术研究一定会在未来发展中呈现出更多、更高质量的成果，换言之，人们对高校思想政治教育治理评价规律的认识一定会更加深刻，一些影响或者制约高校思想政治教育治理评价科学性、实效性的现实问题会从学理上得到进一步探讨和解决。比如，如何在保持高校思想政治教育治理评价独特性的同时，增强人们对其过程和结果的普遍接受和认同的问题。高校思想政治教育治理评价是一项兼具客观性、价值性、合理性的实践活动。只要我们期待和追求以评促改、以评促建、以评促教的实际效用，就不能轻视人们对评价过程和结果的接受和认同问题。我们应从两个向度努力，增强人们对高校思想政治教育治理评价的认同。一方面，加大对高校思想政治教育治理评价的学理阐释及宣传力度，使公众理解其特殊性所在。另一方面，高校思想政治教育治理评价要主动吸收教育评价、管理评价等其他评价活动中的有益因素，借鉴评价学、评价哲学等相关学科理论知识，使高校思想政治教育治理评价理论和实践既能保持自洽，也能更好地融入哲学社会科学评价体系。投射到学科建设中，也就是思想政治教育治理评价学科独特性和融入性的问题。无论是可能作为分支学科存在的思想政治教育治理评价学，还是思想政

[①] 冯刚：《改革开放以来高校思想政治教育质量评价的回顾与思考》，《教学与研究》2018年第3期。

教育学，其发展必然不能脱离哲学社会科学这一宏大知识体系。评价哲学认为，评价的合理性问题主要讨论三个问题：一是价值判断中有没有像在事实判断中那样不依赖于我们意识而存在的客观的内容；二是人类社会有没有公认的、一致的价值标准；三是我们有没有合理的方法以解决价值判断的争议。①真或客观不是评价合理性的充分必要条件，只要价值客体对于价值主体是有价值的，那么价值主体说价值客体好，就是客观的，是符合价值关系的，就是真的。②"真"是价值判断合理性的必要前提。这些针对一般性评价活动的讨论对高校思想政治教育治理评价研究是有一定启发的。如何正确处理高校思想政治教育治理评价过程中价值性因素和事实性因素的关系以增强高校思想政治教育治理评价的合理性？能否吸收借鉴一般性评价的理论知识，在此基础上融入特殊性，构建高校思想政治教育治理评价的合理性模型？这是今后研究要面对和解决的问题。

2. 对高校思想政治教育治理评价实践的把握将会更加全面

构建高校思想政治教育治理评价体系是一项长期动态的系统工程。改革开放以来质量评价问题一直伴随着中国高等教育发展全程，1994年，中共中央《为进一步加强和改进学校德育工作的若干意见》明确要求，"要建立德育工作评估制度，并把德育工作作为评价一个地区、一所学校教育教学工作的重要内容。高校德育工作应列入'211工程'评估标准。"2000年，教育部《关于加强和改进研究生德育工作的若干意见》中提出，"要建立研究生德育工作评估制度，把研究生德育工作的落实情况和效果作为评价和衡量研究生德育工作的重要质量并列入研究生培养工作评估体系，使研究生德育工作逐步走向制度化、规范化和科学化"。2004年，中共中央、国务院颁布《关于进一步加强和改进大学生思想政治教育的意见》，对高校思想政治教育评价工作作出更为系统和具体的部署。2019年，中共中央办公厅、国务院办公厅《关于深化新时代学校思想政治理论课改革创新的若干意见》指出，面对新形势新任务新挑战思政课评价和支持体系有待健全，应切实改革思政课教师评价机制，"严把政治关、师德关、业务关，明确与思政课

---

① 王玉樑：《当代中国价值哲学》，人民出版社2004年版，第187页。
② 王玉樑：《当代中国价值哲学》，人民出版社2004年版，第188页。

教师教学科研特点相匹配的评价标准","将思政课学习实践情况作为重要内容纳入综合素质评价体系,探索记录本人档案,作为学生评奖评优重要标准,作为加入中国少年先锋队、中国共产主义青年团、中国共产党的重要参考"。2020年,中共中央、国务院《深化新时代教育评价改革总体方案》提出,要改革党委和政府教育工作评价,明确了我国当下和今后一段时间政府部门如何围绕教育工作加强科学履职的施工图和任务书。方案指出,"经过5—10年努力,各级党委和政府科学履行职责水平明显提高,各级各类学校立德树人落实机制更加完善,引导教师潜心育人的评价制度更加健全,促进学生全面发展的评价办法更加多元,社会选人用人方式更加科学。到2035年,基本形成富有时代特征、彰显中国特色、体现世界水平的教育评价体系"[①]。这些政策文件直接体现了中国共产党领导下我国高校思想政治教育治理主体实践问题的整体把握。我们从中可以发现,自改革开放以来,党和国家对高校思想政治教育治理实践条件、实践主体、实践环境、实践内容、实践问题的认识越来越全面、越来越系统、越来越有战略性眼光。可以说与以往思想政治教育评价相比,当今我国高校思想政治教育治理评价的参与主体越来越多元,评价方式和途径越来越多样,评价指标体系越来越丰富,这些是当今我国思想政治教育治理评价对过去思想政治教育评价的超越。那么,随着高校思想政治教育治理评价改革的不断深化,当下存在的一些问题,也必将在未来发展中得到不同程度的解决。新时代之初,党和国家对高校思想政治教育治理评价提出的发展目标,也将在未来得到不同程度的实现,这些是高校思想政治教育治理评价未来发展对当今的超越。

3. 高校思想政治教育治理评价理论体系、制度体系、实践体系将会更加融合

高校思想政治教育治理评价是一项复杂的系统工程。任何系统都是"体"与"系"的集合,要素是"体",关联是"系",无"体"或无"系"都构

[①]《中共中央国务院印发〈深化新时代教育评价改革总体方案〉》,《人民日报》2020年10月14日。

第九章　高校思想政治教育治理评价发展展望

不成体系。① 一个宏大体系内含着多个中观体系，而一个中观体系又包含多个微观体系。高校思想政治教育治理评价既是一个理论问题，又是一个实践命题，理论与实践之间需要制度的连接。依据要素表现形态的不同，我们可以从高校思想政治教育治理评价这一系统工程中析出理论体系、制度体系、实践体系三种不同系统。这三大体系在高校思想政治教育治理评价的发展中有着独特而重要的作用，三大体系的科学转化与完美融合是不断推进高校思想政治教育治理评价能力和水平现代化的关键。首先，高校思想政治教育治理评价既有中国共产党的领导、以人为本、立德树人、立足实际等基本范畴和主要观点等理论体系之"体"，又有从评价客体到评价主体、从评价中心到评价外延、从评价空间到评价时间、从评价理念到评价方法的理论体系之"系"，从而架构起了高校思想政治教育治理评价理论体系。2016年5月习近平总书记在哲学社会科学工作座谈会上指出："不断推进学科体系、学术体系、话语体系建设和创新，努力构建一个全方位、全领域、全要素的哲学社会科学体系。"② 其中的"学科体系、学术体系、话语体系"从属于理论体系。其次，高校思想政治教育治理评价既有守正创新的价值规律、宏微并进的现实关照、以人为本的价值取向、切实可行的制度落脚等制度体系之"体"，又有制度保障、体制创新、机制构建等制度体系之"系"，从而构架起高校思想政治教育治理评价制度体系。最后，高校思想政治教育治理评价既有测评工具、测评指标、测评标准等实践体系之"体"，也有从省、市到高校到三级测评架构，从目标到过程再到结果的全程评价机制，从政府相关教育部门到高校再到社会用人单位的多方位测评联动机制等实践体系之"系"。整体上看，这三大体系之间相互作用、紧密联系，共同推进高校思想政治教育治理评价的发展。但在高校思想政治教育治理评价发展初期和改革创新的转型期，由于对发展瓶颈问题和现实难题的攻克往往会占据更多的资源和精力，这三大体系的发展不可避免地会出现不够平衡、不够充分的问题。这种不平衡和不充分是相对的，是高校思想政治教育治理评价科学体系整体发展的动力。当前，新一轮的教育评价改革正在进行，

---

① 汪青松：《科学发展观科学体系的三维建构》，人民出版社2012年版，第79页。
② 《在哲学社会科学工作座谈会上的讲话》，新华网，2016年5月18日。

高校思想政治教育治理评价改革创新也在不断深化中，高校思想政治教育治理评价理论体系、制度体系、实践体系会在未来平衡发展、融合共生。

三、推进高校思想政治教育治理评价现代化的着力点

在国家治理现代化目标的引领下，高校思想政治教育治理评价的现代化趋势和特征必将随着时代的发展得以充分展现，但不会自动实现，需要我们在尊重客观规律的基础上，有效利用、积极建构一系列主客观条件。其中，制度化是高校思想政治教育治理评价现代化的主线，整合文化力量是高校思想政治教育治理评价现代化的最深厚的力量基础。

（一）推进高校思想政治教育治理评价制度建设

推进高校思想政治教育治理评价未来发展要加强制度建设，一是努力实现治理评价的制度化，二是推进治理评价制度的现代化。制度化是高校思想政治教育治理评价现代化的主线。未来高校思想政治教育治理评价制度建设要在现有基础上守正创新，注重系统性、主体性、可操作性，确保制度科学完整、服务于人、确实可行。

1. 注重继承发展性，遵循守正创新的制度演化规律

马克思曾讲："人们自己创造自己的历史，但是他们并不是随心所欲地创造，并不是在他们自己选定的条件下创造，而是在直接碰到的、既定的、从过去承继下来的条件下创造。"[1]当马克思的这一思想光芒照射到制度哲学领域，我们不得不承认，制度发展中最明显的一种规律性现象就是路径依赖。路径依赖意味着无论未来我国高校思想政治教育治理评价制度建设到什么程度、发展到什么水平，都会受其原有制度也就是我们当下现有制度的影响，沿着既有的制度方向和演化路径走下去。换言之，高校思想政治教育治理评价过去的制度选择决定了现在可能的选择，而当下的制度设计又决定了未来可能的选择。展望未来高校思想政治教育治理评价制度体系，应该也一定是在过去和当下相关制度演化的基础上实现的守正创新。

---

[1]《马克思恩格斯文集（第二卷）》，人民出版社2009年版，第470—471页。

过去几十年，我国高校思想政治教育评价方面的制度设计是与其他制度裹挟在一起的，很少有专门文件来指导和规定我国高校思想政治教育评价工作。2012年以来，随着《全国大学生思想政治教育工作测评体系（试行）》的印发，我国有了针对高校思想政治教育评价的专门文件，象征着高校思想政治教育评价制度设计进入了新阶段。在《全国大学生思想政治教育工作测评体系（试行）》中"普通高等学校大学生思想政治教育工作测评体系"共有6个一级指标，分别为组织领导、队伍建设、思想政治理论课、课堂外思想政治教育（内含社会主义核心价值体系宣传教育、实践育人、校园文化建设、网络思想政治教育、心理健康教育、资助育人、就业创业教育、党团组织建设8个二级指标）、条件保障、育人环境。2017年12月5日，中共教育部党组关于印发《高校思想政治工作质量提升工程实施纲要》，对"十育人"体系作出详细部署，强调："健全高校思想政治工作质量评价机制，研究制订高校思想政治工作评价指标体系，创新评价方式，探索引进第三方评价机构。强化高校思想政治工作督导考核，把加强和改进高校思想政治工作纳入高校巡视、"双一流"建设、教学科研评估范围，作为各级党组织和党员干部工作考核的重要内容。"2019年8月14日，中共中央办公厅、国务院办公厅印发《关于深化新时代学校思想政治理论课改革创新的若干意见》指出思政课"评价和支持体系有待健全"，强调"切实改革思政课教师评价机制。严把政治关、师德关、业务关，明确与思政课教师教学科研特点相匹配的评价标准，进一步提高评价中教学和教学研究占比。各高校在专业技术职务（职称）评聘工作中，要单独设立马克思主义理论类别，校级专业技术职务（职称）评聘委员会要有同比例的马克思主义理论学科专家。按教师比例核定思政课教师专业技术职务（职称）各类岗位占比，高级专业技术职务（职称）岗位比例不低于学校平均水平，指标不得挪作他用。要将思政课教师在中央和地方主要媒体上发表的理论文章纳入学术成果范畴。实行不合格思政课教师退出机制"。"将思政课学习实践情况等作为重要内容纳入综合素质评价体系，探索记入本人档案，作为学生评奖评优重要标准，作为加入中国少年先锋队、中国共产主义青年团、中国共产党的重要参考"。2021年7月12日，关于中共中央国务院《新时代加强和改进思想政治工作的意见》强调:"建立科学有效的评价考核体系,建立内容全面、指标合理、方法科学的思想政治工作测评体系,将测评结果纳入落实全面从严治党主体责任情况监督检查和巡视巡察内容,纳入党政领导班子、领导干部综合考核评价内容,把'软指标'变为'硬约束'。"由此可见,党和国家相关部门因时而变,对高校思想政治工作作出了更新更全面的部署,但与高校思想政治工作评价专门的配套文件仍然缺乏。基于此,高校思想政治教育治理评价应在适应和服务现代化的过程中,继续坚持我国高校思想政治教育评价基本制度,如,党委领导下的校长负责制、学校三级联动机制等;继续坚持思想政治教育评价基本原则,如,过程评价和结果评价相结合、知识评价和价值评价相结合、主体参与评价等;继续坚持思想政治教育评价的基本价值旨归,服务学生成长、服务社会主义事业、服务中国共产党。这些是我国高校思想政治教育治理评价的基本规定性。同时,未来高校思想政治教育治理评价制度建设应着眼于构建一套相对成熟和完善的制度体系,适时赋予制度以新规定、新要求、新标准、新组合,用以明确高校思想政治教育治理评价的方针、政策、规定、程序、流程,有效统一各级评价部门和各类评价主体的思想认识和操作规范。从既有制度的发展路径和轨迹来看,未来我国高校思想政治教育治理评价制度一定是兼具规律性、时代性、系统性、价值性的科学制度体系。

2. 注重系统性,突出宏微并进的制度现实关照

任何制度都绝不仅仅是规则的简单叠加,从完整意义上讲,制度是一个系统,一个既有宏观架构,又兼顾微观指导的规则系统。一方面,在高校思想政治教育治理评价制度建设的宏观构架上,系统性主要体现在架构合理、关系清晰的三级评价体系。第一层级为各省市自治区针对高校的思想政治教育治理评价体系。党和国家相关部门对高校思想政治教育治理具有领导责任,是高校思想政治教育治理评价的重要主体。2019年3月18日,习近平总书记主持召开全国学校思想政治理论课教师座谈会,强调建立党委统一领导、党政齐抓共管、有关部门各负其责、全社会协同配合的工作格局,推动形成全党全社会努力办好思政课、教师认真讲好思政课、学生积极学好思政课的良好氛围。从思政课建设角度明确了新时代高校思想政

治教育治理及其评价的工作布局。第二层级为用人单位、专业评价机构等社会机构以第三方身份进行的评价。我国高校思想政治教育评价多以党和政府相关部门评价和学校自评为主，然而，高校思想政治教育治理从来不是独立于社会的孤岛，思想政治教育者、教育对象、教育内容、教育环境、教育手段等都与社会有着千丝万缕的联系，高校思想政治教育及其治理成果的最终检验权在社会，无论承认与否，用人单位、社会大众都会以各种各样的形式表达出来，比如所谓的"口碑"，现代社会要求具有自主精神和创新意识公民，对于那些被社会普遍认为在人才培养上效果不佳、方向不明的专业和课程，高校理应积极回应和调整以确保高等教育现代化的全面推进。换言之，未来高校思想政治教育治理评价要积极吸收来自社会的意见或建议，把学校发展、专业建设和思想政治教育治理融合起来。第三层级为高校党委领导、校长负责，各部门共同参与的思想政治教育治理自评体系。高校思想政治教育评价有着较为成熟的指标体系和操作机制，作为高校思想政治教育治理及其评价的双重主体，高校更应该把重点放在评价文化的内化上，引导主体素质的现代化发展。

另一方面，在高校思想政治教育治理评价制度建设的微观指导上，要加强关注制度的可操作性。以制度的形式明确谁来评、评什么、如何评这一系列问题，增强高校思想政治教育治理评价的可操作性，是推进高校思想政治教育治理评价现代化的重要课题。然而，现有文件和制度中的相关部署更多地集中在评价内容、指标体系、评价机制上，关于高校思想政治教育治理评价具体流程的内容相对较少，为我们探索高校思想政治教育治理评价具体流程留下了空间和动力。高校思想政治教育治理评价具体流程的制度化包含两方面主要工作：第一，回顾我国高校思想政治教育质量评价或高校思想政治工作评价的实践做法和宝贵经验，总结其中可复制能推广的操作流程，结合新时代新情况进行传承和发展，体现一种从实践到制度的向度。第二，从学理上建构体现科学性、现代性、系统性的高校思想政治教育治理评价流程，结合实践进行调整，体现一种从理论到实践的向度。有学者在研究中指出，高校思想政治教育质量评价的过程和环节主要包括准备环节、实施环节、反馈调整环节，其中准备环节包括评价实施者的选择、评价方案的设计、评价时间的选定、评价体系的构建等；评价实施环节包括评价的信息资源收集、评价的素材整理分析、治理状态效果测算、评价结果的校验等；评价反馈调整环节包括评价结果的信息反馈、评价结论的综合调整、评价报告的撰写形成等。① 这是目前我国关于高校思想政治教育评价环节较为详细的解读，为我们设定高校思想政治教育治理评价的具体流程提供了思路借鉴。

3. 注重主体性，强化以人为本的制度价值取向

构建高校思想政治教育治理评价的制度体系要始终坚持以人文本的价值旨归，这是由我国高校思想政治教育"围绕人、服务人、依靠人"的特性决定的，也是现代化对高校思想教育治理评价制度体系建设的内在要求。党的十九届四中全会强调："创新教育和学习方式，加快发展面向每个人、适合每个人、更加开放灵活的教育体系。"② 为高校思想政治教育治理评价制度体系的构建提供了重要方向。注重主体性内含三方面意蕴：第一，是传承我国高校思想政治教育及其评价优良传统的关键举措。新中国成立以来，我国高校思想政治教育及其评价始终坚持以人为本的价值导向，瞄准全面而自由发展的人的培养目标，尊重受教育者思想认识发展规律和实际需求，不断探索多方主体参与评价的制度安排，把人的综合素质放在高校思想政治教育及其评价工作的中心位置。并在实践中注重发现和总结大学生作为教育主体，其思想认识方面的现实需求、接受习惯、认知特点、学习方式等的时代性特征，从我国高校思想政治教育及其评价工作的发展历程中可知，我国高校思想政治教育评价工作对主体性的关注是体现在方方面面并贯穿全过程的，是动态的持续的关注，而非短时注意。这一优良传统不仅在当下，而且在未来高校思想政治教育治理评价制度构建中，应充分得以体现。第二，是解决当下我国高校思想政治教育治理评价问题的关键钥匙。当前我国高校思想政治教育治理评价工作虽然有着成熟的领导体系和强有力的组织支持，也有已经成型的测评标准和测评体系可用于指导实践工作，

---

① 冯刚、高山等：《新时代高校思想政治教育治理论》，中国社会科学出版社2021年版，第221页。

② 《中共中央关于坚持和完善中国特色社会主义制度 推进国家治理体系和治理能力现代化若干重大问题的决定》，《人民日报》2019年11月6日。

但仍有一些现实问题亟待解决。比如，高校思想政治教育治理评价的标准是什么？这一标准如何转化为评价体系的具体指标有哪些内容应当适时补充到质量评价体系内？如何充分融入信息技术发展成果，以辅助高校思想政治教育治理评价工作科学高效开展？高校教师、大学生等主体应如何参与治理评价工作？这些问题的解决都离不开我们对人的思考。高校思想政治教育要培养的是什么样的人？这些人应该具备哪些核心素养？人的自我评价和对他者的评价中有哪些主客观因素需要通过技术手段来规避，以提高高校思想政治教育，治理评价的科学性、有效性和真实性。说到底，我们仍然要从人本身出发思考和解决现有问题。第三，是预测高校思想政治教育治理评价未来样态的基本依循。追求人的解放是共产党人恒久不变的价值追求，高校思想政治教育是做人的工作的，而思想政治教育治理评价是服务于、从属于思想政治教育的。高校思想政治教育治理评价会遇到什么样的问题、发展到什么样的水平、拓展了哪些场域、有没有什么样的新技术新手段，我们无法预测却并不无知。从我国高校思想政治教育质量评价制度的发展路径和对当下实践问题的解决情况来看，未来我国高校思想政治教育治理评价制度体系，应该具有如下特征：其一，更加关注大学生作为社会主义建设者和接班人的思想政治核心素养，且这些核心素养合理而充分地体现在高校思想政治教育治理评价指标体系当中。其二，不同层级的制度指导性、包容性、规范性普遍增强，多元主体参与高校思想政治教育治理评价的方式、途径等以制度的形式固定下来，多元主体参与成为高校思想政治教育治理评价的常规动作和相关主体的自觉追求。其三，除了数据分析之外，更多的新技术、新手段以更加合理的方式融入高校思想政治教育治理评价中，科学技术手段规避评价主观性因素的作用得以充分发挥，人工智能的高度结合助推高校思想政治教育治理评价工作科学化、现代化。

（二）深化高校思想政治教育治理评价实践探索

实践是高校思想政治教育治理评价的存在方式和发展方式，未来高校思想政治教育治理评价的高质量呈现源于过往和当下的点滴积累。着眼未来发展，我们应努力加强关注高校思想政治教育重点领域的评价问题，加强现有研究成果的转化应用。

1. 加强关注高校思想政治理论课教学治理评价

高校思想政治教育治理评价的重点领域，主要指在高校思想政治教育中占据重要地位，对思想政治教育效果产生重要影响，影响高校思想政治教育治理评价全局的部分。思想政治理论课作为大学生思想政治教育的主渠道，是深化高校思想政治教育治理评价实践探索应重点关注的领域。新中国成立来，政府相关教育部门、各级各类高校、专家学者和一线思政课教师长期关注思政课评价问题。思政课也在多方努力和众人瞩目中实现了教学评价的调整和改革。一是学生课业评价灵活性增强。在评价内容上从以知识考核为主发展到兼顾思想行为表现，评价形式上从"一张考题定成绩"逐步发展到日常课堂表现与期末成绩相结合，有的高校部分思政课程考核甚至采用开卷考试的形式，使学生从政治理论知识的死记硬背中适度解放。二是教师教学评价多维多向推进。"多维"主要指对思政课教师政治立场、信仰信念、师德师风、专业知识、教学技能、人格魅力等多方面因素进行综合考察，评价指挥棒对高校思政课教师能力素养的要求越来越高、越来越立体。"多向"主要指对思政课教师的评价有自上而下的领导评议，有自下而上的学生评教，有来自同行的评议，除了这些来自"他者"的评价之外，也有定期教学述职等自我评价。三是思政课教学评价常态化。目前我国大部分高校思政课教学的日常督导与评价以听课为主要形式，从以交流互学为目的的示范性教学听课、以指导提高为目的的诊断性教学听课，逐步发展为集跨校抽调学生听课、同行听课、院级主管领导听课、教务督导听课、校级领导听课、市级领导听课于一体的常态化教学评价模式，从提前安排并告知任课教师，逐步发展到"四不两直"（不发通知、不打招呼、不听汇报、不用陪同接待、直奔基层、直插现场）深入课堂，高校思政课教学治理评价日益常态化。多维多向常态化推进的高校思政课教学治理评价有利于及时掌握高校思想政治理论课教学的真实状况，客观了解师生的参与状态，有效增强了高校思想政治理论课教学治理评价实际效用。

但在改进和加强的同时，其中也存在一些问题，值得我们加强关注。

其一，我们在看到针对学生的思想政治理论课课业评价逐渐灵活化的同时，也要思考学生在思政课上的课堂表现能否或者能在多大程度上体现其思想政治素养和道德水平；相比课程考勤，综合素质测评更能体现大学生的素养，能否将其与思政课平时成绩相关联，以什么样的形式实现成绩认定与转换；若以开卷形式进行课业考核，我们又该如何了解大学生对马克思主义基本理论以及党的路线方针政策等的掌握程度。其二，我们在综合运用多向评价的同时，应同步思考评价主体覆盖面的扩展问题，无论是院级主管领导、教务督导、校级领导，还是市级有关领导，说到底仍属于教育系统内部主体，如何吸收教育系统外部的多元主体参与仍然需要我们在实践中不断探索。比如大数据局、统计局等掌握思想政治教育治理相关数据的机构；全国党建研究会及其高校党建研究专业委员会、高等教育学会及其全国高校思想政治教育研究分会、中华教育改进会等社会组织；用人单位、专业测评公司和评价机构等其他社会主体；学生家长、社区等。[①] 其三，我们在大力推进高校思政课教学督导与评价常态化的同时，也应该加强关注思政课教学督导与评价的效能问题，确保常态化建立在科学化的基础之上。2020年中共中央、国务院《深化新时代教育评价改革总体方案》指出，要探索增值评价，思政课教学治理评价能在什么地方实现增值？如何优化评价以实现评价效益最大化？这些都是我们在今后的发展中要加强关注和探索的。

2. 加强关注高校日常思想政治教育的治理评价问题

日常思想政治教育作为大学生思想政治教育的主要阵地，是深化高校思想政治教育治理评价实践探索应重点关注的领域。与高校思想政治理论课不同的是，日常思想政治教育覆盖面更广、涉及主体更多、内容上以思想政治教育实务为主，日常思想政治教育的思想引导、价值引领、道德培育功能往往被淹没在琐碎繁杂的事务性工作中。学界关注日常思想政治教育治理评价的成果并不多。有学者指出，思想政治理论课和日常思想政治教育在效果评价上存在彼此分离的问题，比如，在一些高校思想政治教育实践中，日常思想政治教育工作队伍和思想政治理论课教学队伍存在以各

[①] 冯刚、高山等：《新时代高校思想政治教育治理论》，中国社会科学出版社2021年版，第221页。

自的标准评价去评价对方的现象,最终造成两支队伍相互不理解、相互不认可的不利局面。①基于此,2017年教育部《高校思想政治工作质量提升工程实施纲要》提出,要破解高校思想政治工作不平衡不充分的问题,打造一体化育人体系。强化科学管理对道德涵育的保障功能,营造良好的育人环境,管理育人制度体系,把育人功能发挥纳入管理岗位考核评价范围。这一规定要求把日常思想政治教育作为大学生思想政治教育主阵地的作用发挥情况吸纳到日常思想政治教育治理评价体系内,以人才培养为中心,将日常思想政治教育治理评价与思想政治理论课教学治理评价从目的和指标上关联在一起。2020年中共中央、国务院《深化新时代教育评价改革总体方案》指出,"高校领导班子成员年度述职要把上思政课、联系学生情况作为重要内容。完善学校党政管理干部选拔任用机制,原则上应有思政课教师、辅导员或班主任等学生工作经历。高校青年教师晋升高一级职称,至少须有一年担任辅导员、班主任等学生工作经历"②。从干部管理和职称晋升的评价指标上,进一步推进了思想政治理论课和日常思想政治教育的融合。这些评价指标上的"关联"和"融合"本身也是日常思想政治教育育人功能的回归。立德树人是高校的根本任务,日常思想政治教育以管理育人的形式实现其思想引导、价值引领、道德涵育功能,这些功能发挥得越充分,高校思想政治教育治理现代化就实现得越彻底,越有利于高校思想政治教育治理一体化评价体系的构建。因此,我们要在未来发展中加强关注高校日常思想政治教育的治理评价问题,探索从更多环节、更多方面科学融入反映育人效果的评价指标。

3. 积极推进相关研究成果的实践转化与应用

通过成果的转化应用服务实践,是科学研究价值实现的"最后一公里"。改革开放以来,学界关于思想政治教育评价、高校思想政治教育质量评价、高校思想政治教育工作质量评价、高校思想政治教育治理评价等的研究层出不穷,产出了一批又一批期刊论文、学术专著、研究报告等多种形式的

---

① 冯刚:《思想政治理论课与日常思想政治教育协同育人的理论思考》,《学校党建与思想教育》2017年第21期。

② 《深化新时代教育评价改革总体方案》,《人民日报》2020年10月14日。

研究成果，其中一些有益的思考和探索被吸收到国家相关教育部门和各级各类教育机构的决策中，影响着高校思想政治教育治理评价的制度设计和实践活动；有的则转化为思想政治教育工作直接可用的评价工具，如2012年发布的《全国大学生思想政治教育工作测评体系（试行）》等。从整体上看，研究成果的转化率有待进一步提高、转化途径有待进一步拓展、转化主体有待进一步唤醒、转化形式有待进一步丰富。为此，首先，要从思想认识上重视科研成果的转化应用，增强主体积极性、主动性。研究成果的转化应用一方面可以增强高校思想政治教育治理评价实践的科学性和实效性，推进高校思想政治教育治理评价实现更高质量和更高水平的发展；另一方面能及时检验学术研究的正确性和有用性，有利于避免高校思想政治教育治理评价研究走进自我循环的怪圈。其次，要积极构建研究成果的转化应用体系。面对社会科学成果转化难、转化率低的普遍问题，我们尤其要在未来发展中加强关注高校思想政治教育治理评价研究成果的现实转化和应用，积极构建相关研究成果的转化应用体系。建立和完善以思想机制、需求机制、评价机制和补偿机制为核心的人文社会科学成果转化体系，[①]从政策保障、平台构建、媒介推广等多方面加强探索，推进高校思想政治教育治理评价研究成果的转化应用。最后，要找准推进高校思想政治教育治理评价研究成果转化应用的现实抓手。如，在相关科研项目立项与结项环节以适当的权重合理考察课题成果的转化与应用情况，设立成果转化应用类奖励奖项，以政策的形式鼓励相关教育部门、各级各类高校接受并推广切实可行的转化成果，以思政课教学为载体及时将研究所得应用到教学活动中，将高校思想政治教育治理评价研究成果转化为教学成果。

（三）整合高校思想政治教育治理评价文化力量

文化力量是最深厚、最持久的力量。高校思想政治教育治理评价的现代化发展需要从理论研究上、学科建设上、思想文化认同上下功夫，凝聚广泛而深远的文化力量。

---

① 王晓丽、高赟、张书晔：《高校人文社会科学成果转化若干问题的思考》，《科技管理研究》2008年第7期。

1. 不断拓展高校思想政治教育治理评价的研究视阈

学界现有研究围绕高校思想政治教育治理评价的内容、主体、方式、指标等，产出了一批有影响力的成果，如冯刚、高山等撰写的《新时代高校思想政治教育治理论》（中国社会科学出版社，2021年版）等对高校思想政治教育治理评价作出了系统阐述和研究。此外，还有许多以期刊论文形式发表的研究成果，围绕高校思想政治教育质量评价的政策要素与实施框架、现实困境及其破解、指标体系设计、主客体、时代特点与展望、科学路径、方式方法等进行了深入研究，为新时代高校思想政治教育治理评价现代化的推进提供了重要的指导。从学术研究的发动到产出，实质上是思想政治教育者"实践—认识—实践"逻辑的舒展，我们在前辈的宝贵经验基础上接过发展的接力棒，也要将这一发展逻辑和优良传统发扬下去。接续探索高校思想政治教育治理评价的理论前沿问题和前沿实践问题，回答好、继续处理好高校思想政治教育治理标准是什么与如何确定评价体系的关系问题，高校思想政治教育治理评价有哪些内容与如何科学开展评价的关系问题，高校思想政治教育治理评价应在提升人才培养质量中发挥什么作用与如何定位高校思想政治教育治理评价的关系问题。[①] 如此，高校思想政治教育治理评价才能有源源不断的实践动力和与时俱进的理论支撑。

2. 积极推进高校思想政治教育治理评价的学科化建设

从学界研究情况看，关于教育评价与测量的相关研究，主要围绕教育评价体系、教育评价理论、教育评价模式、教育评价方法、教育评价学科、教育评价改革、教育评价制度、教育评价与测量、教育评价指标、教育评价方法展开。当我们把目光转向思想政治教育评价时，主要围绕思想政治教育评价体系、思想政治教育评价论、思想政治教育评价标准这三个方面进行研究。其中出现最早的研究成果是1988年刊载于《北京成人教育》的《思想政治教育评价的原则与方法》（胡长明）。经过长期理论研究和实践发展，我国教学评价已经从为了评价而评价走向为了发展而评价，教学评价价值取向经历了由知识本位到能力本位再到发展本位价值取向的转变，功

---

① 冯刚：《改革开放以来高校思想政治教育质量评价的回顾与思考》，《教学与研究》2018年第3期。

第九章　高校思想政治教育治理评价发展展望

能定位从甄别、选拔的功能，朝导向、反馈、改进和研究的功能转变，评价标准也逐渐摆脱了一套指标体系或评价量表一评到底的时代，开始尝试在具体的教育情境中，通过一种师生间民主协商的方式共同构建出适合学生发展的，而不是最正确的评价指标。由此可见，我国教育评价相对于思想政治教育治理评价有着更为深厚的理论积淀和更成熟的实践发展。我们在前文中指出，目前，我国关于高校思想政治教育评价、高校思想政治教育质量评价、高校思想政治教育治理评价的专门性文件相对较少，我们依然是从关于教育评价和思想政治教育整体部署的相关文件中，寻求高校思想政治教育治理评价的政策指导，然而政策也不是凭空产生的，政策的制定推行需要以相关科学理论为其提供学理支撑，以规范和指导实践活动为出发点，以解决实践问题为落脚点。因此我们可以认为，当高校思想政治教育治理评价实践的政策需求没有达到一定程度时，抑或高校思想政治教育治理评价相关研究没有推进到一定程度时，有关高校思想政治教育治理评价的专门文件是不会出现在大众视野，更不会以体系化的方式呈现出来。那么我们现在就需要冷静地思考，我国高校思想政治教育治理评价需要专门文件的指导吗？答案无疑是肯定的。这就要求思想政治教育者加强对高校思想政治教育治理评价相关问题的研究，可以是实证的，可以是思辨的，可以围绕普遍性问题，也可以针对个性问题，既要有基础理论的阐发，也要有实践应用的分析。只有通过大量充分而广泛的学术研究，我们才能全面发掘高校思想政治教育治理评价中存在的问题，我们才能得知当下我国高校思想政治教育治理评价处于什么样的水平，我们才能在针对一系列学理性问题和实践性问题集中的、公开的讨论中，为高校思想政治教育治理评价政策制度的制订提供有力的学理支撑。

同时，理论学术研究成果的积累也为我国确立思想政治教育治理评价分支学科和建设相关配套课程提供了土壤。思想政治教育活动内含思想政治工作规律和教育规律，思想政治工作的考核监督与评价、教育测量与评价中的有效做法都能成为高校思想政治教育治理评价的理论和实践借鉴。目前，我国教育学学科体系内有教育评价学、教育测量学、教育测量与评价学等分支学科及其对应的课程设立，这些学科与课程的存在又成为教育评价和测量专业知识传承、专业人才培育的重要载体和途径，使得理论研究、政策制定、课程教学、专业建设、实践推进这几个环节形成良性互动，教育评价与测量沿着规范化科学化道路前进。2020年中共中央、国务院《深化新时代教育评价改革总体方案》指出，"加强教师教育评价能力建设，支持有条件的高校设立教育评价、教育测量等相关学科专业，培养教育评价专门人才"。从学科专业建设上对教育领域评价和测量的专业化提出了要求。[1] 思想政治教育学科有自身的独特性，虽然我们不必刻意模仿教育学学科与课程建设的既有做法，但是，关于思想政治教育治理评价的学科化建设是否具有现实需要的思考确有必要。思想政治教育分支学科是运用思想政治教育学基本理论研究思想政治教育某一领域、某一方面所形成的学说，既与基本理论有着密切联系，又具有相对独立性。[2] 思想政治教育治理评价能否成为思想政治教育学原理与方法之后的独立分支学科是值得探讨的。尤其在近几年，学界关于思想政治教育质量评价、思想政治教育工作质量评价、思想政治教育治理评价等专门性研究逐渐增多，产生了一批颇具影响力的学术成果，如人民出版社出版发行的《高校思想政治教育工作质量评价研究》（冯刚编著，2020年版），遵循逻辑与历史相统一的原则，较为全面地归纳了我国高校思政教育工作质量评价特点，并秉承"与时俱进、理实一体"的观念，展开新时期高校思政教育工作质量评价体系的优化研究；[3] 学者们对思想政治教育评价的组织领导、过程方法、队伍建设、标准和指标体系等进行了较为深入的探索；有学者以历史视野对思想政治教育质量评价进行了学术史梳理和反思性研究；也有学者从比较视野对中外思想政治教育评价进行研究。高校思想政治教育评价方面的学术研究成果相较以往更加系统和全面，重点为思想政治教育治理评价分支学科的成立奠定了基础，使其成为可能。基于此，在展望高校思想政治教育治理评价的未来发展时，我们很难忽略其学科化趋势。思想政治教育治理评价分支学科的确立，既是对现有学术研究成果不断积累的必然性趋势的预测，也是

---

[1] 《深化新时代教育评价改革总体方案》，《人民日报》2020年10月14日。
[2] 陈万柏、张耀灿：《思想政治教育学原理》，高等教育出版社2015年版，第14页。
[3] 罗玉明、范一泓：《高校思想政治教育工作质量评价的优化策略——评〈高校思想政治教育工作质量评价研究〉》，《教育发展研究》2022年第2期。

对高校思想政治教育治理评价科学化的期盼。

3. 增强高校思想政治教育治理评价的思想文化认同

思想文化认同对于高校思想政治教育治理评价的创新发展有着非常重要的保障作用。对个体而言，思想文化认同保障了高校思想政治教育治理评价过程中个体身心的同一性，使得参与高校思想政治教育治理评价的各类主体更充分地投入其中；对整体而言，思想文化认同保障了社会物我的同一性。高校思想政治教育治理评价的现代化，除内含评价制度体系的不断完善和评价主体的现代化发展外，还包括评价文化的日趋完备。对思想政治教育治理评价的认知、认同、内化以及由此形成的评价文化，是高校思想政治教育治理评价现代化的重要标志。什么是评价文化呢？从文化本身的内部结构上讲，可分为物态文化、制度文化、行为文化、心态文化。正如马克思指出，路德"破除了对权威的信仰，是因为他恢复了信仰的权威，他把僧侣变成了世俗人，是因为他把世俗人变成了僧侣。他把人从外在的宗教笃诚解放出来，是因为他把宗教笃诚变成了人的内在世界。他把肉体从锁链中解放出来，是因为他给人的心灵套上了锁链"[①]。当高校思想政治教育治理主体从内心认同评价行为和评价体系，才能自觉将评价精神、评价机制、评价指标要求融入其思想体系，融入思想政治教育治理全过程和各方面。这就要求未来高校思想政治教育治理评价文化的核心价值充分渗透到各项管理制度中，通过制度固定下来。比如，在思想政治理论课教学评价中多多少少存在这样的事实：几乎所有思政课教师在教研中都提出过或者认可"要加强教学过程监督"，"构建学校、教务、学院三级评价机制"，坚持学校\院评价、同行评议、教师自评、学生评价相结合的综合评价机制。然而，事实上，每逢学期末教务督导扎堆听课、接到听课通知后教师黯然的神情，甚至为"配合"过程评价而不得不被拖慢教学进度的现象或多或少地存在于各级各类学校。由此可见，对于高校思想政治教育治理评价而言，过程评价和综合评价任重道远。对此，我们不排除客观因素的影响，但关键在于高校各级各类主体对思想政治教育治理评价价值的内

---

① 《马克思恩格斯文集（第一卷）》，人民出版社 2009 年版，第 8 页。

在认同。高校思想政治教育治理评价所有的环节和内容应是基于主体发展需要而创设的,流于形式的过程评价对思政课教学乃至高校思想政治教育治理整体工作而言,是干扰还是督促,究竟是利大于弊还是弊大于利,这是值得思考的。高校思想政治教育治理现代化背景下,其评价文化不能是充盈着敷衍、应付、被动、压力、随意的,而应是融合积极、主动、活力和创造的。

纵而论之,高校思想政治教育治理评价现代化最关键的是与时俱进、守正创新,这是我国高校思想政治教育治理评价体系不断发展的重要品质和特征。"守正",是坚定不移地坚持中国共产党的领导,是对立德树人质量和水平的高标准、严要求,是立足实践对高校思想政治教育治理评价机制的不断完善和优化,是在理论与实践的互动中对高校思想政治教育治理评价现代化的追求。"创新",是立足新时代高校思想政治教育治理实际,改革高校现有思想政治教育治理评价体系中不符合时代要求、实际需求、发展规律的因素。说到底,对于高校思想政治教育治理评价而言,守正创新的最终目的在于确定其确定性,克服其不确定性,包括高校思想政治教育治理评价本身的不确定性和现代化过程中的不确定性。

参考文献

一、著作类

[1]《马克思恩格斯全集(第一、第四十六卷)》,人民出版社1965、1979年版。
[2]《马克思恩格斯选集(第一至第四卷)》,人民出版社2012年版。
[3]《马克思恩格斯文集(第一至第十卷)》,人民出版社2009年版。
[4]《列宁选集(第一至第四卷)》,人民出版社2012年版。
[5]《毛泽东选集(第一至第四卷)》,人民出版社1991年版。
[6]《毛泽东文集(第七卷)》,人民出版社1999年版。
[7]《邓小平文选(第一至第三卷)》,人民出版社1994、1994、1993年版。
[8]《江泽民文选(第一至第三卷)》,人民出版社2006年版。
[9]《胡锦涛文选(第一至第三卷)》,人民出版社2016年版。
[10]《习近平谈治国理政(第一至第三卷)》,外文出版社2018、2017、2020年版。
[11]中共中央宣传部:《习近平总书记系列重要讲话读本(2016年版)》,人民出版社2016年版。
[12]《十二大以来重要文献选编(中)》,人民出版社1986年版。
[13]《十四大以来重要文献选编(上)》,人民出版社1996年版。
[14]《十六大以来重要文献选编(中)》,中央文献出版社2006版。
[15]《十八大以来重要文献选编(上)》,中央文献出版社2014版。
[16]《十八大以来重要文献选编(中)》,中央文献出版社2016版。
[17]《十八大以来重要文献选编(下)》,中央文献出版社2018版。
[18]《十九大以来重要文献选编(上)》,中央文献出版社2019版。
[19]习近平:《决胜全面建成小康社会 夺取新时代中国特色社会主义伟大胜利——在中国共产党第十九次全国代表大会上的报告》,人民出版社2017年版。
[20]习近平:《论党的宣传思想工作》,中央文献出版社2020版。
[21]《习近平新时代中国特色社会主义思想学习纲要》,学习出版社、人民出版社2019年版。
[22]习近平:《思政课是落实立德树人根本任务的关键课程》,人民出版社2020版。
[23]《党的十九大报告辅导读本》,人民出版社2017年版。

［24］教育部课题组:《深入学习习近平关于教育的重要论述》,人民出版社 2019 版。

［25］教育学名词审定委员会:《教育学名词（2013）》,高等教育出版社 2013 版。

［26］陈万柏、张耀灿:《思想政治教育学原理》,高等教育出版社 2007 年版。

［27］冯刚:《改革开放 40 年高校思想政治教育编年史（1978-2018）》,北京师范大学出版社 2019 年版。

［28］冯刚、彭庆红、佘双好、白显良:《新时代高校思想政治教育学原理》,人民出版社 2021 年版。

［29］冯刚:《高校思想政治教育工作质量评价研究》,人民出版社 2020 年版。

［30］冯刚、彭庆红等:《新时代高校思想政治教育的原则和方法》,人民出版社 2021 年版。

［31］冯刚、高山:《新时代高校思想政治教育治理论》,中国社会科学出版社 2021 年版。

［32］张耀灿等:《现代思想政治教育学》,人民出版社 2006 年版。

［33］朱红文:《社会科学方法》,科学出版社 2002 年版。

［34］郑永廷:《思想政治教育方法论》,高等教育出版社 1999 年版。

［35］谌新民、武志鸿:《绩效考评方法》,广东经济出版社 2002 年版。

［36］郑永廷等:《人的现代化理论与实践》,人民出版社 2006 年版。

［37］王玉樑:《当代中国价值哲学》,人民出版社 2004 年版。

［38］汪青松:《科学发展观科学体系的三维建构》,人民出版社 2012 年版。

二、期刊类

［39］陈元、黄秋生:《新时代高校思想政治教育治理风险评估》,《学校党建与思想教育》2021 年第 8 期。

［40］蔡如军、金林南:《试论现代社会的思想政治教育治理》,《思想理论教育》2018 年第 1 期。

［41］董方:《思想政治教育学研究方法述评》,《高教论坛》2017 年第 11 期。

［42］冯刚:《思想政治理论课与日常思想政治教育协同育人的理论思考》,《学校党建与思想教育》2017 年第 21 期。

［43］冯刚:《改革开放以来高校思想政治教育质量评价的回顾与思考》,《教学与研究》2018 年第 3 期。

［44］冯刚、陈飞:《新时代高校立德树人的治理架构与实施路径》,《思想教育研究》2020 年第 7 期。

［45］冯刚、成黎明:《治理视域下高校思想政治工作体系构建的逻辑与路径》,《思想理论教育》2020年第8期。

［46］冯刚、邢斐:《在国家治理现代化中坚持集体主义导向》,《思想教育研究》2021年第3期。

［47］冯刚、严帅:《新时代大学生思想政治教育工作质量评价的方法和路径》,《国家教育行政学院学报》2019年第5期。

［48］韩庆祥:《"当代人类发展与中国人学研究"笔谈》,《中国社会科学》1998年第1期。

［49］李颖、靳玉军:《网络空间视域下高校思想政治教育治理的创新发展研究》,《重庆大学学报(社会科学版)》2020年第3期。

［50］鲁杰、边卫军:《思想政治教育传播学:领域、内容与方法》,《教学与研究》2016年第6期。

［51］李治勇、王建波:《高校网络意识形态领域面临的新风险新挑战及其应对》,《学校党建与思想教育》2021年第16期。

［52］莫玉音:《第三方教育评价的困境及策略》,《上海教育评估研究》2018年第2期。

［53］庞丽娟、杨小敏:《关于教育供给侧结构性改革的思考和建议》,《国家教育行政学院学报》2016年第10期。

［54］苏君阳:《新时代教育治理体系现代化:内涵、特征及其实现路径》,《教育研究》2021年第9期。

［55］徐鹏:《新时代高校舆情治理优化路径研究》,《中国高等教育》2019年Z1期。

［56］孙其昂、张宇:《论思想政治教育与治理——基于"推进国家治理体系和治理能力现代化"》,《思想政治教育研究》2015年第2期。

［57］王浦劬:《国家治理、政府治理和社会治理的含义及其相互关系》,《国家行政学院学报》2014年第6期。

［58］王学俭、阿剑波:《思想政治教育治理现代化的内涵、特征与发展路径》,《思想理论教育》2020年第2期。

［59］王晓丽、高赟、张书晔:《高校人文社会科学成果转化若干问题的思考》,《科技管理研究》2008年第7期。

［60］肖新发:《评价要素论》,《武汉大学学报(人文科学版)》2004年第5期。

［61］邢海燕:《第三方教育评价的内涵探讨》,《中国高等教育评估》2018年第3期。

［62］严帅:《思想政治教育质量评价研究的新特点与新趋势》,《思想教育研究》2018年第2期。

[63] 姚翼源:《高校网络舆情治理的关键问题与实践向度》,《西南民族大学学报(人文社会科学版)》2021年第3期。

[64] 张英魁:《中国国家治理体系的中观化建构:一个公共政策科学化的进路》,《中国治理评论》2021年第2期。

[65] 张建东、邓倩:《思想政治教育治理:国家治理现代化的重要维度》,《思想理论教育》2016年第2期。

[66] 张智:《新时代高校思想政治教育工作第三方评价机制研究》,《学校党建与思想教育》2020年第13期。

[67] 郑岚、徐彬:《现代教学治理的内涵、原则与路径》,《教学与管理》2017第22期。

[68] 周媛媛、王保华:《高校网络舆情治理的形象修复与舆情应对话语策略》,《现代教育管理》2021年第11期。

三、报纸类

[69]《做党和人民满意的好老师——同北京师范大学师生代表座谈时的讲话》,《人民日报》2014年9月10日。

[70]《在哲学社会科学工作座谈会上的讲话》,新华网,2016年5月18日。

[71]《习近平在全国高校思想政治工作会议上强调 把思想政治工作贯穿教育教学全过程 开创我国高等教育事业发展新局面》,《人民日报》2016年12月9日。

[72]《中共中央国务院印发〈关于加强和改进新形势下高校思想政治工作的意见〉》,《人民日报》2017年2月28日。

[73]《决胜全面建成小康社会 夺取新时代中国特色社会主义伟大胜利——在中国共产党第十九次全国代表大会上的报告》,《人民日报》2017年10月28日。

[74]《习近平在北京大学考察时强调 抓住培养社会主义建设者和接班人根本任务 努力建设中国特色世界一流大学》,《人民日报》2018年5月3日。

[75]《习近平在全国教育大会上强调 坚持中国特色社会主义教育发展道路 培养德智体美劳全面发展的社会主义建设者和接班人》,《人民日报》2018年9月11日。

[76]《中共中央国务院印发〈中国教育现代化2035〉》,《人民日报》2019年2月24日。

[77]《习近平主持召开学校思想政治理论课教师座谈会强调 用新时代中国特色社会主义思想铸魂育人贯彻党的教育方针落实立德树人根本任务》,《人民日报》2019年3月19日。

[78]《习近平在中央政治局第十八次集体学习时强调 把区块链作为核心技术自主

创新重要突破口 加快推动区块链技术和产业创新发展》,《人民日报》2019 年 10 月 26 日。

［79］《中共中央关于坚持和完善中国特色社会主义制度 推进国家治理体系和治理能力现代化若干重大问题的决定》,《人民日报》2019 年 11 月 6 日。

［80］《习近平在中央政治局第二十一次集体学习时强调 贯彻落实好新时代党的组织路线 不断把党建设得更加坚强有力》,《人民日报》2020 年 7 月 1 日。

［81］《深化新时代教育评价改革总体方案》,《人民日报》2020 年 10 月 14 日。

［82］《在庆祝中国共产党成立 100 周年大会上的讲话》,《人民日报》2021 年 7 月 2 日。

后　记

党的十九届四中全会审议通过的《中共中央关于坚持和完善中国特色社会主义制度　推进国家治理体系和治理能力现代化若干重大问题的决定》，总结了国家制度和国家治理体系的优势，强调要加强制度理论研究和宣传教育，指出"加强和改进学校思想政治教育，建立全员、全程、全方位育人体制机制"。高校思想政治教育要适应和契合国家治理现代化的总体要求。同时，《深化新时代教育评价改革总体方案》指出要"把思想政治工作作为学校各项工作的生命线紧紧抓在手上，贯穿学校教育管理全过程"，为高校思想政治教育治理提供了质量标准和评价依据。在治理现代化、教育现代化和教育评价改革多重背景下，高校思想政治教育治理的基础理论、重点内容、动力系统、评价方式需要进一步深化研究。为系统构建高校思想政治教育治理体系和治理能力的学理和实践体系，由北京师范大学思想政治工作研究院院长冯刚教授担任总主编，邀请高校思想政治教育领域的理论与实践专家，共同编撰了高校思想政治教育治理系列丛书。冯刚、吴满意、张小飞、吴增礼、徐先艳、严帅、王振等负责丛书总体策划和框架设计，丛书包括《高校思想政治教育治理引论》《高校思想政治教育治理能力研究》《高校思想政治教育数据治理研究》《高校思想政治教育治理生态研究》《高校思想政治教育治理评价研究》共五册。

其中，《高校思想政治教育治理评价研究》由严帅、张智、高静毅负责全书框架设计，作者分别是：导论（严帅）、第一章（严帅）、第二章（张智）、第三章（张智）、第四章（张欣）、第五章（胡玉宁）、第六章（李晓倩）、第七章（李悦池）、第八章（陈静）、第九章（高静毅）。严帅、张智、高静

后　记

毅等负责统稿。王莹、徐文倩、孙贝、陈倩、徐硕、黄渊林等协助相关文献整理。

　　本书在撰写过程中，参考了经典著作、政策文献以及大量专家学者的研究论著和学术论文，在文中采用脚注方式进行了表明，同时将相关参考资料附在书后，在此深表感谢！因全书涵盖思想政治教育以及相关学科的理论研究、经验总结、比较分析、案例分析等多领域内容，限于时间、精力和篇幅，恳请专家同行和广大读者对本书的不足予以批评指导。

作　者

2022 年 5 月